プレップ
社会保障法

島村暁代

弘文堂

はしがき

　この本は社会保障法の入門書です。社会保障法や社会保障制度の正確な定義は本文に委ねますが（第1部）、社会保障制度は医療保険や年金など、知らず知らずのうちに人生に寄り添い、困ったことがあるときに手助けしてくれるものです。そして各種の社会保障制度について法的な観点から考察するのが社会保障法です。

　生まれてから死ぬまで、人は年齢という座標軸の上に立って時間を紡ぎます。赤ちゃんが幼児になって、学校へ行って、成人して、就職して……etc. 人生にはたくさんのステージがあって、その一場面・一場面で、私たちと関わり、人生に寄り添う仕組みが各種の社会保障制度です。そのため、この本では、それぞれのライフステージにおいてどのような社会保障制度が用意されているか、どのように制度を利用できるかという観点から、社会保障法の内容をまとめました。制度は生きていくためのツールのひとつであり、利用することにこそ意味があると考えるからです。

　こうした問題意識を踏まえた本書には2つの特徴があります。第1にライフステージごとに関連する制度を概観すること、そして第2に法律を学んだことがない人でも理解できるようにわかりやすく叙述することです。この2つの特徴についてもう少し付言します。

　第1に、社会保障法の教科書は医療保障制度や年金制度、生活保護制度など、それぞれの制度を、制度ごとに概観するものが多いですが、この本では大学生、就職、キャリアの展開、結婚、中高年などという形で、具体的なライフステージごとに関連する制度を概観しています。それぞれのライフステージと制度の関わり合いについて制度を利用するという観点からまとめました。ですので、執筆にあたっては行政等が用意するHPやパンフレットな

どを大いに参考にさせていただきました。また、私自身も各制度の利用者のひとりですので、これまでどのような制度を利用してきたか、知っていてよかったと思ったことやあのとき知っていればもっとよかったのにと思うことも可能な限り盛り込みました。その意味ではこの本を書く作業は自分のこれまでの人生を振り返る作業でもありました。難しくなりがちな内容をできるだけ身近なものとして感じていただけるように、私のプライベートに関することもコラムの形でたまに言及させていただきました。制度が抱える課題等について問題提起をするコラムもあります。そして、メタボが気になる中高年真っ盛りの自分がまだ至っていない高齢者のステージについては、今後を考えるにあたって知っておきたいと思うことをまとめました。

　というわけで、この本では結婚、妊娠など、人生におけるいくつかの転機をとりあげていきます。しかし、結婚すべきとか、子どもを持つべきとか、一定の生き方を推奨したいわけではありません。結婚するかしないか、子どもを持つか持たないかなどの選択は、個人の自己決定の最たる部分ですので、自由に選択できることが重要です。それぞれの場面における社会保障制度の内容をお示しすることによって、みなさんがこれから主体的に人生を選択していけるように、選択に向けた環境整備の一環として本書が少しでも役立つことができればと願っています。

　第2の特徴は、法律を学んだことがない人でも理解できるように、できるだけわかりやすく書くように努めたことです。社会保障制度は法律に関心がある人でもない人でも知らず知らずのうちに必ず利用しています。人生に密接に関連するものなので、ひとりでも多くの人が制度について関心を持つきっかけになっていただければと思います。この本は法学部で社会保障法を勉強する学生を主たる読者として想定していますが、社会保障に関心のある他学部の学生や社会人の方（特に社会保険労務士の資格取得に向けて勉

強されている方）なども手にとっていただけると嬉しいです。

　みなさんがより主体的にこれからの人生について考え、生きていく上でのささやかな道しるべのひとつになれたら、望外の喜びです。

＊＊＊

　本書が晴れて刊行を迎えることができたのは、私に関わって下さるすべてのみなさんのおかげです。中でも特に数名の方についてこの場を借りてお礼を言わせてください。

　まず研究者の道に導いて下さった恩師、岩村正彦先生（東京大学名誉教授）。岩村先生によるライフステージ型での社会保障法のご講義がまさに本書の出発点です。今も昔も有益なアドバイスを惜しみなく頂戴し続けていること、心から感謝しています。

　また、編集者の高岡さんをご紹介下さった森戸英幸先生（慶應義塾大学教授）。わかりやすくておもしろい、しかも重要な点はすべて網羅される『プレップ労働法』はこの本の大きな目標です。他愛もない会話から法律に関する重要なご指導まで、いつもありがとうございます！

　そして社会保障法の見地から丹念に草稿を精読下さるとともに、「こんなコラムがあるといいかも！」と貴重なヒントをいっぱい下さった永野仁美先生（上智大学教授）。先生のおかげで間違いなく本書は進化しました。ありがとうございました。

　他にも濱田新先生（信州大学・准教授）、平岡朋花さん（信州大学経法学部・４年生〔当時〕）、赤間理恵子さん（友人）には熟読いただき、貴重なご指摘を多数頂戴しました。厚くお礼申し上げます。なお、内容に関する責任は当然のことながらすべて私にあります。

　最後に無名の私にありがたいチャンスを下さった弘文堂の高岡俊英さん。私を信頼くださり、日々叱咤激励しながら粘り強く導いて下さること、とても感謝しています。

以上の方々を含め、これまでの私に関わって下さっているすべてのみなさんのご指導とサポートがなければ、この本はできていません。心より感謝申し上げます。

2021年6月
コロナ自粛で居座り続けるリビングより

島 村 暁 代

＊本書は科研費（19K13529）による研究成果の一部である。

目　　次

《略語一覧》

法令等

令	施行令
則	施行規則

安衛法	労働安全衛生法
医確法	高齢者の医療の確保に関する法律
育介法	育児休業、介護休業等育児又は家族介護を行う労働者の福祉に関する法律（育児介護休業法）
医療観察法	心神喪失等の状態で重大な他害行為を行った者の医療及び観察等に関する法律
介保法	介護保険法
寡福法	母子及び父子並びに寡婦福祉法
感染症法	感染症の予防及び感染症の患者に対する医療に関する法律
均等法	雇用の分野における男女の均等な機会及び待遇の確保等に関する法律（男女雇用機会均等法）
憲法	日本国憲法
健保法	健康保険法
厚年法	厚生年金保険法
高齢者虐待防止法	高齢者虐待の防止、高齢者の養護者に対する支援等に関する法律
国年法	国民年金法
国保法	国民健康保険法
子育て支援法	子ども・子育て支援法
児虐法	児童虐待の防止等に関する法律
児手法	児童手当法
児福法	児童福祉法
児扶法	児童扶養手当法
社福法	社会福祉法
障害者虐待防止法	障害者虐待の防止、障害者の養護者に対する支援等に関する法律
障解消法	障害を理由とする差別の解消の推進に関する法律
障総法	障害者の日常生活及び社会生活を総合的に支援するための法律（障害者総合支援法）
障促進法	障害者の雇用の促進等に関する法律

女性活躍推進法
　　　　　女性の職業生活における活躍の推進に関する法律

身障法　　身体障害者福祉法

青少年雇用促進法
　　　　　青少年の雇用の促進等に関する法律

精福法　　精神保健及び精神障害者福祉に関する法律（精神保健福祉法）

生保法　　生活保護法

徴収法　　労働保険の保険料の徴収等に関する法律（労働保険徴収法）

賃確法　　賃金の支払の確保等に関する法律

DB法　　確定給付企業年金法

DC法　　確定拠出年金法

特児扶法　特別児童扶養手当等の支給に関する法律

難病法　　難病の患者に対する医療等に関する法律

難民条約　難民の地位に関する条約

入管法　　出入国管理及び難民認定法

パー有法　短時間労働者及び有期雇用労働者の雇用管理の改善等に関する法律（パートタイム有期労働法）

民執法　　民事執行法

雇保法　　雇用保険法

療担規則　保険医療機関及び保険医療養担当規則

労基法　　労働基準法

労契法　　労働契約法

労災法　　労働者災害補償保険法（労災保険法）

老福法　　老人福祉法

求職者支援法
　　　　　職業訓練の実施等による特定求職者の就職の支援に関する法律

高年法　　高年齢者等の雇用の安定等に関する法律（高年齢者雇用安定法）

高齢者住まい法
　　　　　高齢者の居住の安定確保に関する法律

住宅セーフティネット法
　　　　　住宅確保要配慮者に対する賃貸住宅の供給の促進に関する法律

新型インフル等特措法
　　　　　新型インフルエンザ等対策特別措置法

薬機法　　医薬品、医療機器等の品質、有効性及び安全性の確保等に関する法律

養子縁組あっせん法
　　　　　民間あっせん機関による養子縁組のあっせんに係る児童の保護等に関する法律

労働施策総合推進法
　　　　　労働施策の総合的な推進並びに労働者の雇用の安定及び職業生活の充実等に関する法律

老福法　　老人福祉法

判例等

最一・二・三小判（決）

　　　　　　　　　最高裁判所第一・二・三小法廷判決（決定）

最大判（決）　　最高裁判所大法廷判決（決定）

高判（決）　　高等裁判所判決（決定）

地判（決）　　地方裁判所判決（決定）

支判（決）　　支部判決（決定）

裁時　　　　　裁判所時報

集民　　　　　最高裁判所裁判集民事

賃社　　　　　賃金と社会保障

判時　　　　　判例時報

民集　　　　　最高裁判所民事判例集

労経速　　　　労働経済判例速報

労判　　　　　労働判例

百選　　　　　岩村正彦編社会保障法判例百選［第5版］

第1部

はじめに

社会保障法とは

　この本は社会保障法の入門書です。では社会保障法とは何でしょうか。憲法や民法、刑法などと違って、「社会保障法」という法律があるわけではありません。一言でいえば「生きていくこと」に関する様々なルールの総称です。「生きていく……」んんん……それだとスケールが大きすぎて具体的なイメージがつきにくいです。ではこんな定義はどうでしょう。社会保障制度を形作る法律の総称、それが社会保障法です。このように定義すると社会保障制度って何ですかという話になります。社会保障制度が何を意味するかは、国によっても時代によっても異なります。現在の日本では、医療保障制度や年金制度、雇用保険制度、生活保護制度などが社会保障制度であり、その全体像は5頁の通りです。

　やや難しい言い方をすれば、社会保障制度とは人々が生活上の困難に遭遇したときに、その困難を軽減するための制度です。国や地方公共団体等が税金や保険料を財源に、個人や世帯に対して金銭やサービスを提供します。ですので、お金の動き方というファイナンスの面だけでなく、医療や介護、保育等のサービスの提供体制に関するルールも含まれます。

　もう少しかみ砕いて説明すると、毎日元気に生活を送ることができればよいですが、場合によってはそれが難しくなることもあるでしょう。例えば病気になったり、障害を負ったり、仕事を辞めたり……生活に困窮することもあります。これらの場面に遭遇すると、人間らしい尊厳のある生活を送ることは難しくなるかもしれません。憲法25条1項では「健康で文化的な最低限度の生活を営む権利」があるとして生存権が保障されていますが、場合によっては生存権が害されるおそれもあるでしょう。

　生存権が害されないように、そしてこれら困難な場面に遭遇したとしても人間らしく尊厳ある生活を送ることができるように、さまざまな社会保障制度が用意されています。具体的には憲法25

条1項に基づいて生活保護制度が生活保護法によって設けられています。また、憲法25条2項では「国は、すべての生活部面について、社会保障、社会福祉及び公衆衛生の向上及び増進に努めなければならない。」として国の努力義務が定められ、この規定を根拠に医療保障や年金、労災などの社会保障制度が法律で規定されています。最低生活を保障するにとどまらず、人間らしく尊厳ある生活を送ることができるように社会保障制度が構築されています。このような社会保障制度について勉強するのが社会保障法です。

法的なアプローチ

そして社会保障制度を勉強する学問領域には、経済学や福祉学などさまざまなアプローチがあります。その中でも本書は社会保障「法」の教科書なので、法学的なアプローチを採用します。あくまでも「法」なので、しっかり法律の規定に沿って制度を正確に把握・理解することを目指します。また、社会保障制度の利用にまつわるトラブルも扱います。そもそも社会保障制度についてはどのようなトラブルが生じるのか（例えば保険料を軽減してもらいたいのにしてもらえないとか、支給されるはずの給付が支給されないとか）、そしてそのトラブルはどのように解決されるかにも着目します。社会保障制度に関する判例や裁判例も可能な限り紹介することによって、トラブルを解決するための道筋を示すとともに、今なお残る課題についても指摘するよう試みます。こうした作業を通じて、これからの社会保障制度はどうあるべきかを考える素材を提供できればと思います。

ポイント

これから具体的な社会保障制度を勉強していくわけですが、勉強を進めるにあたっては以下の点に着目して制度を理解するよう

にしてください。

- ・どのような生活上の困難に対処するために作られた制度か
- ・誰が主体となって構成される制度か（国？都道府県？市町村？組合？その他？）
- ・財源は何か（保険料？税金？その他？）
- ・どのような給付（金銭給付？サービス給付？）がどこから何に基づいて（行政処分？契約？）支給されるか

本書の特徴

　もっとも、この教科書はよくある社会保障法の教科書の作りとは異なって、それぞれの制度を制度ごとに紹介しているわけではありません。社会保障制度はみなさんが生活していく上で困ったことが起きても大丈夫なように用意されているものなので、みなさんの生活に合わせて、ライフステージごとに関連する制度を概観していきます。この本の主たる読者は大学生でしょうから、大学生に関連する制度から始めて、少しずつ年を重ねていく中で、就職したり、転職したり、結婚したり、出産したり……いろいろなステージがみなさんの前には広がっていると思うので、ステージごとに関連する制度を概観していきます。死亡するまでそれぞれのライフステージごとに関連する制度をみた上で（第2部）、生活に困窮した場合など、すべてのライフステージに関連するかもしれないこと（第3部）について扱います。どの章から読み始めても理解できるように書いたつもりですので、関心のある章から読んでみて下さい。

　このように本書では主としてライフステージごとに社会保障制度を概観するので、みなさんにとってはイメージがつきやすいかもしれません。ただ、それぞれの社会保障制度の内容は細切れの形で紹介することになるため、本書の最後にまとめとして日本の社会保障制度の全体像を簡単に紹介しています（第4部）。もっと

詳しく勉強したい場合にはぜひ制度ごとに概観する教科書を開いてみてください。この本はあくまでも社会保障法という学問領域に興味・関心をもっていただくための入門書にすぎないので、社会保障法の重要性を理解して、ぜひより高度な専門的な教科書にも手を伸ばしていただけると嬉しいです。

◇制度ごとの教科書

（やさしめ）

菊池馨実編、稲森公嘉、高畠淳子、中益陽子『ブリッジブック社会保障法』（信山社、2018）

黒田有志弥、柴田洋二郎、島村暁代、永野仁美、橋爪幸代『ストゥディア社会保障法』（有斐閣、2019）

（専門的）

笠木映里、嵩さやか、中野妙子、渡邊絹子『社会保障法』（有斐閣、2018）

菊池馨実『社会保障法』（有斐閣、2018）

加藤智章、菊池馨実、倉田聡、前田雅子『社会保障法』（有斐閣、2019）

＜日本の社会保障制度の全体像＞

●**第１のセーフティネット**
社会保険 医療保険*　　　　年金　　　　介護保険*　　雇用保険　　労災保険 　・健康保険　　　　・厚生年金 　・国民健康保険　　・国民年金 　・後期高齢者医療 *医療提供体制や介護提供体制に関するルールも含みます。 **保健** 　保健一般　母子保健　感染症対応 **社会福祉** 　高齢者　障害者　子ども（母子・父子福祉を含む） **社会手当** 　児童手当　児童扶養手当　特別児童扶養手当　特別障害者手当等
●**第２のセーフティネット** 　求職者支援　生活困窮者自立支援
●**最後のセーフティネット** 　**公的扶助** 　　生活保護

第2部

ライフステージごとに

第1章　大学生

　早速、ライフステージごとに社会保障制度について概観します。この本の読者には大学生の方が多いと思うので、まずは大学生について、具合が悪くなった場合に利用している医療保障制度や20歳から保険料を負担することになる年金制度からみていきましょう。

1　ケガや病気になったら

　最初は最も身近な社会保障制度である医療保障制度です。ケガをしたり、病気になったりした場合に知らず知らずのうちに利用しているはずです。

(1)　医療機関へ行く

　ケガや風邪が原因で具合が悪くなった場合には、近くの医療機関に行きますよね。医療機関には診療所と病院という2つの種類があります。医療法という法律に定義があって、診療所とはベッドがない、あるいはあっても19床以下のところをいいます。ところによっては○○クリニックとか、△△医院というところもあります。これに対して、病院とは20床以上のベッドがあるところのことです（医療法1条の5）。

　日本の医療制度の大きな特徴は、自分の好きな医療機関に行くことができる、つまりフリーアクセスが認められていることです。海外では加入する医療保険がどの医療機関に行くかを指定するところもありますが、日本では医療機関へのフリーアクセスが認められています。もっとも、ベッド数の多い病院は高度で専門的な医療に専念することができるように、まず近くの診療所に行くことが推奨されています。そのため、専門的な技術を有した大学病

院などに行きたい場合でも、まずは近くの診療所に行きましょう。診療所にていわゆる紹介状を書いてもらって、それを大学病院等に持っていきます。紹介状がなくても、大学病院等へ行くことはできますが、その場合には通常かかる診療料とは別に特別料金（5000円以上）を支払う必要があります。正確には後述する保険外併用療養費の中の選定療養の枠組みで処理されます（→198頁参照）。診療所で書いてもらう紹介状は正式には診療方法情報提供書と呼ばれ、患者の既往歴などの基本情報や病状、治療・投薬情報、検査結果などが記載されます。紹介状があることで、患者の容態を一から調べ直すことなく、そこに書かれた情報をもとに迅速に治療方針を決めることができます。

　このような仕組みを設けることで、かかりつけ医としての診療所と高度な専門性を有する病院とが連携を図って役割分担することを目指しています。そのため、具合が悪くなった場合にはまず近所の診療所に行きましょう。

> ●かかりつけ医
> 　かかりつけ医という言葉を聞いたことがある人もいるかと思いますが、健康に関することを何でも相談できて、必要なときには専門の医療機関を紹介してくれる医師のことをいいます。かかりつけ医がいないと素人判断で受診を控えるなど、間違った対応をとっているうちに重症化してしまうことも考えられます。まだまだ若くて元気だからかかりつけ医なんて必要ないと思う人もいるかもしれませんが、若いうちから自分の健康状態をよく知っている信頼できる医師がいることは心強いものです。万が一のときに必要な医療機関にかかれるように、何でも気軽に相談できるかかりつけ医をみつけてみてください。

(2)　持ち物は保険証

　診療所へ行く際には保険証を持っていくのを忘れないようにしましょう。正確には被保険者証といい（本書ではわかりやすいように

「保険証」といいます）、それをみればどの医療保険に加入しているかが一目瞭然でわかります。日本では以下で詳しく述べる通り、複数の医療保険があります。自分はどの医療保険に入っているのか、自分の保険証を確認してみてください。手元にない場合には親御さんなど身近な大人（以下では「親御さん」といいます）に聞いてみましょう。

保険証には何が記載されていますか。保険者とか、被保険者とか、被扶養者と書かれているかと思いますが、それらはいったい何でしょう。

保険者とは、保険料を徴収したり、給付を支給したりすることによって、保険制度を運営する主体のことをいいます。これに対して保険に加入する人を加入者といいます。そして医療保険の加入者には被保険者と被扶養者という2つのカテゴリーがあります。被保険者とは、自ら保険制度に加入し、病気やケガをしたときに必要な給付を受けることができる人のことをいいます。これに対して、被扶養者とは被保険者に扶養してもらっているからこそ制度に加入できて、必要なときに給付を受けられる人のことです。

(3) 医療保険制度

日本では医療について医療保険制度が整備されています。すなわち、被保険者は事前に保険料を負担し、それを保険者が徴収の上、管理します。そして、実際にケガをするなどして医療が必要になった人がいれば、保険給付として支給するという仕組みになっています。

みなさんが持っている保険証の保険者欄には何と書かれているでしょう。またみなさんは被保険者ですか。それとも被扶養者ですか。それは、みなさんの親御さんがどのような職業に就かれているかによって変わってきます。

　㋐　**健保の被扶養者**　　親御さんが企業で働いている場合には被扶養者と記載されているはずです。これは健康保険法に基づ

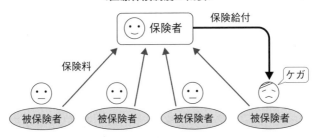

＜医療保険制度の概要＞

く仕組みであり、健保法の仕組みを健康保険または健保といいます。そして、保険者名称には○○健康保険組合あるいは全国健康保険協会と記載されていると思います。前者を健保組合、後者を俗に協会けんぽと呼びます。健保組合は主に大企業の労働者とその扶養家族を加入者とする保険の保険者で、厚生労働大臣の認可を受けて設立される組合です。協会けんぽは主に中小企業の労働者とその扶養家族を加入者とする保険の保険者です。

　みなさんを扶養している親御さんが健保の被保険者にあたり（健保法３条１項）、みなさんは被保険者である親御さんの「子」であって、親御さんに「生計を維持」してもらっているので、被扶養者という資格で（同条７項１号）健保に加入しているわけです。

　(イ)　**国保の被保険者**　　保険証には国保と書かれている人もいるでしょう。国保は、国民健康保険法に基づくもので、国民健康保険または国保といいます。国保に加入するのは、親御さんが自営業などの個人事業主をされている場合や無職の場合などです。国保では健保と違って被扶養者の仕組みがないので、みなさんの保険証にも被保険者と記載されているはずです。

　国保の保険者は、昔は市町村（特別区を含みます。以下同じ）だけでしたが、財政規模を大きくするために都道府県と市町村の共同運営へと変更されました。例えば、東京都豊島区に住んでいるのであれば、東京都国民健康保険被保険者証と記載され、交付者に

豊島区と書かれているはずです。東京都と豊島区が保険者です。国保法５条では「都道府県の区域内に住所を有する者」が被保険者と定義されていて、住所が被保険者資格を与える上での重要な概念となっています。

　(ウ)　**ひとりひとつ**　　でも、待った！住所が重要な要件とすると、親御さんが企業で働いている場合でも都道府県の区域内に住所がある……、そうすると健保と国保に二重加入するのでしょうか。結論から先にいえば、二重加入にはなりません。ひとりひとつです。国保法では５条において、住所を有する者を概括的に適用対象とした上で、続く６条に適用除外の規定を置いています。つまり国保が適用されない人は誰かを定めていて、健保の被保険者や被扶養者がその一例です（国保法６条１号・５号）。そのため、たとえ都道府県の区域内に住所があっても、健保の被保険者や被扶養者であれば、国保の被保険者ではないと整理されます。

　(エ)　**修学特例**　　このように国保では住所が重要ですが、人によっては大学の近くに下宿していて、親御さんは他の都道府県に住んでいる場合もあるでしょう。例えば自分は東京都豊島区に住民登録をして住んでいるけれど、親御さんは長野県松本市で自営業をされているような場合です。この場合の国保の保険者は誰でしょうか。住民票も東京都豊島区にあって、生活の本拠も東京都豊島区とすると、東京都と豊島区が保険者の国保に加入することになりそうですが、国保法には修学のための特例規定があります。すなわち国保法116条では、大学等で勉強するために東京都豊島区に住み、大学等へ行っていなければ長野県松本市に住む親御さんと同一の世帯に属する場合には、国保法上は長野県松本市に住所があるとみなされます。そのため、このような場合には東京都と豊島区ではなく、長野県と松本市が保険者である国保に加入します。注意していただきたいのは、これはあくまでも親御さんが個人事業主や無職の場合に限られるということです。言い換

えれば、健康保険では修学のための特例規定はありません。親御さんが長野県松本市に住んで、長野県の企業で働いている場合には健保の被扶養者になります。

　(オ)　その他　　このように日本ではまず職業によってどの医療保険制度に入るか、つまり健保か国保かが決まります。ここでは親御さんが民間企業で働く場合や個人事業主の場合等を念頭において説明しましたが、それ以外の場合もあります。具体的には公務員の場合には○○共済組合を保険者とする共済組合制度に加入します（根拠法は国家公務員の場合には国家公務員共済組合法、地方公務員の場合には地方公務員等共済組合法です）。また、自営業者は都道府県と市町村が共同運営する国保に加入するのが基本ですが、地域の中で業種ごとに集まって国民健康保険組合（略して「国保組合」といいます）を設立している場合があります（根拠法は国保法です）。この場合は、国保組合が保険者となり、具体的には弁護士国保組合や医師国保組合などがあります。

　さらに、ここまでは特に年齢にはかかわりなく、職業と地域（住所）を軸にどの医療保険制度に入るかが決まるとお話してきましたが、75歳以上の方は働いているか否かにかかわらず、別個独立の後期高齢者医療制度に加入します。これについては高齢者のところで勉強しましょう（→213頁参照）。

　(カ)　職域保険と地域保険による国民皆保険　　健保の健保組合や協会けんぽ、そして共済組合等は、職業をもとに保険に加入するので、これらの保険制度を職域保険と呼ぶことがあります。職域保険に加入できるかを確認した上で、それにあてはまらない場合に住所に着目することによって国保でカバーしています。職域保険に対して国保では住んでいるところ、つまり地域に着目するので地域保険と呼ばれます。

　日本では、職域保険と地域保険を組み合わせることによって、国民皆保険が達成されています。国民皆保険とは、日本に住所の

あるすべての人は何らかの医療保険制度でカバーされるということを意味します。ただし、国民皆保険に関しては生活保護受給者の例外があります。生活保護の受給者に医療が必要な場合には、生活保護から医療扶助という形で支給されます（→278頁参照）。以下では、医療保険についての典型的なケースということで、健保と国保（都道府県と市町村が共同運営するもの）をみていきます。

●医療保障と医療保険

医療保障と医療保険、一見すると同じような用語ですが、どう違うのでしょうか。この本では、健保や国保など事前に保険料を払って医療給付を支給する仕組みのことを医療保険といいます。これに対して、医療保険をも含むより広い概念として医療保障という言葉を使用します。より具体的には、医療法などの医療提供体制にかかわる仕組みや感染症の予防や対策にかかわる仕組み（→296頁参照）も含めて、医療保障とします。

社会保障と社会保険という言葉もこの本ではよく出てきていますが、同じように社会保険は保険料と給付に関する仕組みを前提とする（→44頁参照）のに対して、社会保障は社会保険をも含むより広い概念として使用しています。

(4) 強制加入の保険制度

親御さんの職業によって健保や国保に加入するという話をしてきましたが、では自分は元気で風邪もひかないし病気にもならないから医療保険制度には入りたくない、保険料も払いたくない！というのは認められるでしょうか。日本では、自らの意思によって医療保険制度に加入しないということはできません（強制加入）し、被保険者であれば原則として保険料を負担します（強制徴収）。つまり医療保険制度から脱退する自由は認められず、保険料も払わないといけません。また、既に確認したように、どの医療保険にいかなる資格で加入するかは健保法や国保法にて法定されているので、保険の種類や保険者を自分で選ぶことはできません。

では、どうして強制加入や強制徴収なのでしょうか。後で詳しく説明します（→30頁参照）が、国保では世帯主が保険料を納付する義務を負います。ある世帯主が、保険料を納付せずに滞納処分を受けて、その処分の取消しを求めた訴訟を提起したことがありました。その世帯主は強制加入や強制徴収というのは財産権を保障する憲法29条1項に違反するから滞納処分は無効であると主張しました。判決の中で最高裁は、国民健康保険制度の目的は「国民の健康を保持、増進しその生活を安定せしめ以て公共の福祉に資」するようにするためであり、「被保険者は、なるべく保険事故を生ずべき者の全部とすべきことむしろ当然であり、また相扶共済の保険の性質上保険事故により生ずる個人の経済的損害を加入者相互において分担すべきものであることも論を待たない」と判示しました（最大判昭和33年2月12日民集12巻2号190頁・百選7事件）。

　少しかみ砕いて説明すると、もし制度に加入するかは個人の自由としてしまうと医療保険に未加入の人が出ます。そして、その未加入の人が具合悪くなると医療保険には加入していなかったのだから制度からの保障は受けられず、結果としてかかる医療費の全額を自己負担しなければならなくなります。人によっては重い負担をおそれて医療機関へ行かなくなり、重症化してしまう場合があるかもしれません。そのような事態に陥ることなく、人々が比較的重くない負担で、健康を保持・増進できるようにするために、医療保険制度は強制加入・強制徴収の形で作られています。そしてこのような強制加入・強制徴収は、公共の福祉による制約として認められると考えられています。

　このように日本では主として健保と国保という医療保険制度があり、どの保険に加入するかは法律で決められ、強制加入となっています。公的に整備された医療保険制度によって、医療が提供されているのですが、これは立法者がそういう仕組みを作ったからです。立法者が立法する際に有している裁量、つまり立法裁量

に基づいて作られた仕組みであり、このような日本の仕組みが医療を提供する上での唯一無二な仕組みというわけではありません。世界には保険料ではなく税を財源として、保険料を負担したか否かにかかわらずユニバーサルな形で医療を提供する国（例えばイギリス等）もあれば、公的な医療保険よりも民間の保険会社が中心となって医療を提供している国（例えばアメリカ等）もあります。

(5) 保険証の意味

これまで日本の医療保険制度には健保と国保の大きく2つの仕組みがあって強制加入であることを説明してきましたが、では医療機関に行くときにはどうして保険証を持っていくのでしょうか。保険証を持たずに医療機関に行っても医療を受けることはできます。しかし、その場合には窓口で負担する額はけっこう高いです。これに対して保険証を提示することによって、医療機関から比較的安価で治療や投薬等を受けられます。医療機関の窓口ではかかった医療費の一部（原則3割）だけを負担すればよくて（一部負担金といいます）、残りについては医療保険制度が負担してくれるのです。つまり、医療保険制度を利用して比較的安価で医療を受けることができるように保険証を持参するわけです。最近ではマイナンバーカードを保険証として利用することができるように整備が進められています。

もっとも、後述の通り、ケガや病気の原因が仕事の場合には業務災害となりますし（→31頁参照）、通勤の場合には通勤災害（→83頁参照）となります。それらの場合には医療保険制度ではなく、労災保険制度の対象になるので、保険証を提示する必要はありません。いったんは保険証を提示して医療保険制度を利用しても、後で労災保険制度に切り替えることもできるので、その場合は医療保険の保険者に連絡をしましょう。

(6) 保険給付と提供主体

⑦　**保険診療**　保険証を提示して医療機関にて治療しても

らうことを保険診療といい、これが医療保険制度から得られる給付です。より正確には、医師が被保険者に対して行う診察や処置等が保険給付の内容であり、それを療養の給付といいます（健保法63条、国保法36条）。

(イ) **保険医療機関と保険医**　医療保険による療養の給付という医療サービスは、保険医療機関として厚生労働大臣から指定を受けた医療機関において、同じく厚生労働大臣から保険医として登録された医師によって提供されます（健保法63条・64条）。医療機関と医師のそれぞれが厚生労働大臣から指定・登録を受ける必要があります。日本ではほとんどの医療機関、そしてほとんどの医師が、保険医療機関・保険医として指定・登録されています。保険医療機関・保険医であれば、自由に選んで治療を受けることができるのは既に述べた通りです（8頁参照）。

＜医療保険制度の仕組み＞

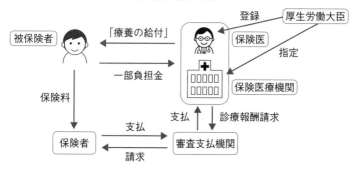

●病院の開設と保険医療機関としての指定

　日本では民間の医療機関が多いですが、新たに病院を開設するには、医療法に基づいて都道府県知事から開設許可を受ける必要があります（医療法7条）。知事は医療計画（→196頁参照）の達成に必要がある場合には、例えば開設されると病床数が過剰になる場合には、病院の開設を中止するように勧告を出すことができ

ます（30条の11）。あくまでも勧告は行政指導なので、従わなか
ったとしても医療法上の問題はなく、開設許可を得られます。し
かし、中止勧告に従わない場合には健保法との関係で保険医療機
関としての指定は受けられないという仕組みになっています（健
保法65条4項2号）。医療法に基づく開設許可は得られても、健
保法に基づく保険医療機関としての指定は受けられないという結
論になります。

　医療機関が保険医療機関の指定を受けられないと当然のことな
がら保険診療を行うことはできません。他方で日本では保険診療
を行わずに、自由診療（→193頁参照）だけを提供する医療機関
は歯科矯正や美容整形などごく僅かに限られます。そうすると、
保険医療機関としての指定を受けられないことは医療機関を経営
していくにあたって大きな打撃となります。

　一般に勧告は行政指導であり、従う義務はないので、取消訴訟
の対象となる処分ではないと考えられています（詳しくは行政法
で勉強してください）が、最高裁はこの中止勧告については、上
記のような健保法との関係、すなわち中止勧告が保険医療機関の
指定に及ぼす効果や病院経営における指定の意義を併せて考えて、
処分にあたると判断しています（最判平成17年7月15日民集59巻
6号1661号・百選21事件）。そのため、中止勧告を受けた医療機
関は、勧告の取消訴訟を提起することによって、知事の判断が違
法ではなかったかを争うことができます。

　　(ウ)　**療養の給付と家族療養費**　　既に述べた通り、被保険者に
対して保険医から提供される診察等は療養の給付といいます。こ
れに対して、健保の被扶養者が、具合が悪くなって医療機関に行
く場合には、被保険者に対して家族療養費が支給されます（健保
法110条）。少しややこしい話をしますと、療養の給付というのは
診察とか投薬といったサービスの形で被保険者に提供されます。
これに対して、家族療養費というのは「費」と付くことから想像
できる通り、金銭給付です。そのため、被扶養者が医療機関に行

く場合には診察をしてもらった上で窓口にていったんかかった医療費を全額支払った上で、別途、保険者に対して被保険者が家族療養費を請求するというのが本筋です。

　しかしながら、実際には被扶養者であっても、被保険者と同じように保険医療機関にて医療行為を受けて、窓口ではそこまで高くない額だけを払っているはずです。これは被保険者が保険者に対して請求できる家族療養費を、医療機関が被保険者に代わって請求し、受領できるようにしているからです。このような仕組みを代理受領といいます（健保法110条4項・5項）。

　　(エ)　**保険給付の内容**　　　医療機関で働く保険医としては、患者が健保の被保険者であっても、被扶養者であっても、同じ症状を訴えているのであれば、同じ内容・同じ水準の診察や投薬を施します。そのため、健保の被保険者である患者には打てるけれど、被扶養者である患者には打てない注射というような、資格ごとの取扱いの違いはありません。この点は、国保の被保険者に対しても同じです。健保の被保険者には出せるけれど国保の被保険者には出せない薬というのはありません。難しい表現をすれば、医療保険の保険給付の範囲は、保険者の種別や被保険者・被扶養者の別にかかわりなく、一律に決められています（給付の範囲の決まり方については→192頁参照）。どの保険にどういう資格で加入していても同じ症状であれば同じ内容・同じ水準の医療を受けられるというのもフリーアクセスや国民皆保険に並ぶ日本の医療保険制度のもうひとつの特徴といえます。

　　(7)　**一部負担金**

　医師からの診察や投薬が終わると、窓口にてお金を払います。このお金のことを一部負担金といい、その名の通りかかった医療費の一部だけです。それに、そもそもの医療サービスについては、公定価格が決められていて、医療機関が自由に薬や診察の値段を設定できない仕組みになっています（給付の範囲や価格の決まり方等

については→192頁参照)。

　負担すべき額は、年齢によって変動しますが、大学生のみなさんが払うのは、実際にかかった治療費の3割です。比較的軽い負担で医療を受けられるところに、医療保険制度のメリットがあります（医療費助成制度については→133頁参照)。

(8)　診療報酬請求

　患者から支払われるのは一部だけとすると、残りは医療機関の持ち出しになるのでしょうか。先ほど述べた通り、残りについては医療保険制度が負担します。そのため、医療機関としては、診療にかかった費用（診療報酬といいます）を患者が属する保険の保険者に請求する必要があります。これを診療報酬請求といいます。

　(ア)　審査支払機関　　もっとも、患者によってどの保険者が運営する保険に入っているかは千差万別です。○○健保組合の被保険者の人もいれば、△△健保組合の被扶養者もいれば、協会けんぽの被保険者もいれば、国保の被保険者もいて、患者によって保険者はバラバラです。

　そうすると、それぞれの医療機関が、それぞれの保険者に対して診療報酬請求をするのは事務が煩雑になりすぎます。そこで、各医療機関と各保険者の間に、審査支払機関という第三者が入って、そこがそれぞれの保険者から委託を受けて、診療報酬の審査や支払についての事務を担っています。審査支払機関とは、健保の場合には社会保険診療報酬支払基金、国保の場合には国民健康保険団体連合会のことです。

　(イ)　審査と支払　　医療機関はレセプトと呼ばれる診療報酬明細書をもって診療請求するので、それを受ける審査支払機関は、レセプトに書かれた診療行為や使用された薬剤等が保険診療の内容として適切かを審査することになります。確認できれば、診療報酬が支払われます。

　(ウ)　減点査定　　これに対して、例えば本来３錠と制限され

ているのに5錠投薬したというように、過剰な診療行為が行われたり、本来とは異なる用途で薬剤が使用されたり、ルールとは異なって適切とはいえない場合もあります。このような場合には審査支払機関は医療機関からの診療報酬請求に対して減点査定を行います。レセプトでは1点10円として点数の形で請求されるので、請求分から差し引くという意味で、減点査定あるいは減点措置と呼ばれています。

　みなさんが医療機関に行った後には、舞台裏でこのようなやりとりが行われているというわけです。

●減点査定と訴訟

　適切な診療行為をしたと思って診療報酬請求をしたけれど、審査支払機関からは適切とは認めてもらえず、減点査定をされた医療機関はどうすればよいでしょうか。審査支払機関による減点査定に不服があれば、審査支払機関を被告として、減点された部分を支払うように求める給付訴訟を裁判所に対して提起します。言い換えれば、減点査定の取消訴訟を提起するわけではありません（取消訴訟を提起して却下された事例に最三小判昭和53年4月4日判時887号58頁・百選24事件があります）。詳しくは行政法の講義で勉強しますが、取消訴訟の対象は原則として行政処分であり、行政処分というのは、公権力の主体たる国または公共団体がその行為によって国民の権利義務を形成し、あるいはその範囲を確定することが法律上認められているもののことをいいます。減点査定によって保険診療の範囲が確定されるわけではなくて、あくまでも診療行為があった段階で診療報酬債権が発生していて、減点査定は既に発生した診療報酬債権の額を確認して支払いを拒絶するにすぎないわけです。そのため、減点査定に不服がある場合には取消訴訟ではなく、給付訴訟を提起する必要があります。

●AYA世代のがん

15歳から39歳までのAYA世代（Adolescent and Young Adult）では子宮頸がんや乳がんなど、女性のがん患者が非常に多いようです。子宮頸がんの感染経路のほとんどは性交渉であり、それを予防するHPVワクチンは小学6年生から高校1年生の女性は無料で受けることができます（定期接種）。接種後の体調不良などの事例が相次ぎましたが、現段階ではHPVワクチンとの因果関係は示されていません。

そしてAYA世代の患者さんは、就学、就職、結婚、出産、子育てなど、さまざまなライフイベントに直面し、ライフステージが大きく変化する年代でもあります。そのため、就学や就労等と治療を両立できるように支援体制を構築することが重要です。さらに、病状によっては生殖機能に影響を及ぼす治療をしなければならないときもあります。そのような場合には生殖機能温存療法等もあるので、不安なことや疑問点などはひとりで抱え込み過ぎずに医療機関に相談することが大切です。

2　20歳になったら年金加入

20歳の誕生日が近づくと国民年金制度の加入についてのお便りがきていませんか。というのも、20歳になると国民年金制度の第1号被保険者に該当するからです。そこで、ここでは年金制度についてみていきましょう。

(1) 第1号被保険者

20歳の誕生日が近づくと、国（厚生労働大臣）から委任・委託を受けて年金制度の運営業務を行っている日本年金機構という団体から、「国民年金加入のご案内」という通知が届きます。というのも「日本国内に住所を有する20歳以上60歳未満の者」は、国民年金制度に加入する義務があり、第1号被保険者（国年法7条1項1号）に該当するからです。これまでは、同封される国民年金の資格取得届に必要事項を記載して自ら届け出る必要があって、届

出によって初めて法の適用を受ける仕組みでしたが、業務の簡素化・効率化や経費削減のために20歳になると職権で適用されることになりました。そのため、20歳になると自動的に第1号被保険者になります。

　また、これまでは上記のご案内に国民年金手帳が同封され、そこに基礎年金番号が記載されていましたが、国民年金手帳も業務の簡素化・効率化のために2022年4月から廃止となります。その代わりに上記のご案内とともに、基礎年金番号通知書が送られてきます。基礎年金番号は、マイナンバーとは別の番号で、今勉強している国民年金だけでなく、今後勉強する厚生年金保険（→27頁参照）や企業年金、個人年金との関係（→60頁参照）でも重要な番号になります。基礎年金番号は、原則として20歳で初めて年金制度に加入したときに付されるもので、今後、就職したり、転職したりして、加入する年金制度が変わっていっても変わらないあなただけの番号ですので、大切に保管してください。また、年金に関してはねんきんネットやねんきん定期便の仕組みもあって、どれだけ保険料を納付しているかを継続的に確認できるようになっているので、活用してください（→187頁参照）。

(2)　保険料の納付義務

　保険料の納付書が届いたことからもわかる通り、国民年金の被保険者になると、保険料を納付しなければなりません（国年法88条1項）。2021年度現在の保険料は、ひと月あたり1万6610円です。税金との関係では、納めた保険料分が全額控除対象となりますので（社会保険料控除）、その分、所得税や住民税の負担を抑えることができます。毎月の保険料は、翌月の末日までに納付する必要があります（91条）。まとめて払うことで少しだけ負担を軽くすることもできます。金融機関やコンビニで納付できますし、口座振替等も可能です。

　では、保険料を払っていないとどうなるでしょうか。国民年金

制度が用意する給付には、原則として65歳になったときに支給される老齢基礎年金と、障害を有することになったときに支給される障害基礎年金があります（正確には遺族基礎年金もあります（→163頁参照））。それぞれの給付の支給要件等は後述しますが、保険料が未納では老齢基礎年金や障害基礎年金の支給を受けられない危険があります。そのため、保険料をしっかり納付することが重要です。

(3) 学生納付特例制度

　もっとも、大学生のみなさんにとっては払った保険料分が社会保険料控除の対象となるといってもそもそも所得税も住民税も負担していないから関係ないし、何よりも毎月1万6610円というのはそう簡単に支払える額ではないかもしれません。人によっては、親御さんが代わりに払ってくれる方もいるでしょう（この場合、親御さんの課税との関係で社会保険料控除を受けられます）。その他にも、学生納付特例制度を活用するという選択肢もあります（国年法90条の3）。

　この制度は保険料の納付を猶予するもので、学生証または在学証明書を添付の上申請して、厚生労働大臣から承認を受けることで利用できます。承認される期間は1年なので、毎年度の申請が必要です。

　では学生納付特例制度のメリットは何でしょうか。まずは保険料を支払わなくても、未納状態にはならずに済みます。その結果として、将来、事故や病気が原因で後遺症たる障害が残ったときに、障害基礎年金を受けることにつながります。障害基礎年金は、おおまかにいって、障害の原因となる病気について初めて医療機関に行った日（初診日といいます）に年金制度の被保険者である人が、一定の障害があって、かつ保険料に関する要件を満たす場合に支給されます。このうち、保険料に関する要件というのは、初診日の前日に、年金加入期間の3分の2以上について保険料の未

納がないこと、あるいは直近1年間に保険料の未納がないことの
いずれかです（30条等）。あくまでも初診日の前日が基準時なので、
ケガをしてから慌てて保険料を支払っても保険料に関する要件を
満たすことにはなりません。そして、保険料を実際に払った期間
だけでなく、学生納付特例制度によって承認を受けた期間も「未
納でない」と処理されます。つまり、初診日の前日の段階で、保
険料を納めておらず、学生納付特例制度の承認も受けていないと、
障害を負ったとしても障害基礎年金を受けられないのに対して、
学生納付特例制度の承認を受けていれば未納扱いとならずに済む
ため、障害基礎年金を受けられる可能性が高まります。

(4) 追納の重要性

　ただし、保険料の納付については猶予されるだけで「免除」さ
れるわけではないことに注意が必要です。国民年金のもうひとつ
である老齢基礎年金は、65歳になって、保険料納付済期間と保険
料免除期間とを合算した期間（これを受給資格期間といいます）が10
年以上あれば受けられます（国年法26条）。支給額は、40年間の全
期間保険料を納めた場合を満額として、40年に満たない場合は比
例的に減額されます（27条）（→218頁参照）。

　その上で、学生納付特例制度を受けた期間については、10年と
いう支給要件を検討する際にはカウントされます（つまり受給資格
期間に含まれます）が、実際の支給額を計算する際、つまり40年か
否かを考える際にはカウントされません（このような期間を中身がな
いという意味で俗にカラ期間といいます）。つまり保険料を追納しない
限り、老齢基礎年金の支給額を算定するにあたっては、保険料は
支払われていないと処理されるので、将来、満額の老齢基礎年金
を受けることは難しくなるわけです。そのため、学生納付特例制
度を利用したから万全という訳ではなく、支払えるようになった
段階で追納することが重要です。追納可能な期間は10年に限られ
ますし、10年以内であっても追納のタイミングが遅いほど加算額

が上乗せされるので、できるだけ早く追納することをおすすめします。

●学生無年金訴訟

　現在では本文で述べた通り、学生も国民年金制度に強制加入となり、学生納付特例を利用できます。しかし、昔は任意加入でした。そのため、加入しなかった人が多く、そういう人が障害を負っても障害年金をもらえないという問題があり、いわゆる学生無年金訴訟が提起されました。

　すなわち、傷病により障害を負った人が障害基礎年金を申請したのですが、初診日の時点では学生で国民年金に加入していなかったので、不支給決定を受けました。そこで、不支給決定の取消しと国家賠償を求めて提訴したのです。

　元学生たちは、20歳前に初診日があれば20歳前障害として障害基礎年金を受けられるのに（→157頁参照）、20歳後に初診日があると受けられないのは平等権を保障する憲法14条1項に違反する、学生を強制加入の対象にしなかったことは憲法25条に反する、何らの救済措置も講じなかったのは違法であるなどと主張しました。

　しかし、最高裁は、次のように述べて憲法25条違反も14条違反も認めませんでした。まず、最高裁は、「国民年金制度について具体的にどのような立法措置を講じるかの選択決定は、立法府の広い裁量にゆだねられて」いるとした上で、「著しく合理性を欠き明らかに裁量の逸脱、濫用とみざるを得ないような場合」や「何ら合理的理由のない不当な差別的取扱いをするとき」にはそれぞれ憲法25条、14条違反になりうるとの基準を立てました。その上で、20歳以上の学生を任意加入としたことや強制加入の被保険者とする措置を講じなかったこと、さらには任意加入しない無年金者のために立法措置を講じなかったことは、著しく合理性を欠くとはいえないとしました。また、20歳前後で差異が生じても不当な差別的取扱いであるとはいえないとしました（最二

小判平成19年9月28日民集61巻6号2345頁・百選10事件）。

　無年金になるという悲劇を繰り返さないためにも、保険料を納付することあるいは学生納付特例制度を利用することが大切です。ちなみに、原告たちの救済に関しては、2004年に特定障害者に対する特別障害給付金の支給に関する法律が制定されて、任意加入しなかった学生と専業主婦のうち一定の障害を負う人には特別障害給付金が支給されることになりました。

(5)　年金制度の概要

　ここでは国民年金制度について説明しましたが、国民年金制度は主として日本国内に住所を有する人を対象に、定額の保険料を拠出させていずれ要件を満たすようになると定額の給付を支給する仕組みです。日本の年金制度のひとつとして位置づけられています。日本の年金制度にはもうひとつ、厚生年金保険法に基づく厚生年金保険制度があります。これは、民間企業で働く労働者や公務員を対象とするもので、報酬比例の形で保険料を拠出すると、将来、報酬比例の給付が支給されます。このように、日本では1階部分の国民年金と2階部分の厚生年金保険という二層構造になって年金制度が用意されています。

　そして、日本では今の現役世代が払う保険料が元になって今の高齢者に年金が支給されています。このような仕組みを賦課方式といいます。年金制度には将来自分が受け取るために現役時代に積み立てるという仕組み（積立方式といいます）もありますが、インフレが起きても年金額が目減りしないなど年金の実質的価値を保つために、日本では賦課方式をベースにして年金制度が構築されています（→218頁参照）。もっとも、少し混み入った話になりますが、国民年金にも厚生年金にも積立金があるため、純粋な賦課方式というわけではありません。

●留学

　人によっては短期であれ、長期であれ、留学をする人もいるでしょう。では、留学すると社会保障法上の地位はどうなるでしょうか。まず年金については国民年金の第1号被保険者でしたが、第1号被保険者は年齢と住所を要件としています。なので、留学に伴って住民票を抜き（転出の届出ともいいます）、生活の本拠も日本からなくなる場合には被保険者資格を喪失します。そうすると、当然のことながら国民年金の保険料を払う義務はなくなります。ただ、保険料の支払いをストップする期間があるとその分、将来の支給額が減るデメリットもあるので、希望があれば国民年金に任意加入することができます（国年法附則5条1項3号）。任意加入するかは自由に選択できますが、日本に帰国してまた国内に住所を有するようになったときには国民年金に改めて加入する必要があるので、帰国後に手続きするのを忘れないようにしてください。

　これに対して、医療保険の地位は国保か健保かによって違いがあります。国保の被保険者であった場合には国民年金と同じく住所がなくなるので被保険者資格を喪失します。保険料を払う必要はなくなり、保険証も返却します。

　これに対して、健保の被扶養者であった場合はどうでしょうか。健保法3条7項柱書では留学については引き続き被保険者資格を保持できることが明確になっています。

　では、留学中に海外の医療機関で医療を受けた場合に、それを健保に請求できるかが次の問題です。日本にいる場合には家族療養費を保険医療機関が代理受領する仕組みになっているので、窓口では3割負担をすればよいというのは既に述べましたが、海外の場合には、いったん本人が全額を負担する必要があります。その上で、保険者に対して療養費として請求します（健保法110条7項・87条）。

　日本国内で保険診療として認められる医療行為については、日本国内の医療機関等で同じ傷病を治療した場合にかかる治療費を

基準に計算した額（実際に海外で支払った額の方が低いときはその額）から、自己負担相当額（患者負担分）を差し引いた額が支払われます。国によって医療体制や治療方法等が異なるので、場合によっては支給される金額が大幅に少ないこともあります。請求するには海外の医師や医療機関の証明を受けた申請書が必要になるので、証明してもらうことを忘れないようにしてください。また、申請書の他に、診療内容明細書や領収明細書、現地の領収書原本、それらの翻訳文等が必要になるので、実際問題としてはあまり使われていないのが実情のようです。

　留学にあたっての学費や生活費については社会保障制度ではカバーされないので、民間の財団等が用意している奨学金等の各種プログラムを探すようにしてください。

3　アルバイトをしたら

　大学生になるとアルバイトをする人も増えると思うので、ここでは社会保障法の観点からアルバイトに関する重要な点を確認しましょう。

(1)　医療保険制度における地位の変動

　アルバイトをし過ぎてお金を稼ぎすぎると、親御さんの扶養から外れる可能性があります。最初に述べた通り、企業で働く親御さんに扶養してもらっている場合には、親御さんを被保険者とする健保に被扶養者として加入していますが、アルバイトによる稼ぎが多すぎると、「生計を維持」してもらっているとは評価できなくなるからです。具体的には年収が130万円以上の場合（130万円の壁といわれています）や被保険者である親御さんの年収の2分の1以上（同一世帯の場合）の場合には「生計を維持」されているとはいえなくなります。

　そうすると、健保の被扶養者資格を喪失します。するとどうなるかですが、正社員と比較して労働時間や労働日数が4分の3以

上（健保法3条1項9号参照）であれば、アルバイト先の健康保険に被保険者として加入する途もあります（この場合、年金についても、厚生年金保険の被保険者となって、国民年金も第2号被保険者に切り替わります）が、学業が本分である以上、4分の3という基準を満たすことはほぼないでしょう。他方で、4分の3未満でもアルバイト先の健康保険に被保険者として加入する可能性はありますが、これについては「学生でないこと」という別の要件があります（健保法3条1項9号ニ）（詳しくは→58頁参照）。つまり、稼ぎすぎて健保の被扶養者資格を喪失しても、アルバイト先の健保に被保険者として加入することは難しいです。その結果、住所を媒介に国保の被保険者として整理されることになります。

　国保の被保険者ということは、国保の保険料が発生します。国保の保険料は、自治体によっては保険料の形ではなく、保険税の形で徴収されます（国保法76条1項、地方税法5条6項5号・703条の4）。そして、国保の保険料の額については、所得（所得割）と世帯あたりの国保加入者の人数に均等した形（均等割）を基本に、場合によっては国保に加入する全世帯が平等に（平等割）あるいは、有する資産（資産割）によって決定されます（→251頁参照）。詳しくはそれぞれの都道府県・市町村が定めた条例次第なので、近くの役所（市役所や区役所等のことを「役所」といいます）の国保担当に問い合わせてみましょう。そして、この国保の保険料はたとえ世帯主が国保の被保険者でなかったとしても、世帯主が納付することになります（76条1項）。このようにみなさんがアルバイトをし過ぎると世帯主である親御さんはたとえ国保の被保険者でなかったとしても、みなさんの国保の保険料を納付しなければならなくなります。

　そもそも学生の本分は学業なのでアルバイトばかりにうつつを抜かし過ぎないようにしましょう。

●立ちはだかる壁

　医療保険制度において被扶養者として認められるためには、130万円が基準になるといいましたが、130万円の壁の前に103万円の壁があります。これは税金に関するものです。すなわち、給与所得控除65万円と基礎控除38万円を足したもので、みなさんの年収が103万円を超えると、税務上は親御さんの扶養から外れます。親御さんは扶養控除を受けられなくなりますし、学生のみなさんも所得税や住民税を払わないといけなくなります。勤労学生控除の要件を満たせば130万円まで非課税の枠を拡大できますが、既に述べた通り、税務上の扶養から外れるので、親御さんの納税額は増える可能性があります。詳しくは租税法の授業で勉強してください。

　余談ですが、みなさんが稼いだ給料についてはあらかじめ所得税が引かれた形で（これを源泉徴収といいます）支払われている場合が多いです。そして、年収が低ければ、そもそも所得税を負担する必要がないので、余計に税金を払っていたということがありえます。この場合には、税務署に対して確定申告をすると余計に払っていた分が還付されますので、心あたりのある人は確定申告をしてみてください。

(2)　労　災

　アルバイトの最中にケガをすることもあるかもしれません。その場合にはさきほど述べた風邪をひいたときや家で転んでケガをしたときとは異なる法律関係になります。

　　(ア)　**労災保険法の仕組み**　　アルバイトも立派な労働であり、働く最中にケガをしたのであれば業務災害にあたります。業務中に発生した病気やケガについては、たとえ使用者に過失がなかったとしても、業務災害として認められ、労災保険法が規定する給付を受けることができます（→79頁参照）。

　アルバイトでケガをした場合には、労災病院（労災法の労働福祉事業の１つとして設置される病院のことです）あるいは労災保険指定医

療機関に行きましょう（労災則11条1項）。多くの病院は労災保険指定医療機関としての指定を受けています。

そうすると、療養補償給付という形で治療を受けることができ、この場合、窓口負担はないというのが医療保険制度と労災保険制度との大きな違いになります。療養補償給付を受けたい場合には、請求書に記入し、労働基準監督署（以下、労基署といいます）に提出しましょう。

そうすると労基署は、本当に業務が原因でケガをしたのかを調査します。具体的には業務の遂行中に業務に起因してケガが起きたのか、少し難しい言葉でいうと業務遂行性と業務起因性がそのケガには認められるのかを判断することになります（→74頁参照）。確認がとれれば医療機関に対して支払いがなされます。

近くに労災病院や労災保険指定医療機関がない場合には、いったん全額を支払った上で、領収書と医師の証明を受けた請求書を労基署に提出します。業務災害と認められれば、かかった医療費の全額が労災保険から支払われます。

このように業務災害にあたる場合には、医療保険制度の対象ではありません。はじめは保険証を提示して医療保険の適用を前提に処理を進めてしまっても、後から労災保険に切り替えることもできるので、そのような場合には医療機関や医療保険の保険者に問い合わせましょう。

業務災害としての給付を請求するにあたっては、事業主の証明も必要ですが、事業主によっては業務災害ではないと主張して協力してくれない場合があるかもしれません。というのも、業務災害と判断されると、その後、事業主が負担する労災の保険料が増額されることにつながるからです。

(イ)　**労災の保険料**　そもそも労災の保険料は、事業主がその事業に使用するすべての労働者に払う賃金の総額に、一定の保険料率を乗じることで算出されます。事業主が全額を負担する、

言い換えれば労働者は負担しないという点で、健康保険や厚生年金、そして後で勉強する雇用保険とは異なります。どうしてかといえば、労災保険の仕組みは、労基法によって事業主が負担しなければいけないと規定されている災害補償責任（労基法第8章75条以下参照）を担保するためにできているからです。労働者に働いてもらうことで利益を得ている事業主が、労働者が労働することで事故等にあうリスクについても負担すべきと考えられています。事業主に過失がある場合はもちろん、たとえ過失がない場合にもです。そのため、災害補償を請求するにあたっては、事業主の過失を立証する必要はありません。

そして、事業主がどれくらいの保険料を負担するかについては、労災保険法ではなく、労働保険徴収法という法律に規定されています。保険料率は事業の内容ごとに設定されています。事業の内容によって、災害が発生する可能性が異なるからです。災害がよく発生する事業では高めに、そうでない事業では低めに、過去3年間の災害率などを考慮して8.8％から0.25％の間で定められています（徴収法12条2項）。

また、同じ事業であっても労働災害が発生しないように予防に熱心な事業主と、反対に安全教育が杜撰で多くの労働災害が発生している事業主とで、同じ保険料率では予防に向けたインセンティブを保つことはできません。そのため、過去3年間の保険給付額に応じて、保険料率を40％の範囲で増減させています（同条3項）。このような仕組みをメリット制といい、メリット制は災害発生率が異なる事業主の間で負担の公平性を保つことにも役立っています。

メリット制の発動をおそれて業務災害の発生を隠したいと考える事業主がいるかもしれません（これを労災隠しということがあります）。既に述べた通り、給付を請求するには事業主の証明も必要ですが、たとえ事業主が協力してくれない場合でも労災を請求す

ることはできることを覚えておいてください。請求した上で労基署にケガが業務災害といえるか否かをしっかり判断してもらいましょう。またたとえ事業主が保険料を払っていなくても業務災害が起きれば労災の給付は支給されます（→113頁参照）。

4 就活するには

3年生にもなると就職活動、略して就活を始める方も多いでしょう。そこで、ここでは就活に関する制度を概観しましょう。

(1) ハローワーク

ハローワークの正式名称は公共職業安定所であり、分庁舎を含め、日本全国に設置されていますが、行ったことはありますか。学生のみなさんと話をするとハローワークは失業したおじさんやおばさんがいくところと思っている方が多いようです。かくいう私もそんなイメージを抱いていた頃がありました……。けれど、ハローワークとは仕事を探す人に仕事を紹介する場所であり、みなさんがする就職活動は、仕事探しに他なりません。そのため、みなさんの就職活動にもハローワークは利用できます。特に最近は、新卒応援ハローワークがあり、大学や大学院の学生、卒業後未就職の人を対象に就職活動の支援を行っています。

労働者を採用したい企業の情報を得たり、仕事探しを支援するセミナーが企画されたり、履歴書の書き方や面接の受け方等、若者目線で親身に相談にのってくれます。ですので、ぜひ活用してみてください。ちなみにハローワークではアルバイトを探すこともできます。

(2) ジョブカフェ

若者の就職支援を行う施設には、都道府県が主催するジョブカフェもあります（青少年雇用促進法24条）。正式名称は若年者のためのワンストップサービスセンターですが、通称はジョブカフェ、さらに地域によっていろいろな名称が付されています。例えば東

京では東京しごとセンター、長野ではジョブカフェ信州と呼ばれています。一県を除く46の都道府県に設置されていて、ハローワークと併設されるジョブカフェもあります。

　若者が自分にあった仕事をみつけられるように、各都道府県の特色を活かした就職セミナーや職場体験、カウンセリング、職業相談、職業紹介などのサービスが展開されています。さまざまなサービスを無料で受けることができるので、カフェに立ち寄る気分で一度、立ち寄ってみるとよいでしょう（サポステという機関もあるので、詳しくは260頁を参照してください）。

●マークイロイロ
　就職活動をするにあたって、これらのマークをみたことありますか？

①ユースエール認定マーク　　青少年雇用促進法に基づくもので、若者の採用・育成に積極的で、若者の雇用管理の状況などが優良な中小企業（従業員数300人以下）を厚生労働大臣が認定する制度です。

②くるみんマーク　　次世代育成支援対策推進法では従業員数101人以上の企業に従業員の仕事と子育ての両立を図るための雇用環境の整備等について一般事業主行動計画を定めることを

義務づけています。子育てサポート企業として厚生労働大臣の認定を受けた企業の証がくるみんマークです。くるみん認定を既に受け、より高い水準で両立支援の取組みを行い、一定の要件を満たしている企業にはプラチナくるみんマークが認定されます。

③えるぼしマーク　　女性活躍推進法では従業員数301人以上（2022年4月から101人以上）の事業主は女性の活躍を推進するために一般事業主行動計画を策定する必要があります。一般

事業主行動計画の策定・届出を行った企業のうち、取組みの実施

状況が優良な企業にはえるぼし認定が、特に優良な企業にはプラチナえるぼし認定が厚生労働大臣から認定されます。

④もにすマーク　障害者の雇用の促進や安定に関する取組みが優良な中小企業（従業員数300人以下）に対しては厚生労働大臣が認定するもにすマークがあります。障害者雇用促進法に基づきます。

⑤トモニンマーク　仕事と介護を両立できる職場環境の整備促進に取り組むことを示すシンボルマークです。こちらは厚生労働大臣の認定を前提としているわけではない点で、上述のマークとは違いがあります。

　就職活動を進めるにあたっては検討している企業にこれらのマークがあるかも調べてみてください。就職先を考える上で考慮要素のひとつになるかもしれません。また、企業としては、採用に向けた応募者の増加を期待できるとともに名刺にマークを付けること等によって、自社の取り組みを対外的にアピールすることができます。①〜④のマークについては、公共入札での加点等にもつながっているのでメリットも大きいかもしれません。

5　家族に介護が必要に

　次にみなさんの中にももしかしたら家族の介護をされている人がいるかもしれません。学生さんと話をするとたまに聞くことがあります。そこで、身近な人が突然倒れたらどうするかについてここでは概観しましょう。まずは救急車を呼んで、医療機関に連れて行って、治療をしてもらうことになりますが、そのときかかる医療費の負担については、医療保険の対象となります。ここでは倒れた人（対象者といいます）が家に帰ってきたけれど、車いすが必要になったり、寝たきりになったりして、介護が必要になることを考えてみます。日本では高齢者の介護については、介護保

険法に基づいて介護保険制度が整備されています。

(1) 介護保険制度

　介護が必要になった対象者が65歳以上であれば、介護保険の第
１号被保険者（介保法９条１号）として介護保険制度に対して保険
料を払っているはずです。そのような場合には介護保険制度から
給付を得られる可能性があります。

　ではどんな給付が得られるでしょう。在宅で介護する場合には、
居宅サービスを利用できます。具体的にはヘルパーさんに自宅に
来てもらって掃除や洗濯、食事のお手伝いをしてもらう訪問介護
（ホームヘルプサービス）や、週に数回施設に通って食事をしたり、
体操や手遊びをしたりするなどの通所介護（デイサービス）、短期
的に施設に入所する短期入所生活介護（ショートステイ）などがあ
ります（８条１項・２項・７項・９項）。

(2) 保険者とホウカツ

　ではこれらのサービスを受けるためにはどうすればよいでしょ
うか。介護保険制度は、それぞれの市町村が保険者となって運営
する仕組み（介保法３条１項）なので、市町村に対して要介護認定
を申請します（27条１項・32条１項）。対象者にはどれくらいの介護
が必要なのか、要介護度を認定してもらいます。

　介護保険の申請については、市町村が設置する公的な機関であ
る地域包括支援センター、略してホウカツが代行してくれます。
ホウカツとは、地域の高齢者の暮らしを支える拠点であり、地域
住民の生活に必要な援助を行い、高齢者の保健や医療、介護、福
祉などさまざまな分野を包括的に支援することを目的とした機関
です。そのため、突然家族が倒れて困ったときは、まず近くのホ
ウカツを調べてそこに相談に行くとよいでしょう。

(3) 要介護認定

　要介護認定の申請がなされると、訪問調査が行われ、全国共通
の調査票を使って対象者の心身の状況がチェックされます。その

調査結果をコンピューターで分析して、介護に必要な時間や自立の有無、要介護度が判定されます（第1次判定）。そのあと、第1次判定の結果や主治医の意見書などをもとに、介護認定審査会が判定を行って（第2次判定）、判定結果が通知されます。

　判定結果には、介護は必要ないという自立（非該当）がある他、大きく要支援状態と要介護状態に分かれます。要支援状態とは、放置しておくと要介護状態になる危険がある状態のこと（介保法7条2項）で、軽い順に要支援1と要支援2があります。要支援者には介護保険制度から予防給付が支給されます。これに対して、要介護状態とは、身体や精神の障害によって、日常生活における基本的な動作について継続して常時介護を必要とする状態のこと（7条1項）で、軽い順に要介護1、要介護2、要介護3、要介護4そして最も重い要介護5があります。要介護者には介護給付が支給されます。要介護度に応じて利用できるサービスの内容や月ごとの利用限度額が異なります。

(4)　ケアプランとケアマネ

　では市町村から要介護認定を受けたら自動的に介護サービスが提供されるのでしょうか。介護サービスといっても、先ほど触れた通り、訪問介護やデイサービス、ショートステイなどいろいろなメニューがあります。対象者の要介護度に合わせて、具体的にどのような内容の介護を、どのような頻度で、どの事業者から受けるのか、ケアプラン（介護サービス計画といいます）を作成することが次のステップです。

　このケアプランは自分や家族で作成することもできますが、ケアプランの作成等を専門に仕事しているのがケアマネージャー（介護支援専門員といいます）、略してケアマネです。ケアマネは既に述べたホウカツや都道府県知事から居宅介護支援事業者の指定を受けた民間の事業者で働いています。地域にはどんな居宅介護支援事業者がいるのかなどの情報もホウカツでは取り揃えられて

いるので、相談してみましょう。

　要支援の認定を受けた場合にはホウカツのケアマネが、要介護の認定を受けた場合には居宅介護支援事業者のケアマネが、それぞれケアプランを作成します。ケアマネは対象者が必要とする介護サービスを過不足なく利用できるように、対象者の立場に立って総合的に支援する役割を果たします。そして、ケアプランの作成だけでなく、次に述べる介護サービスを提供する介護サービス事業者との連絡や調整も行い、対象者の介護サービス全体をマネージメントしてくれます。

　ケアマネにかかる費用はすべて介護保険によって居宅介護サービス計画費として代理受領の形で賄われるので、自己負担が発生することはありません。

> **●介護サービス情報公表システム**
>
> 　家族に介護が必要になるときに備えて支援体制に関する情報収集をしておくことは重要なことです。特に介護保険ではさまざまなサービスがあるので、介護が必要になる前から地域の事業者に関する情報を収集しておくことが重要でしょう。
>
> 　適切な事業者を選択できるように、厚生労働省は介護サービス情報公表システムを用意しています（介保法115条の35）。インターネットでそれぞれの事業者のサービス内容などを自由に検索・閲覧することができます。アピールポイントや詳しい内容、運営状況等を確認でき、最大で30件の事業者の公表内容を一覧して比較することができます。また、お住まいの地域で利用できる生活関連情報も掲載され、地域包括支援センターや生活支援等サービスを検索することもできるので、まずは「介護サービス情報公表システム」とインターネットで検索してみてください。

(5)　介護サービスに関する契約

　続いて、できあがったケアプランに従って、介護サービスを提供する事業者と介護サービスの利用に関する契約を締結すること

になります。この事業者は、社会福祉法人、医療法人、民間企業、NPO法人等の民間の機関で、それぞれ主として都道府県知事から指定居宅介護支援事業者や指定介護予防サービス事業者などの指定を受けています（介保法79条・115条の２）。この指定を受けるためには、都道府県が条例で定める従業者の人数等に関する基準や事業の設備及び運営に関する基準を満たさないといけません（指定基準ということがあります。79条２項・115条の２第２項）。介護サービスを提供する主体を知事が指定した事業者に限定することによって、指定基準をクリアできていない事業者を排除して、介護サービスの質を確保することが目指されています。

　地域や事業内容によって差はありますが、通常、複数の候補の中からサービスを受ける事業者を選択します。事業者ごとにサービスの内容や働いている職員の雰囲気等も違うので、いろいろな事業者を見学して、どの事業者からサービスを受けたいかを選択します。

　無事に事業者が決まって、介護サービスの利用に関する契約を締結すると、ようやくケアプランの内容に従ってサービスが提供されることになります。ヘルパーが自宅に来て食事や洗濯のお手伝いをしてくれたり、たまにデイサービスに出かけたり……介護保険を利用した新しい生活が始まります。

(6)　利用者負担と介護報酬請求

　介護サービスを受けるときに事業者に支払う額は、原則としてかかった介護費の１割、一定以上の所得があれば２割または３割です（応益負担）（介保法41条４項１号・49条の２等）。もっとも、所得に応じて決まる一定額を超える場合にはその差額が高額介護サービス費や高額医療合算介護サービス費という形で償還されます（51条・51条の２）（→203頁参照）。

　そして利用者が負担する額以外については、介護保険の方から介護報酬として支払われます。具体的には訪問介護やデイサービ

ス、ショートスティ等を要介護者が利用する場合には介護給付として居宅介護サービス費が、それらを要支援者が利用する場合には予防給付として介護予防サービス費が支給されます（40条・52条）。これらの支給も代理受領の仕組みになっているので（41条6項・7項等）、事業者が介護保険の保険者である市町村に請求の上、受け取っています（→19頁参照）。

●ヤングケアラーの存在

18歳未満で家族の介護を担わざるをえない子どもや若者のことをヤングケアラーといい、ひとり親の増加や晩婚化を背景にヤングケアラーは増える傾向にあります。18歳未満と定義すると大学生は定義から外れることになりますが、学生のみなさんの中にも、家族の介護をされている人や友達がそういう状況にある人もいるのではないでしょうか。

家族の役に立つことや家族との結びつきが深まることは良いことですが、ケアに関する負担や責任が重すぎると、自分の心身の発達や友達との人間関係、就学や就業などにも影響を与えかねません。家族の介護があるから進学や就職を諦めるというような事態にならないように、介護と進学あるいは就職を両立できるための支援が必要です。もっとも、残念ながらそのような支援は充実しておらず、介護に関する課題のひとつであるのが現状です。ヤングケアラー等を支援するために、条例を制定するなど積極的に取り組む自治体もあり、こうした取り組みが広がることが期待されます。

第2章　就　　職

> 大学生のみなさんにとって就職して社会人として働くことは目の前にまで迫っています。ここではある会社に就職することになったという前提で、関連する社会保障制度についてみていきましょう。

1　社会保険制度への加入

　会社に就職すると、それまで親御さんに養ってもらっていた人も、自分で働いて賃金を稼ぐことになります。それに伴って社会保障制度に関する身分もがらりと変わります。一番わかりやすいのは、自分を被保険者とする保険証が配られるということでしょう。みなさん自身が健康保険の被保険者に該当するようになるからです。その他にも年金制度の加入状況も変わりますし、雇用保険制度への加入も始まるので、それぞれの制度についてみていきましょう。

(1)　医療保険への加入

　まず、医療保険についてです。会社に入社する場合、会社は法人ですので、健保法では適用事業所にあたります（健保法3条3項2号）。そして、そこで指揮命令を受けて働くことになるので、「適用事業所に使用される」という要件を満たすことになり、健保の被保険者資格を取得します（3条1項）。これまでは親御さんの職業に応じて、健保の被扶養者か国保の被保険者かになっていたと思いますが、今度は自分が健保の被保険者となって新しい保険証を受け取ることになります。

(2)　年金への加入

　さらに年金の身分も変動します。学生のうちは国民年金の第1

号被保険者でしたが、会社は厚年法上の適用事業所（厚年法6条1項2号）にもあたり、そこで「使用される」ことになるので、厚生年金の被保険者資格を取得します（9条）。この被保険者資格には「70歳未満」という年齢要件もついています。そのため、働き続ける限り、70歳になるまで厚生年金の被保険者として保険料を負担することになります。

それと、忘れないでほしいのが国民年金についての地位も変動することです。国民年金には第2号被保険者という概念があり、第2号被保険者とは厚生年金保険の被保険者を指します（国年法7条1項2号）。つまり、厚生年金の被保険者であれば自動的に国民年金の第2号被保険者にもなるということです。医療保険は健保の被保険者になれば国保の被保険者ではなくなるいわば二者択一の仕組みでしたが、年金では厚生年金の被保険者になっても国民年金の被保険者のままですので、間違えないようにしてください（ただ、第1号被保険者から第2号被保険者に変わります）。

このように会社に入社すると、健保の被保険者資格と厚生年金の被保険者資格を取得し、さらに国民年金については第1号被保険者から第2号被保険者に切り替わります。健保と厚生年金のことを俗に社会保険といい、実務では基本的に一体のものとして取り扱われています。

●「適用事業所」ってなに？
　健康保険でも厚生年金でも被保険者になるには基本的に適用事業所に使用されることが必要です（健保法3条1項、厚年法9条）。では適用事業所とは何でしょうか。健保法3条3項と厚年法6条1項に定義規定があって、2号では「国、地方公共団体又は法人の事業所であって、常時従業員を使用するもの」等が適用事業所とされています。会社は法人なので（会社法3条）、株式会社や合同会社、有限会社等に入社すれば、被保険者となります。NPO法人や一般社団法人なども法人なので、同じく適用事業所です。

では、法人格のない事業所に就職したらどうなるでしょう。健保法3条3項1号・厚年法6条1項1号に掲げられた事業（例えば「物の販売又は配給の事業」、「教育、研究又は調査の事業」等）をする事業所で、常時5人以上の従業員を使用している場合には、適用事業所にあたります。弁護士事務所や税理士事務所は法人形態をとっていないところが多く、これまでは上述の条文でも対象となる事業として掲げられていませんでしたが、より多くの人がより長く多様な形で働く社会に対応するために行われた制度改正によって、2022年10月から強制適用の対象になります。

　これに対して、常時5人以上の従業員は雇っていない場合には適用事業所ではないと整理されます。そうするとそこで働く労働者は、国保の被保険者と国民年金の第1号被保険者になります。もっとも、その場合でも所定の要件を満たして事業所が厚生労働大臣の認可を受ければ、任意に適用事業所になることができます（健保法31条1項、厚年法6条3項）。これによって、その事業所で働く労働者を健康保険や厚生年金の被保険者とすることができます。健保の被保険者は任意包括被保険者と呼ばれます。

●社会保険とは

　本文で説明した健保と厚年金を指す世俗的な「社会保険」という概念の他に、社会保障法では講学上の「社会保険」という概念があります。講学上の社会保険というのは、保険の技術を用いて人々の生活保障という社会保障の目的を達成しようとするものです。人々を強制的に被保険者として制度に加入させた上で、事前の保険料拠出を義務づけます。そして、前もって予定されたリスク（保険事故）が現実化した場合に、原則として事前に保険料を拠出していたことを前提として給付を支給する仕組みです。健保や厚生年金が講学上の社会保険に含まれるのはもちろんですが、この定義に従えば、国民年金や国民健康保険、介護保険、雇用保険、そして労災保険も社会保険に含まれます。つまり、日本では、社会保険制度を中心にして、社会保障制度が構築されているとい

えます（→333頁参照）。

(3) 届出義務

みなさんが就職して健康保険や厚生年金の被保険者資格を取得することについては、事業主が保険者に対して届出をしてくれます（健保法48条、厚年法27条）。会社の中でも人事や労務管理を担当している部署が所定の健康保険・厚生年金保険被保険者資格取得届に記入して、雇用開始から5日以内に届出をします。医療保険の保険者が協会けんぽの場合には健保も厚生年金もまとめて年金事務所に提出するのに対して、健保組合の場合には健保については健保組合へ、厚生年金については年金事務所へ提出します。厚生年金も国民年金も保険者は政府（厚年法2条、国年法3条1項）で、実際の事務は厚労省が所管する日本年金機構が担当しています。日本年金機構は日本各地に窓口として年金事務所を設置しているので、そちらに提出することになります。

保険者は会社からの届出を受けて、みなさんが被保険者資格を取得したことを確認します。確認することによって、被保険者資格の取得という効果が資格を取得したときに遡って発生します（健保法39条1項、厚年法18条1項）。資格を取得したときというのは、働き始めたときのことです。すなわち、4月1日に入社する場合には4月1日です。医療保険では保険者による確認が済むと、被保険者証（いわゆる保険証）が交付されます（健保則47条）。

これまでみてきた通り、保険者がする確認処分の効果は、資格取得の日に遡って発生します。このような取扱いに対して、ある会社は資格取得の日に遡るべきではなく、届出した日を基準とすべきだから、保険者による確認処分は違法と主張して取消訴訟を提起しました。会社としては届出日を遅らせることで、負担すべき保険料を抑えたかったわけです。しかし、裁判所は、資格取得の日が基準であり、資格取得の日に遡るという保険者の処分に違

法はないと判断しました（最二小昭40年6月18日判時418号35頁・百選15事件）。

(4) 法律関係

例えば4月1日に入社して翌日2日に体調を崩して医療機関にかかった、けれどもその時点では保険証が配られていない場合にはどうすればよいでしょうか。通常は4月1日までに届出をすませておいて、入社式のときに新しい保険証を配ってくれる会社が多いかと思いますが、場合によっては4月1日には手元に保険証がないということもありえます。その後、4月4日に保険者が確認処分をし、実際に自分の手元に保険証が届いたのは4月5日だったとしましょう。4月10日に通院すれば手元に保険証があるので、それを持って保険医療機関に行けば保険医から療養の給付を受けることができますが、4月2日の段階ではそうはいきません。このときにはどういう法律関係になるでしょうか。

4月2日の段階では保険証が手元にないので療養の給付という医療サービスを受けることはできません。また、3月まで使っていた健保の被扶養者なり、国保の被保険者なりの保険証については、物理的にはいくら手元に残っていたとしても（返還しなければなりません）、既に被保険者資格を失っているため、使うことはできません。既に述べた通り医療保険に二重加入はできず、ひとりひとつだからです（→12頁参照）。

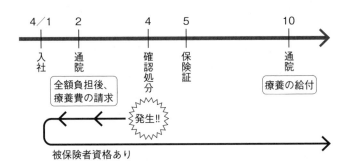

そうすると、4月2日に医療機関に行くのであればかかった医療費の全額を自己負担しなければなりません。その上で、4月4日に保険者が確認処分をすることによって、被保険者資格の取得という効果が発生することになり、しかもその効果は入社日である4月1日に遡ります。そのため、医療機関に行った4月2日の段階でも事後的にみれば被保険者資格があったということになるので、4月2日に払った医療費も保険給付の対象となります。ここでいう保険給付とは、療養費です（健保法87条）。つまり、2日に窓口で払った分については本来自分で負担すべきである3割を除いた部分が療養費という現金の形で後日、保険者から支給してもらえることになるので、保険者に請求する必要があります。医療機関によっては4月中に改めて保険証を持っていけば療養の給付として処理し直してくれるところもありますが、正規のルートは医療機関で全額を支払った上で、保険者に対して療養費を請求するというものです。

医療機関に保険証を持っていくのを忘れたような場合にも、同様にいったんは全額自己負担の上、保険者に療養費を請求することになります。

(5) **確認請求**

このように事業主には被保険者資格の取得について届出する義務が課されていますが、ときには保険料を負担するのを嫌がって届出をしてくれない事業主もいるかもしれません。届出の懈怠については6か月以下の懲役または50万円以下の罰金という刑罰が科されていますが（健保法208条1号、厚年法102条1号）、労働者としては事業主が届出をしてくれないと医療保険や年金の給付を受けられなくなり、困ってしまいます。そのため、そのような場合に備えて、被保険者本人は、保険者に対して自ら確認請求できる仕組みが設けられています（健保法51条1項、厚年法31条1項）。あまり知られていませんが、覚えておきましょう。

では事業主が届出してくれなかったために医療保険の給付等を得られないとして、事業主に対して損害賠償を請求することができるでしょうか。判決には損害賠償請求を認めたものもあれば、認めていないものもあります。必ず損害賠償請求が認められるわけではないので、労働者としては自ら確認請求を保険者に対して行い、自分の身は自分で守ることが大切です。

(6) 雇用保険への加入

医療保険や年金に加えて、働き始めると、雇用保険にも加入します。雇用保険とは、失業して賃金を得られなくなったときに生活を安定させたり、再就職促進を図ったりするために用意された公的保険のことです。失業した場合に支給される基本手当（→97頁参照）をはじめ、育児休業や介護休業を取得する際に支給される育児休業給付金（→124・127頁参照）や介護休業給付金（→180頁参照）などがあります。

雇用保険は「適用事業に雇用される労働者であつて、第六条各号に掲げる者以外のもの」（雇保法4条1項）を被保険者と定義しています。基本的に労基法9条が定める労働者、すなわち「事業に使用される者で、賃金を支払われる者」であれば、被保険者資格を取得します（適用事業とは、「労働者が雇用される事業」のことです（5条1項））。被保険者には一般被保険者、日雇労働被保険者、高年齢被保険者等いくつかの種類がありますが、正社員として働く場合には典型的な一般被保険者に該当します。

なお、学生時代のアルバイトについては雇保法6条4号により学生が適用除外されているので、学生は雇用保険の被保険者ではありません。また、公務員についても同条6号によって適用除外とされています。公務員が失業した場合には失業時の保障が別途、国家公務員退職手当法等によって保障されています。

雇用保険の被保険者資格の得喪についても、健康保険や厚生年金と同様に、事業主に届出義務が課されています（7条）。雇用保

険は公共職業安定所、いわゆるハローワークが管轄しているので、事業主は被保険者ごとに資格取得の事実があった日の翌月10日までに雇用保険被保険者資格取得届を提出します。すると、厚生労働大臣が確認処分を行い（9条1項）、雇用保険被保険者証を交付します。この被保険者証は入社時に発行されますが、本人には渡さずに保管する会社が多いようです。転職するときには必要になるので配られた場合はなくさないように気をつけてください。被保険者資格の得喪についての届出を事業主がしてくれない場合には本人が確認請求（8条）できる点は健保等と同様です。

2 もらってうれしい初任給‼

　初任給にドキドキワクワクする人もしない人も頑張って働いてもらえる賃金というのはうれしいものです。給与明細をみてみると……ん？全額が支払われるわけではない……「控除」という欄が結構大きくて、結構な額が引かれていることにびっくりするかもしれません。控除の内訳をみてみると、医療保険、年金、そして雇用保険、そう、既にみた3つの社会保険制度に関連して保険料分としてかなりの額が引かれています。これはどうしてでしょうか。

(1) 保険料の負担

　それぞれの社会保険制度の被保険者になるということは、保険料を負担するということも意味します（健保法161条1項、厚年法82条1項、徴収法31条1項）。事業主は、被保険者であるみなさんが払うべき保険料を、賃金から差し引いて、各保険者に納付します（健保法161条2項、厚年法82条2項、徴収法15条・19条）。加えて、事業主は、自らも保険料を負担する義務があるので、みなさんの負担分との合計額を保険者に納付しています。

　労基法では使用者は労働者に対して賃金を全額払わなければならないという賃金全額払いの原則が規定されていますが、これら

労働者が負担すべき保険料分を賃金から控除することは、法令による例外（労基法24条１項）として認められています（健保法167条１項、厚年法84条１項、徴収法32条１項）。

　では、なぜ保険料を負担するのでしょうか。それは万が一の場合に備えるためです。もし保険料を払っていなければ、ケガをしても医療保険制度からの保険給付を得ることができませんし（自由診療（→193頁参照）となり、全額自己負担へ）、失業しても貯金を切り崩して生活しなければなりません。高齢になったり、障害を有することになったりしても、年金給付をもらえません。前もって保険料を負担することによって、リスクが発生する万が一の場合に備えた準備をしているのです。

> ### ●労災保険と被保険者
> 　被保険者とは基本的に保険料を負担する必要がある人のことです。前もって保険料を負担して万が一の場合に備えます。医療保険にも、年金にも、雇用保険にも、そして介護保険にも、被保険者という概念があります。これに対して労災保険には被保険者という概念はありません。これは労災保険の仕組みが、労基法に基づく事業主の災害補償責任を担保するために作られていることと関係します。労災保険制度に保険料を負担するのは事業主だけであり、労働者は事前に保険料を負担せずして労働災害にあったときには給付を得ることができるのです。

(2)　**保険料の算出方法**

　では、それぞれの制度においてはどのように保険料として負担する額を算出するでしょうか。健保と厚生年金では似たような仕組みなので、まずはそれについて説明した上で、雇用保険の保険料について概観したいと思います。少し難しい話が続くので、頑張ってください。

　㋐　**健保と厚生年金**　　健保と厚生年金について負担すべき保険料を算定するにあたっては標準報酬月額の仕組みがとられて

いるので、その仕組みを説明した上で、保険料額の決まり方についてみていきたいと思います。

　(a)　**標準報酬月額**　　保険料は、事業主が労働者に支払う報酬たる賃金等に保険料率を乗じて算出されますが、ベースとなる報酬には基本給だけでなく、通勤手当や住宅手当、残業手当等の手当も含まれます。残業をたくさんする月もあればそうでない月もあるということからも想像できる通り、月々の報酬には通常、上下があります。そうすると、実際に受け取る毎月の報酬をベースにいちいち保険料を算定していては事務処理が煩雑になりすぎます。

　そこで、健保と厚生年金では、被保険者たる労働者が実際に受ける報酬に代わって、標準報酬月額という一定の平均的な報酬を設定しています。毎年7月1日に、4月、5月、6月に受けた報酬を足して、それを3で割った額を、一定の表にあてはめて、標準報酬月額を決定します（定時決定といいます）。一定の表というのは健保では健保法40条1項に、厚生年金では厚年法20条1項に規定されていて、健保では全部で50級が、厚生年金では全部で32級が用意されています。

　例えば4月に23万円、5月に22万円、6月に24万円の報酬を得た場合を考えてみましょう。3か月の平均は23万円（(23＋22＋24)／3）になるので、この23万円がいかなる等級でいかなる標準報酬月額になるかを先ほど紹介した条文に規定された表にあてはめます。参考までに表の関連箇所を抜粋してみると次頁の通りです。

　すなわち報酬月額が23万円の場合には、健保では第19級で標準報酬月額は24万円に、厚生年金では第16級で標準報酬月額は24万円にあたります。それぞれ24万円が9月から翌年の8月までの保険料を算定する際のベースになります。報酬の額に多少の変動があったとしても、そう簡単には変更されません。このように標準報酬月額は、保険料を算定する基礎として重要ですが、それだけ

健保法40条1項			厚年法20条1項		
標準報酬月額等級	標準報酬月額	報酬月額	標準報酬月額等級	標準報酬月額	報酬月額
第18級	220,000円	210,000円以上230,000円未満	第15級	220,000円	210,000円以上230,000円未満
第19級	240,000円	230,000円以上250,000円未満	第16級	240,000円	230,000円以上250,000円未満
第20級	260,000円	250,000円以上270,000円未満	第17級	260,000円	250,000円以上270,000円未満

ではなく、将来の年金額や傷病時の傷病手当金（→71頁参照）等の給付額を決める際にも基礎になります。

　では、7月1日を基準時として定時決定されるということは、新入社員の場合には4・5・6月は健保と厚生年金の保険料を負担しなくてよいのでしょうか。残念ながらそうはなっていなくて、4月の初任給から既に保険料は引かれています。入社時に1か月分の給与を見積もって、暫定的な標準報酬月額が決められます。基本給だけでなく、通勤手当などの固定的給与も含めて、残業手当等についても見積もりで入れます。こうした見積もりによる標準報酬月額を4月から8月まで利用し、9月からは定時決定によって算出される標準報酬月額がベースになるということです。文系の人の中には数字が出ると途端に苦手意識を持ってしまう人がいるかもしれませんが、頑張ってついてきてください。

　(b) **標準賞与額**　次に賞与、いわゆるボーナスについてです。賞与は法律上、必ず支給しなければならないものではありませんが、日本の企業では、6月と12月に賞与を支給するところが多いです。この賞与に関しても保険料を払う必要があります。昔は賞与が高くても、保険料については少ない負担で済みました。そのため、多くの企業が毎月の賃金として払う割合を減らして、賞与として払う割合を増やすことによって保険料を低くしようとしました。そこで、制度改正が行われ、毎月の賃金は標準報酬月

額として、そして別途、賞与には標準賞与額として、それぞれに共通の保険料率をかけることで、保険料を算定する仕組みとなっています（総報酬制といいます）。

(c) **保険料率**　こうして決まった標準報酬月額や標準賞与額に対してどれくらいの保険料率を掛けるかが次の問題です。保険料率については健保と厚生年金で違いがあるので、それぞれについてみていきましょう。

(i) **健保**　健保では保険者が保険料率を決定します。協会けんぽでは、都道府県の支部ごとに３％から13％までの範囲で保険者である全国健康保険協会が決定し、厚生労働大臣が認可します（健保法160条１項・８項）。これに対して、健保組合の場合には同じ範囲内で健保組合が決めて、同じく厚労大臣が認可します（同条13項）。健保組合の平均保険料率（2021年度）は9.23％に対して、協会けんぽの保険料率の平均は10％でした。

医療保険の保険料は一般保険料と呼ばれますが、これには基本保険料と特定保険料があります。基本保険料は、被保険者らが病気等になった場合に支給する保険給付や、健康を維持・増進するために行われる各種の保健・福祉事業の財源になる保険料のことをいいます。これに対して特定保険料とは、高齢者医療制度に向けた支援金等の財源になります。つまり、今の日本では保険料が自分たちの保険給付等の財源になるだけでなく、高齢者医療制度を支えるためにも使われています（→190・214頁参照）。

このように決定される医療保険の保険料を、被保険者と事業主が原則として２分の１ずつ負担し（労使折半、161条１項）、事業主が納付します（同条２項）。健保組合によっては、事業主分を被保険者分よりも高く設定するところが結構あります。

●**解散が進む健保組合**
健保組合は、大企業で働く人を対象とするので、中小企業で働

く人を対象とする協会けんぽに比べて相対的に所得の高い人が加入しています。そのため、健保組合は保険給付について、国庫からの補助を受けていません。これに対して、財政力が弱い協会けんぽには国が保険給付費の16.4%を補助しています（健保法153条・附則5条）。

　このように同じ健康保険でも健保組合と協会けんぽでは違いがありますが、最近問題となるのが健保組合の財政状況の悪化です。原因は、後期高齢者医療制度を支えるために負担しなければならない後期高齢者支援金の額が増大していることにあります。従前は、加入者が何人いるかを基準に頭割の形でそれぞれの保険者が負担すべき支援金の額が決められていました。そうすると、財政力が弱い協会けんぽの負担は重くなり、支援金負担を軽減するために国庫補助が投入されていました。

　できる限り実質的な負担能力に応じて費用負担を実現する観点から、法改正が行われ、健康保険については保険者の総報酬額に比例して負担する総報酬割を導入することになりました。徐々に総報酬割の割合が増え、2017（平成29）年以降は全面的に総報酬割に切り替えられました。

　その結果、加入者の所得水準が高い健保組合の負担は増大します。そうすると、健保組合としては被保険者や事業主から徴収する保険料の料率を上げる必要があります。本文で述べた通り、これまでは被保険者分よりも事業主分を高く設定して優遇する健保組合が多かったわけですが、企業の収益を改善するためにこの優遇を見直す健保組合も出てきています。さらに深刻なのが解散する健保組合も増えていることです。独自の健保組合を維持するよりも、国庫からの補助もある協会けんぽに移行した方が保険料の支出を抑えられるためです。

　健保組合は、これまで独自の保健事業を展開することで加入者の疾病予防や健康増進に向けて重要な役割を果たしてきましたが、解散してしまえば当然のことながらそのような役割は果たせません。協会けんぽへの加入者が増えれば、その分、国庫負担も増え

る中で、健保組合の解散をどのように受け止めるのか、難題が突きつけられています。

　(ii)　**年金**　　次に年金ですが、厚生年金の保険料率は18.3％が上限と法定され、2021年現在では18.3％が適用されています（厚年法81条4項）。厚生年金の保険料は、事業主と被保険者が半分ずつ負担します（82条1項）。昔は5年ごとに年金制度のいわば健康診断をする財政再計算のときに、現行の給付水準を維持するためにはいくら保険料を集める必要があるかと考えて、保険料率を算出していました。既に少子高齢化の傾向があったので、保険料率は財政再計算ごとに上がっていました。しかし、ますます急速に進展する少子高齢化の波を受けて、このままの状況を続けたら負担が際限なく上昇し、現役世代の不安はどんどん大きくなるばかり……そこで、2004年改正において将来にわたって保険料水準を固定して、その負担によって集まる範囲内で給付を行うというように軌道修正がなされたのです。こうした仕組みを保険料水準固定方式といいます。2021年現在の厚生年金の保険料率は上限である18.3％なので、新たな法改正がない限り、これ以上上がることはありません。

　既に述べた通り、厚生年金の被保険者は自動的に国民年金の第2号被保険者です。そうすると第2号被保険者として国民年金にも保険料を負担する必要があるのでしょうか。

　第2号被保険者と第3号被保険者の保険料については、「納付することを要しない」と規定されています（国年法94条の6）。その代わりに、第2号被保険者（20歳以上60歳未満の者）と第3号被保険者にかかる給付の合計分は、基礎年金拠出金という形で、厚生年金勘定から基礎年金勘定へと送られています（94条の2・3）。イメージとしては、厚生年金の保険料の中に国民年金に関する保険料相当分も含まれていて、厚生年金の保険料を負担すれば、後

は厚生年金の方から基礎年金勘定へと基礎年金拠出金という名目でお金が移動されるということです。

　ここまでが健保と厚生年金です。おおまかにおさらいをすれば4月から6月の報酬の平均額を出して、その平均額を健保と厚生年金のそれぞれの表にあてはめることで標準報酬月額と標準報酬等級が決まります。決まった標準報酬月額にそれぞれの保険料率をかけることによって、いくら保険料を負担するかが決まります。こうして決まった保険料を事業主と分け合って負担することになり、自分が負担する分が給与明細のところで賃金から控除されているというわけです。山場は超えました。がんばって‼

　(イ)　**雇用保険**　　では、雇用保険についてはどうでしょうか。

　(a)　**算定基礎**　　雇用保険についても、賃金に保険料率を乗じた額が保険料となり、ベースとなる賃金には、通勤手当や残業手当、家族手当、住宅手当などが含まれます。その点では、医療保険や年金と同様です。しかし、雇用保険では標準報酬月額の仕組みは採用されていません。そのため、月によってベースになる賃金が変わります。それに保険料の対象は賃金総額なので、賞与が支給される月には賞与にも保険料がかかります。

　(b)　**保険料率**　　雇用保険の保険料率については、一般の事業、農林水産・清酒製造の事業、建設の事業の3種に分けられ、2021年度現在では、労働者負担分はそれぞれ3／1000、4／1000、4／1000です。農林水産・清酒製造の事業は季節によって事業規模が縮小し、就業状態が不安定となることがあるため、給付を受給する可能性が高いこと、建設の事業も建築物ごとに雇用契約が結ばれるケースが少なからずあり、給付を受給する可能性が高いことが考慮されて、一般の事業よりも高い料率になっています。

　雇用保険の保険料も年金等と同じく、事業主と労働者が負担し、事業主が自ら負担する分と一緒に納付します。これが基本手当等の失業等給付の財源になります（事業主負担分は上記の労働者負担分

と同様で、一般の事業では3／1000、農林水産・清酒製造の事業と建設の事業では4／1000です）。この他にも、雇用保険では失業の予防や雇用機会の増大、労働者の能力開発・向上その他労働者の福祉の増進等をはかるために、雇用保険二事業（雇用安定事業と能力開発事業）という事業があります。そして雇用保険二事業の恩恵を受けるのは事業主なので、この事業については事業主のみが保険料を負担しています。一般の事業と農林水産・清酒製造の事業では3／1000、建設の事業では4／1000です。

　(c)　**労働保険料の徴収**　　雇用保険の保険料は労災保険の保険料と合わせて、労働保険料と呼ばれ、一体のものとして徴収されています。もっとも、既に述べた通り、健保や厚生年金のように、使用者が毎月払っているわけではありません。給与明細をみれば確かに雇用保険料分は控除されていますが、事業主が政府に労働保険料を納付するについては概算払い・確定払いの仕組みがとられています。

　すなわち、事業主は年度の当初にいったん概算の形で、当該年度にはどれくらいの保険料がかかるかを計算の上、申告して納付します（概算保険料）。そしてそれぞれの月ごとに事業主は改めて労働者に支払う賃金を計算して、本当に負担すべき保険料を算定し、労働者負担分については賃金から控除します。実際に労働者に支払われた月々の賃金の実績を踏まえて、翌年度の当初に、振り返ってみれば前年度の保険料はいくらだったかを確定してそれを申告し（確定保険料）、既に払っていた概算保険料との差額分について精算をしています。健保や厚生年金の標準報酬月額とは異なる仕組みによって労働保険料は納付されています。

　(ウ)　**労災保険**　労災の保険料については既にお話しました（→32頁参照）が、事業主だけが負担するので労働者であるみなさんは負担する必要がありません。

●非正規で働くということ

　この章では正社員として就職する場合を前提に社会保障制度との関係をお話してきましたが、非正規の形で働く場合にはどうなるでしょうか。そもそも「非正規」が何を指すかは、法律によって明確に定義されるわけではありませんが、一般に契約の期間、働く時間、雇用関係の直接性という3つが指標です。例えば、3か月や1年というように、労働契約の期間が決まっていたり（有期労働契約）、フルタイムではなくパートタイム（短時間勤務）だったり、あるいは派遣の形で働くため、派遣先との直接的な契約関係はなかったりするときのことを指します。

　では非正規で働く場合には、医療保険は国保、年金は国民年金の第1号被保険者なのでしょうか。仮にそうだとすると保険料の半分を使用者が負担してくれるわけではないので、保険料を全部自分で負担しなくてはなりません。また、ほとんどの国保では傷病手当金が保障内容に含まれていないので、病気になって働けなくなると大変です。将来もらえる年金も、国民年金からの基礎年金だけなので、報酬比例分の上乗せである厚生年金がなくて、低額にとどまってしまう懸念があります。

　そこで、非正規の形で働いていても一定の要件を満たせば健保と厚生年金の被保険者として認めることになっています。既に学生のアルバイトのところで少し言及しました（→29頁参照）が、一定の要件というのは、働く時間数や働く日数が正社員と比べて4分の3以上の場合です。それに、4分の3には満たない場合でも、①週の労働時間が20時間以上で、②勤務期間が1年以上（見込みも含む）、③月に8.8万円以上の賃金をもらっていて、④学生でなく、⑤従業員500人超えの企業で働いているのであれば、同じく俗にいう社会保険の対象になります。

　これらの要件については法改正が行われたところで、②の勤務期間要件は撤廃されて、2022年10月からフルタイムの被保険者と同様に2か月（見込みを含む）を超えて勤務する場合には適用されます。⑤の企業規模については、2022年10月からは100人

超えに、2024年10月からは50人超えにそれぞれ引き下がります。2021年現在でも所定の人数以下であっても、労使合意に基づいて申出をすれば適用対象となります。

これによってますます多くの人が社会保険に加入することになります（短時間労働者への適用拡大）。上記の基準は従来、内かんといわれる厚労省が出す通達で定められていましたが、社会保障・税一体改革によって、ようやく法律に根拠規定ができました（健保法3条1項9号、厚年法12条1項5号）。非常に読みにくい条文ですが、被保険者の適用除外の範囲を定めることによって、それに該当しないのであれば被保険者になるということが明確化されています。

これに対して、雇用保険では週の労働時間が20時間以上で、継続して31日以上雇用されることが見込まれるのであれば、一般被保険者となります（雇保法6条1号・2号）。週の労働時間は20時間が基準です。そのため、週20時間未満しか働かないなら雇用保険の一般被保険者にはなりません。

他方で、契約の期間が30日以下の場合や日雇いの場合には日雇労働被保険者として取り扱われます（42条）。この場合、ハローワークにて日雇労働被保険者手帳の交付を受ける必要があります。その上で、会社から賃金の支払いを受けるときに日雇労働被保険者手帳を提示して雇用保険印紙を貼ってもらいましょう。日雇労働者の場合、事業主が印紙を貼付することで保険料を納付するわけです。印紙が2か月間で26枚以上貼られると、翌月に失業したとしても給付金（日雇労働求職者給付金）を受けられます。ちなみに31日以上継続して日雇いで働く場合や、2か月続けて各月18日以上日雇いで働く場合には、日雇労働被保険者ではなく、一般被保険者になります。

最後に労災保険については、労働者として指揮命令を受けて働いているのであれば非正規であろうが適用されるので、保護を受けることができます。

このように労災の適用はあるし、雇用保険し日雇いを含め週

20時間以上働いているのであれば適用されるし、社会保険の適用も拡大の方向で改正されているところですが、非正規の場合には正社員ほど雇用が安定していないとか、処遇も低いという問題があり、処遇格差の是正が重要な課題となっています。

　自分の人生において何を大事にして生きていくかは人それぞれですし、同じ人でも年齢を重ねるにつれて周りの環境が変わって、大事なものも変わっていきます。仕事優先のこともあれば、家族優先のこともあるし、趣味優先のこともあるでしょう。そうすると何のために働くかも人それぞれ。社会には多様な働き方があるので、社会保障制度との関連性も視野に入れながら自分はどのように働いていきたいかを考えてみてください。

3　会社の福利厚生と将来への備え（企業年金・個人年金等）

　新入社員として就職した際には会社がどのような福利厚生制度を用意しているかを確認しましょう。どのような福利厚生にするかは会社が独自に決めることができますが、よくあるのが、会社が実施する年1回の健康診断（→68頁参照）の他に法定外の健康診断として人間ドックなどの費用を補助したり、フィットネスジムや保養所等を低価格で利用できるようにしたりなどです。会社自身がこれらのサービスを用意する場合もありますし、会社が福利厚生に関するパッケージサービスを専門的に提供する会社にアウトソーシングして、従業員に各種のサービスを利用させる場合もあります。

　福利厚生の内容としてぜひ確認したいのが企業年金の仕組みがあるかどうかです。これまで日本の年金制度には1階部分の国民年金と2階部分の厚生年金があって2階建て構造であり、ともに強制加入・強制拠出の仕組みであると説明しました（→27頁参照）が、企業年金は個人年金と並んで任意に加入するもので、民間企業で働く労働者に向けては老後の所得保障の3階部分以上を担う

ものとして位置づけられます。国民年金と厚生年金は公的年金、企業年金と個人年金は私的年金と呼ばれています。みなさんが働く会社には企業年金の仕組みはありますか。企業年金の出自は退職金といわれることが多いですが、退職金も含めて、会社がみなさんの老後に向けてどのような仕組みを用意してくれているかどうかは早いうちに確認してください。若いみなさんには、老後はまだ先の話でイメージがつきにくいかもしれませんが、会社の用意する仕組みの内容を踏まえて、みなさん自身で老後に向けた準備を若いうちからコツコツ始めていくことが大切だからです。そこで、ここでは企業年金と個人年金の仕組みについて確認しましょう。

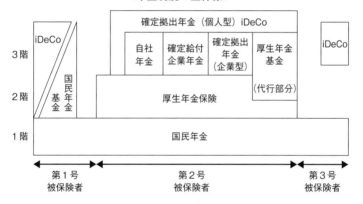

＜年金制度の全体像＞

(1) **企業年金**

　企業年金とは、公的年金（国民年金・厚生年金）とは別に、会社が労働者の老後のために用意する年金のことです。会社によって違いがありますが、既に述べた通り、退職金を発展させて企業年金を導入した企業が多いです。というのも退職金を一時金の形で払う場合には会社は一度にたくさんのお金を用意しなければなりませんが、企業年金にすれば、継続的に分割して払うことができ

るので負担をならせるなどのメリットが会社の側にもあるからです。退職金には常々功労報奨的性格や賃金後払い的性格など多様な性格があるといわれていますが、日本人の平均寿命が延びる中で老後の生活保障という意味もあるのではないかといわれているところです。

退職金や企業年金の仕組みは会社が必ず用意しないといけないものではないので、仕組みがあるかどうかは会社によって異なります。残念ながら最近ではそもそも仕組みを設けない会社も多いようです。退職金や企業年金の仕組みがある場合にもどういう内容かは会社によってまちまちです。企業年金については、法律に基づかない自社年金の仕組みもあれば、法律に基づく仕組みもあるので、以下では企業年金に関する法律の変遷や仕組みについて概観したいと思います。

　㋐　**厚生年金基金と適格退職年金**　　昔多かったのは、給付を約束する確定給付型です。将来受けられる給付が事前に確定されるので確定給付型といいます。景気が良かった時代には多くの資金を運用すればそれだけ多くの利益を生み出すことができるので、できるだけ資金の規模を大きくしたいという企業側の希望がありました。そこで、3階部分だけではなく、2階部分にあたる厚生年金の一部についても企業が政府に代行して運用する厚生年金基金の仕組みが大企業を中心に多く利用されました。根拠法は厚生年金保険法でした（もっとも、後述の通り、現在では厚生年金基金は縮小傾向にあるため、これにかかる規定は経過措置を除いて削除されました）。これに対して、中小企業では生命保険会社や信託銀行などの外部機関と契約して年金原資を外部に積み立てる適格退職年金が多く利用されました。この仕組みは法人税法に基づくもので、国税庁長官の承認を受けると、事業主が負担する掛金を全額損金算入することができました。

確定給付の形で給付額が事前に決まっていても、景気が良いう

ちは問題なく約束した給付を支払えました。しかし、その後、1990年代にバブルは崩壊……景気は低迷していきます。景気が悪化すると、資産運用も悪化……そうすると、約束していたはずの給付を払うだけの原資を用意できない企業年金が続出します。原資が足りないのであれば、それを満たすために企業は特別に掛金を負担しなければなりませんが、経済が落ち込み企業の業績も低迷する中で、特別な掛金を負担するだけの余力はない企業が相次ぎます。現役世代に対する賃金も伸び悩む中、退職者に向けた企業年金についてはこれまでの額を維持するというのは世代間対立にもなりかねず……こうした事情から約束していた給付を減額する企業が現れます。

　(イ)　**年金減額訴訟**　このような給付減額の動きに対してはいくつかの訴訟が提起されました。例えば、大阪高判平成18年11月28日（判時1973号62頁・百選47事件）では自社年金が減額されたので、年金受給者が会社を相手に減額分の支給を求めて訴訟を提起しました。減額の必要性や手続きの相当性もあったとして、請求は棄却されました。

　(ウ)　**2001年年金改革**　こうした企業年金に関する混乱の動きを受けて、2001年に年金改革が実施され、企業年金と個人年金に関する重要な法律である確定給付企業年金法（Defined BenefitということでDB法といいます）と確定拠出年金法（Defined ContributionということでDC法といいます）が制定されました。

　(a)　**DB法**　景気が悪くなると企業年金で預かっている資産規模が大きいほどダメージは大きくなります。厚生年金基金については本来政府が担うべき2階部分は政府に返上したいという声が高まり、3階部分だけを確定給付の形で法に基づいて運営できるように、DB法が整備されました。DB法では、企業が主体として年金制度を運営する規約型と、企業とは別に基金という法人を設立して、基金が年金制度を運営する基金型という2つの仕

組みが用意されました。厚生年金基金も、企業とは別の基金という法人を作って運営させるものでしたので、基金型にすればそのまま引き継ぐことができました。そして、従来の厚生年金基金や適格退職年金では、受給権を保護する仕組みが十分ではないという問題がかねてより指摘されていたので、DB法では給付減額に関する規定など、受給権の保護に関する規定が盛り込まれました。DB法が制定されたことによって、これまでの適格退職年金や厚生年金基金は確定給付企業年金等に移行することが求められました。もっとも、思ったほどには移行は進まず、退職一時金や次でみる企業型DCに移行する企業や、そもそも企業年金の仕組み自体を廃止する企業が増加しています。

(b) **DC法** DB法とともに制定されたのが確定拠出年金法（DC法）です。企業が約束するのは、一定の掛金を拠出することだけ（企業型DCといいます）。つまり、確定給付企業年金とは違って将来どれくらいの給付を受けられるかは約束しません。企業が拠出した掛金をもとに、労働者の側で運用する、運用実績がよければ原資を大きくできて給付を充実させられるかもしれないけれど、そうでなければ元本割れするリスクも含めて運用に関するすべての責任を労働者が負担するというところに特徴があります。企業の側からみれば掛金を拠出しさえすればよく、運用の責任を負わなくて済むため、既にみた通り、企業型DCを導入する企業は増えています。

企業型DCには企業とは別に加入者（従業員のことです）も掛金を拠出できる仕組みがあり、マッチング拠出といいます。マッチング拠出をすると後述するiDecoに加入することはできませんが、2022年10月からはマッチング拠出かiDecoかを加入者ごとに選択できるようになります。

㋑ **現在の企業年金** こうして2021年現在の企業年金には、法の規制を受けない自社年金の他には、DB法に基づく確定給付

企業年金とDC法に基づく企業型DCという２種類があって、前者より後者の方が増える傾向にあります（適格退職年金は終了しましたし、厚生年金基金も健全な財政状況の基金だけが僅かに残るばかりです）。

(2) 個人年金（iDeCo）

　企業年金が企業による労働者のための老後の準備であるのに対して、自分で準備するのが個人年金であり、iDeCoといいます。iDeCoは個人型DCと呼ばれるもので、企業型DCと同じく、DC法が根拠規定です。勤めている企業に企業年金の仕組みがない場合はもちろん、ある場合でも併用しやすくなるように法改正が行われたので（これまでは企業型DCのある会社でiDeCoと併用するには労使合意が必要でしたが、2022年10月からは労使合意がなくても拠出額が一定の範囲であれば原則加入できるようになります）、iDeCoへの加入をぜひ検討してみてください。

　iDeCoは、一定の掛金を毎月拠出して、それを自分で選んだ運用商品（定期預金、保険商品、投資信託等）で運用し、将来60歳以上になったときに給付として受け取るという仕組みで、国民年金基金連合会が実施主体です。iDeCoに加入するかしないか、また加入するとしてどこの金融機関（運営管理機関といいます）を利用するか、さらにはどうやって資産運用するかはすべて自分で決めます。あくまでも老後のための資産形成に向けて行うものなので、途中で引き出すことは原則として認められません。この点で、通常の貯蓄とは異なるわけですが、引き出せないという制約がある一方で、iDeCoには税法上の優遇が与えられています。すなわち、掛金を拠出すれば所得控除の対象となるので（生命保険料控除よりも控除額は大きいです）、所得税や住民税を節税できます。また、通常、金融商品の運用益には税金がかかりますが（約20％）、iDeCoの運用益へは実質的に非課税です（正確には特別法人税がありますが、凍結されています）。さらに、給付の支給時にも税法上の優遇があります（→226頁参照）。

このような仕組みであることから、iDeCoに拠出できる金額には上限があります。職業ごとに、また会社に企業年金の仕組みがあるかどうかによって、月1万2000円から2万3000円までと幅のある上限が設定されています（個人事業主の場合は厚生年金がないため、月6万8000円が上限です）。

　みなさんにとって老後はまだまだ先の話ですが、余裕のあるうちに、老後に向けた準備をしておくこと、無理なく支払える額をコツコツ継続的に拠出することが大切です。いったんiDeCoをスタートさせても、何らかの事情で生活が厳しい場合には拠出を一時的に停止することもできます。その場合には、加入者資格喪失届を提出して、これまで拠出し、運用してきた資金については運用指図者として運用を続けることができます。再び生活に余裕が出たら掛金の拠出を再開すればよいので、iDeCoへの加入をぜひ検討してみてください。

　企業型DCでもiDeCoでも、年金資金を運用していく上では、どのように運用すればよいのか、金融リテラシーは今後ますます重要になる分野といえるでしょう。また、iDeCoに関連する制度には、国民年金基金、つみたてNISA（少額投資非課税制度）や生命保険会社が扱う個人年金商品などの仕組みもあるので、iDeCoとはどういう違いがあるのか、調べてみるとよいでしょう。

●簡易型DCとiDeCoプラス

　企業年金については大企業での導入は多くみられる一方、中小企業にはそこまで普及していません。しかも、日本の企業全体の9割以上が中小企業ということを踏まえると、中小企業にもいかにして企業年金を普及させるかは重要な課題です。従業員数300人以下の中小企業への普及・拡大を図るために用意されるのが簡易型DC（DC法3条5項）とiDeCoプラス（68条の2）です。

　簡易型DCは、従来の企業型DCの設立条件や必要な書類を簡素化し、少ない事務負担で導入し、運営できる企業年金です。適

用対象を限定できずに厚生年金の被保険者全員と固定したり、事業主の掛金を定額としたり、制度をある程度パッケージ化することによって、導入のときに必要な書類を簡素化してシンプルな制度設計にしています。

　これに対して、iDeCoプラス（正式名称は中小事業主掛金納付制度）は労働者がiDeCoに加入していることを前提に、労働者が払う掛金に追加して、事業主がプラスアルファとして掛金を拠出するものです（労働者と会社の掛金の合計はiDeCoの拠出限度額の範囲内です）。これによって、事業主が労働者の老後の所得確保に向けて支援を行います。会社が負担する掛金は全額損金として算入できますし、ゼロから企業型DCを始めることによる煩わしさを回避した上で、労働者の福利厚生を拡充することができるので、勤務先にとっても魅力的かもしれません。iDeCoプラスを実施するには労使協定の締結が必要です。

⑶　その他

　会社で働いて賃金を継続的にもらえるようになると、経済的な余裕が出てくるかもしれません。そのような場合には、学生時代に受けた国民年金の保険料猶予について、できるだけ早く追納するようにしましょう（詳しくは→25頁参照）。

第3章　就職後の健康とケガ・病気

> 働き始めても風邪をひいたり、ケガをしたりと体調を崩すことがあります。ときには業務や通勤が原因でケガをしたり、病気になったりすることもあるので、ここでは就職後の健康に関連する仕組みについて概観しましょう。

1　年に一度は健康診断！

(1)　定期健康診断等

学生の頃も学校で年に1回の健康診断があったように、働き始めてからも年に1回、定期健康診断があります。これは労働安全衛生法に基づくもので、事業主に実施義務があります（安衛法66条、則44条）。業務によっては、6か月以内ごとに1回の健康診断が必要な場合もあります。また、有害な業務に常時従事する労働者等は、特別の健康診断を受ける必要もあります。

健康診断の結果は、事業主が健康診断個人票を作成して決められた期間、保管するとともに（安衛法66条の3）、労働者に通知します。異常の所見がある場合には、事業主は労働者の健康を保持するために、医師の意見（産業医がいれば産業医）を聞いた上で（66条の4）、必要に応じて、就業場所の変更、作業の転換、労働時間の短縮等の適切な措置を講じないといけません（66条の5）。

(2)　ストレスチェック

労働安全衛生法では50人以上の労働者がいる事業場ではストレスチェックを年1回行うことが義務づけられています（66条の10）。ストレスの原因やストレスによる心身の自覚症状、労働者に対する周囲のサポートに関する質問項目等に答えることで、自分のストレス状態がわかります。ストレスをためすぎないように対処し

たり、ストレスが高い状態の場合には医師の面接を受けて助言してもらったり、会社に業務の軽減をしてもらったりすることで、うつなどのメンタルヘルス不調を未然に防止しようとしています。

現代社会ではメンタル不調を抱えながら働く人は増えています（→286頁参照）。メンタル不調になった原因が業務にあると認められれば業務災害として労災保険から給付を受けることができます（→78頁参照）が、できるだけ心身ともに健康でいられるように未然に予防することが重要です。

2　病気になったら（私傷病）

いきなり私傷病というタイトルを出したので、なんだそりゃ？と思われた方もいるかもしれません。私傷病というのは、労働災害以外が原因でケガや病気になった場合のことをいいます。大学生の章（→8頁参照）で扱った風邪も私傷病に分類されます。健康でいることはとても大切ですが、場合によっては体調を崩してしまうこともあります。上述の健康診断で異常がみつかることもあるでしょう。精密検査をしたら入院が必要といわれたり、退院できても通院での治療が長引いたりすることもあります。

(1)　休職制度の利用等

体調を崩して治療が必要になると、仕事を休まなければならない場合があります。会社に休職制度があればそれを利用します。本来、病気が原因で働くことができないのであれば、労働契約上の働くという債務（義務）を果たすことができないので、債務の不履行にあたります。使用者としては債務不履行を理由に労働者を解雇する、つまり首を切ることもできます（もっとも、日本ではそう簡単に解雇できないことについては労働法の講義で勉強してください）。しかし、休職制度があれば、まずは休職して療養に専念することができます。解雇するか否かの判断を休職期間の満了後まで先延ばしすることができるので、休職制度には解雇を猶予する意味が

あるといわれています。

これに対して、特に休職制度が用意されていない会社では、年次有給休暇（年休）を使って治療をすることになるでしょう。年休を使い果たしてしまっても、働くことができない場合には解雇もやむなしと判断される場合がありえます。休職制度を用意するか否かは会社が自由に判断でき、特に法律によって義務づけられているわけではありません。

(2) 療養の給付と高額療養費

検査をして、治療をして、そして、投薬してという一連の医療行為については、既に勉強した通り、健康保険制度の対象となり、保険医療機関において保険医から療養の給付という形で受けることができます（→17頁参照）。窓口ではかかった医療費の3割を負担します。全額を負担する必要はなくて3割だけで済むのは助かる一方で、いくら3割であっても塵も積もれば山となります。入院したり、結構な頻度で通院したりするのであれば経済的な負担はかさみます。

そこで、健康保険制度では高額療養費の仕組みが設けられています（健保法115条）。ひと月に医療機関や薬局で払った額が一定額を超えた場合には、超えた分を保険者から高額療養費という形で償還してもらうことができます。必ず負担することになる一定額がどれくらいかは、年齢や所得に応じて決まります。また、条件によっては同じ月の別の医療機関の受診や入院、同一世帯の家族の受診等についても合算できます。がんを患うなどして高額療養費を利用するのが12か月中3か月以上になるような場合には「多数該当」といって4か月目から、負担すべき限度額を一段と軽減することができます。

高額療養費を利用するにあたっては、保険者から入院等に先立って限度額適用認定証（保険証みたいなものです）を交付してもらっておくと、窓口でのひと月の支払額そのものを自己負担限度額ま

でに抑えることができます。なお、マイナンバーカードを保険証として使う場合には限度額適用認定証が不要になります。

また、健保組合によっては、こうした法律に基づく保障を上乗せして自己負担を軽減する独自の制度を設けているところもあります。高額療養費制度の利用方法がわからないときには病院の相談室に相談するとよいでしょう。

(3) **傷病手当金**

次に会社が休職の仕組みを用意している場合の経済的な基盤について考えてみましょう。休職の場合には会社の制度にもよりますが、働いていないわけですから賃金は支払われないところが多いです。そうすると、生活が苦しくなるかもしれません。そのときに備えて健康保険制度では傷病手当金という保険給付が用意されています（健保法108条）。

傷病手当金は、業務外のケガや病気の療養のため、労務に従事することができないときに、休み始めた日から3日の待機期間を過ぎてから、標準報酬月額の3分の2にあたる額を保険者が支払うというものです。あくまでも業務外のケガや病気の場合に使われるので、ケガや病気が業務に起因する場合には後述の通り、労災保険の手続きになります。傷病手当金の支給を受けられるのは最長で1年6か月です。

(4) **障害年金**

(ア) **概要**　では、療養を開始して1年6か月経った場合はどうなるでしょう。あるいは1年6か月は経っていないけれど、症状が固定してこれ以上は治療の効果を期待できない状態に至った場合（このような状態を治癒といいます）はどうなるでしょうか。その場合に認定の対象となる障害があれば、障害認定を受けることができ、年金制度から障害年金を受けられるかもしれません。

日本の年金制度には国民年金制度と厚生年金保険制度があることは既に勉強しました（→27頁参照）が、障害がある場合には、国

民年金制度からは障害基礎年金（国年法30条）が、厚生年金保険制度からは障害厚生年金（厚年法47条）がそれぞれ受けられる可能性があります。障害基礎年金には１級と２級が、障害厚生年金にはそれらに加えて３級もあり、かつ障害年金の対象にはならなくても厚生年金保険制度からは障害手当金を受けられる可能性もあります。以下の要件を満たせば働いていても受けられます。

　(ｲ)　**要件**　　障害年金を受けるためには、第１にその病気で初めて医療機関に行った日（初診日といいます。確定診断を受けた日ではありません。→24頁参照）に、国民年金あるいは厚生年金の被保険者である必要があります。例えば、確定的な病名を診断されたときは働いていて厚生年金の被保険者であったとしても、その病気で通院を始めた日が学生時代にあるような場合には初診日に厚生年金の被保険者資格があるわけではないので、障害厚生年金は受けられません。もらえるのは障害基礎年金だけです。

　第２に、初診日の前日において加入期間の３分の２以上の保険料を納付していること、あるいは、初診日に65歳未満で、初診日のある月の前々月までの１年に保険料納付済期間と免除期間以外の期間がないこと、つまり、直近１年間に保険料の滞納がないことが必要です。この要件を満たすためにこそ、大学生のときに学生納付特例制度の承認を受けておくことが重要なわけです（→24頁参照）。

　そして、第３に障害認定日に障害認定基準が定める障害状態にあることが必要です。障害認定日とは、障害の程度の認定を行うべき日で、初診日から起算して１年６か月が経過した日です。それよりも前に症状が固定し、治療の効果が期待できない状態に至れば、その日となります。障害年金が支給される等級には１級と２級、そして厚生年金にだけ３級がありますが、１級と２級では日常生活の制限の度合によって、３級では労働能力の制限の度合によって、それぞれどれくらいの程度の障害があれば認められる

かが決められています。

　㈦　**裁定と不服申立て等**　　障害基礎年金も、障害厚生年金も、支給を受けるためには、裁定を受ける必要があり、厚生労働大臣（厚生年金では実施機関）が行います（国年法16条、厚年法33条・2条の5）。裁定は発生した年金受給権を公的に確認するもので、行政処分にあたります。裁定によって、年金受給権の基本権が確認され、基本権に基づいて毎月の支分権が発生します。そうすると年金は後払いの形で、2か月分が偶数月に支払われます（国年法18条3項、厚年法36条3項）。例えば、2月分と3月分があわせて4月に支給されます。

　申請しても、障害を認定してもらえないなど、裁定に不服がある場合には、社会保険審査官に審査請求ができますし、それにも不服があれば社会保険審査会に再審査請求が可能です（国年法101条1項、厚年法90条1項）。審査請求を経た上でなければ、裁判所に取消訴訟等を提起することはできません（国年法101条の2、厚年法91条の3）。このような仕組みを審査請求前置主義といいますが、年金に限らず、専門技術的な判断が必要な社会保障制度においては簡易迅速に解決して適切な救済を与えるとともに、訴訟件数が増え過ぎないように審査請求前置主義がとられています。

　なお、㈦で述べた点は、老齢年金や遺族年金でも同様です。

　㈢　**傷病手当金と障害年金**　　障害年金を受けるには、障害認定を受ける必要があるなど、実際に請求してから支給されるまでには時間がかかります。そのため、傷病手当金を受給しているうちから、障害年金の受給に向けて早めに手続きに取り掛かり、空白期間が生じないようにすることが重要です。仕事を続けていたとしても、障害年金を取得でき、賃金に応じて給付が制限されることはありません。ただ、傷病手当金と障害年金の両方をもらえる場合には傷病手当金の額が調整されます。

3 仕事中・通勤中に事故にあったら（労働災害）

　これに対してケガや病気が業務や通勤に起因する場合はどうでしょうか。業務に起因する場合については既に勉強した通り、業務災害となりますが（→31頁参照）、通勤の途中で階段から落ちたり、雪で滑って転倒したりしてケガをした場合には通勤災害として同じく労災保険制度の対象になります。

⑴　業務に起因する場合

　まずは業務に起因してケガや病気になる業務災害について改めて詳しくみていきましょう。

　　⑺　**業務災害**　　業務災害とは、労働者の業務上の負傷、疾病、障害または死亡のことです。労災保険から給付を得るには、ケガや病気が「業務上の」と評価できることが必要です。問題はどういう場合に業務上と評価できるかです。難しい言葉でいえば、業務には危険が内在していて、その危険が顕在化したといえることが必要と考えられています。業務とケガや病気との間の因果関係を業務起因性といいます。そして業務起因性が認められるためには、その仕事をしていなければケガや病気にならなかったというような単なる条件関係があるだけでは不十分で、その仕事をしているとそのケガや病気になるリスクが高まって、その高まったリスクが実際に現実化してしまったといえることが必要です。

　業務起因性の有無について、行政実務では、まず労働者がケガや病気になったときに業務をしていたのかどうか（これを業務遂行性といいます）を判断します。業務遂行性がある場合には続いてそのケガ・病気は本当に業務が原因なのかどうか（業務起因性）を判断します。

　要するに、その仕事をしていると（業務遂行性）、その仕事をしていない場合に比べて災害に遭うリスクが高まると一般的にいえて、実際にそのリスクが現実化したという場合（業務起因性）に業務災害にあたるのです。

(イ)　**職業病等**　　工事現場での作業中に上から工具が落ちてきてケガをしたとか、工場で機械に巻き込まれて腕を失ったとかいう場合には、仕事をしている間に起こりかねない事故が実際に起きたということで比較的簡単に業務災害と判断できます。これに対していわゆる職業病などの場合にはそうはいきません。その仕事を長年やってきたから病気になったといわれても、他にも原因があったかもしれませんし、医学的な因果関係の立証は困難を極めます。

そこで、現行法では、よくある職業病などについて、労基法施行規則の別表１の２にリストが定められています（抜粋したものについて次頁参照）。この別表に列挙された状況で作業に従事する労働者が、別表に規定された疾病にかかる場合には、原則として業務起因性があると推定されます。例えば、リストの七号８では、「石綿にさらされる業務」に従事している人が「肺がん」になった場合について業務起因性を肯定しています。労働者としては「石綿にさらされる業務に従事していたこと」と「肺がんになったこと」を立証すれば十分で、「業務が原因で肺がんになった」とまでは立証する必要はありません。逆に労基署の側で「その人はヘビースモーカーだったから肺がんになったのであり、業務が原因ではないんだ」などのように主張し、立証に成功しない限りは、業務災害と認められます。

(a)　**過労死**　　リストの八号にはいわゆる過労死も載っています。過労死の場合の具体的な病名は、脳出血やくも膜下出血、脳こうそく、心筋梗塞等です。なので、「長期間にわたる長時間の業務その他欠陥病変等を著しく増悪させる業務」に就いていたこととこれらのうちのいずれかの病気にかかったことを立証すればよいという仕組みになっています。

ただ、いくらリストに載っているといっても、「長期間」で「長時間の」「血管病変等を著しく増悪させる」とは具体的に何

リスト　（労基則別表第１の２（第35条関係）抜粋）

(略)

六　細菌、ウイルス等の病原体による次に掲げる疾病
　　１　患者の診療若しくは看護の業務、介護の業務又は研究その他の目
　　　　的で病原体を取り扱う業務による伝染性疾患
(略)
　　５　１から４までに掲げるもののほか、これらの疾病に付随する疾病
　　　　その他細菌、ウイルス等の病原体にさらされる業務に起因すること
　　　　の明らかな疾病
七　がん原性物質若しくはがん原性因子又はがん原性工程における業務
　　による次に掲げる疾病
(略)
　　８　石綿にさらされる業務による肺がん又は中皮腫
(略)
八　長期間にわたる長時間の業務その他血管病変等を著しく増悪させる
　　業務による脳出血、くも膜下出血、脳梗塞、高血圧性脳症、心筋梗塞、
　　狭心症、心停止（心臓性突然死を含む。）若しくは解離性大動脈瘤又
　　はこれらの疾病に付随する疾病
九　人の生命にかかわる事故への遭遇その他心理的に過度の負担を与え
　　る事象を伴う業務による精神及び行動の障害又はこれに付随する疾病
十　前各号に掲げるもののほか、厚生労働大臣の指定する疾病
十一　その他業務に起因することの明らかな疾病

を指すかははっきりしません。そこで、実務では通達が定める基準が重要です。基準によると、①発症直前から前日までの間に業務に関連する異常な出来事に遭遇した場合、②発症に近接した時期（概ね１週間）において日常業務に比較して、特に過重な業務に従事した場合、③発症前の長期間（概ね６か月）にわたって著しい疲労の蓄積をもたらす特に過重な業務に従事した場合のいずれかにあたる場合に業務起因性が認められます。もっとも、この３つはあくまでも行政が用いる基準に過ぎないので、行政がこの基準に従って業務起因性を否定したとしても裁判に持ち込むことで業務起因性が認められることがあります。

　少し経緯を説明すると、昔の通達には上記③の長期間にわたる

疲労の蓄積というのは書かれておらず、そもそものリストにも現八号のような過労死に特化した規定はありませんでした（過労死については現十一号にあたるいわゆる包括規定によって救っていました）。そのため、ある保険会社の支店長の運転手をしていた人がくも膜下出血になっても、発症の直前や近接した時期に異常な出来事や過重な業務がないとの理由で、行政は業務起因性を否定しました。しかし、運転手が裁判に訴えた結果、最高裁はそれまでの実務では考慮されていなかった長期間にわたる疲労の蓄積という視点を考慮することによって業務起因性を肯定しました（最一小判平成12年7月17日判時1723号132頁・百選51事件）。この判決がきっかけとなって、通達の基準に③が加えられました。

　そして業務の過重性は、業務量や業務内容、作業環境、労働時間等によって判断されます。特に重要な労働時間については、発症前の1か月から6か月にわたって1か月当たりの時間外労働が45時間を超えると業務と発症との関連性が徐々に強まり、発症前1か月に100時間、または発症前2か月から6か月に時間外労働が1か月当たり80時間を超えていた場合には業務と発症との関連性が強いと判断されます。これだけの時間外労働をしていれば、疲労を回復するに足りる十分な睡眠を確保できないだろうと考えられています。この基準は労働時間の上限規制（労基法36条）にも影響を与えているので、その点については労働法の講義で勉強してください。

　また、過労死に関連してよく問題になるのは、業務に起因して脳疾患等になったのか、それとも持病（基礎疾患といいます）があってそれが原因なのかという点です。そこで、実務では基礎疾患が、「業務による明らかな過重負荷により、その自然経過を超えて著しく増悪した場合」には業務上の疾病といえると考えられています。かみ砕いていえばもともと動脈瘤などの基礎疾患があればそれは年をとるにつれて次第にどんどん悪くなるけれど、仕事

が肉体的にも精神的にもあまりにもしんどいので、基礎疾患が著しく悪化したというような場合には業務起因性が認められるということです。

(b) **精神疾患・過労自殺**　業務に関連してメンタル不調になること（→69頁参照）、具体的にはうつ病等の精神疾患になることもリストの九号に明示されています。そしてその精神疾患が原因で自殺する、いわゆる過労自殺も業務災害となります。通常、故意による場合には、給付の対象から外れます（労災法12条の２の２）が、自殺行動を誘発しやすいといううつ病の特質を踏まえると、うつ病になった原因がそもそも業務なのであれば、故意による死亡と評価すべきではないと考えられています。

　リストの九号では「心理的に過度の負担を与える事象を伴う業務」の立証が必要です。もっとも、この具体的な判断は難しいので、ここでも通達の定める基準が重要です。基準によると、①認定基準の対象となる精神障害を発病していること、②当該精神障害の発病前概ね６か月の間に、業務による強い心理的負荷が認められること、③業務以外の心理的負荷や個体側要因により発病したとは認められないことが要件です。基準には業務による心理的負荷表が記載されていて、①事故や災害の経験、②仕事の失敗、過重な責任の発生等、③仕事の質・量、④役割・地位の変化等、⑤対人関係というそれぞれの出来事の類型が立てられています。そして、それぞれの類型について、より詳細で具体的な出来事について心理的負荷の強度（強、中、弱）がどれくらいかが表示されています。例えば「上司等から、身体的攻撃、精神的攻撃等のパワーハラスメントを受けた」ときの強度は「Ⅲ」（強）という具合です。それぞれの事案で生じる出来事をこの基準にあてはめることで業務起因性が認められるかを総合的に判断しています。もっとも、この基準はあくまでも行政の基準に過ぎないので、行政がこの基準によって業務起因性を否定しても、裁判で業務起因性

が認められる余地があることは過労死の場合と同様です。

　㈡　**給　付**

　⒜　**療養補償給付**　　業務災害と認められると、治療費については既に勉強した通り、自己負担なく、労災から療養補償給付として支給されます（→32頁参照）。

　⒝　**休業補償給付等**　　それに加えて、労災保険制度から生活面についての支給も受けられます。具体的には、休業補償給付と休業特別支給金です。こちらは既に勉強した健康保険の傷病手当金と同様に、４日目から支給され、療養を開始してから最初の３日間は待機期間になります。

　ただ、業務に起因する場合には、この３日間についても事業主に対して労基法に基づく災害補償責任として休業補償（１日につき、平均賃金の60％）を請求することができます（労基法76条）。過失の有無に関係なく事業主は負担するので、事業主の過失等を立証する必要はありません。

　そして、４日目からは労災から保険給付の内容として休業補償給付を受けられます（労災法14条）。１日につき給付基礎日額の60％の額です。労災保険制度では保険給付を行う事業の他に、社会復帰促進等事業が行われています（29条）が、当該事業から休業特別支給金として給付基礎日額の20％の額が支給されます。給付基礎日額とは、労基法の平均賃金に相当するもので、業務上のケガが発生した日の直前３か月の間に労働者に支払われた賃金の総額（ボーナス等を除く）を、その期間の暦日数で割った１日あたりの賃金額です。

　結果として休み始めた日から３日間は事業主から休業補償を、４日目以降は労災保険の方から休業補償給付と休業特別支給金とを受けることができます。労災保険では休業補償給付と休業特別支給金をあわせて給付基礎日額の80％が支給されます。４日目以降についても事業主は労基法に基づいて災害補償責任を負います

が、この災害補償責任を担保するために労災保険が整備されたという趣旨を踏まえて、労災保険による給付が行われると、事業主は労基法に基づく災害補償責任を免れることができます（労基法84条1項）。

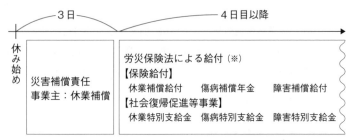

※　大きく3種の給付を時系列に沿って並べましたが、支給には各給付の要件を満たす必要があり、満たさなければ支給されません。例えば傷病補償年金の要件は満たさずに、休業補償給付を受けた後すぐに障害補償給付が支給されることもあります。

　　(c)　**傷病補償年金等**　　1年6か月を経過しても治癒せず、傷病等級（1級から3級）に該当するときは、休業補償給付・休業特別支給金から傷病補償年金（労災法12条の8第3項・18条）・傷病特別支給金へと切り替わります。支給額は、日額の313日～245日分です。

　傷病補償年金を受給する場合に、生計を同じくする子が学校に在学、あるいは保育所にいる場合には社会復帰促進等事業として、労災就学等援護費（労災就学等援護費・労災就労保育援護費）を受けられる可能性があります。

　これに対して、傷病等級の1級から3級に該当しない場合で、まだ治癒していない場合には1年6か月以降でも、休業補償給付等を受けることができます。この点で、1年6か月が経過すると、たとえ病気やケガが治っていなくても支給が終了する傷病手当金とは異なります。労災の方が手厚い給付内容といえます。

　　(d)　**障害補償給付等**　　傷病が治癒したときに一定の障害が残る場合には、障害補償給付（労災法15条）と障害特別支給金が

支給されます。障害補償給付については、障害等級の１級から７級では給付基礎日額の313日〜131日分の障害補償年金が、８級から14級の場合には給付基礎日額の503日〜56日分の障害補償一時金が支給されます。年金制度に比べてより多くの等級や種類が取り揃えられています。

　傷病補償年金と同じく、１級から３級の障害補償年金を受給する場合に、生計を同じくする子が学校に在学、あるいは保育所にいる場合には労災就学等援護費（労災就学等援護費・労災就労保育援護費）を受ける可能性があります。また、義肢や車いすなどの補装具の購入や修理に要した費用についても請求することができ、社会復帰促進等事業として位置づけられています。

●労災保険と損害賠償

　業務災害の場合には本文でみてきた通り、労災から各種の給付が支給されます。その一方で、使用者には労働者の生命、身体等の安全を確保しつつ労働できるように必要な配慮をする義務（いわゆる安全配慮義務（労契法５条））があるので、業務災害が起きたような場合には、労働者は使用者に対して別途、安全配慮義務違反を理由に債務不履行に基づく損害賠償請求を提起する場合も多いです。

　そうすると、労働者は労災から保険給付等を、使用者から損害賠償をというように、両者を受けとれるのでしょうか。より具体的にいえば働けなくなった場合には労災からは休業補償給付を受けられますが、使用者からも事故がなければ得られるはずだった賃金相当分を逸失利益として払ってもらえるでしょうか。

　このような二重取りが生じないように、労基法84条２項では、使用者が労基法に基づき負担する災害補償責任と民事損害賠償責任との関係について調整規定が設けられていて、同一の事由については調整されます。つまり使用者が災害補償責任を果たせば損害賠償責任を問われずに済みます。他方で、繰り返し説明している通り、労災保険法は、労基法に基づく使用者の災害補償責任を

担保するためにできた仕組みです。そのため、労災保険法に基づく給付と損害賠償責任の関係についても労基法84条2項を類推適用できるというのが最高裁の立場です（最三小判昭和52年10月25日民集31巻6号836頁・百選64事件）。つまり労災から保険給付を得られる部分については、使用者は損害賠償責任を負わずに済むことになります。ここではあくまでも「同一の事由」について調整されることになるので、例えば休業補償給付が支給されればそれに相当する賃金相当分（逸失利益）は負担しなくてよいということになります。これに対して、事故による精神的損害は労災によって慰謝されないので調整対象とはなりません。使用者に対して別途、慰謝料を請求できます。

その上で、労基法84条2項の類推適用によって同一の事由として調整できるのはどの範囲でしょうか。既に述べた休業補償給付以外にも、傷病補償年金や障害補償給付といった保険給付はもちろん対象になります。しかし、それらを上乗せする特別支給金はどうでしょう。最高裁は、特別支給金は保険給付の内容ではなく、社会復帰促進等事業（労災法29条）に基づくものなので、損害をてん補する性質ではないから調整対象にはならないと判示しています（最二小判平成8年2月23日民集50巻2号249頁・百選66事件）。

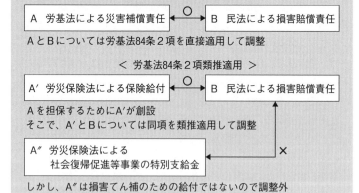

＜ 労基法84条2項直接適用 ＞

A　労基法による災害補償責任　○　B　民法による損害賠償責任

AとBについては労基法84条2項を直接適用して調整

＜ 労基法84条2項類推適用 ＞

A′　労災保険法による保険給付　○　B　民法による損害賠償責任

Aを担保するためにA′が創設
そこで、A′とBについては同項を類推適用して調整

A″　労災保険法による
　　　社会復帰促進等事業の特別支給金　×

しかし、A″は損害てん補のための給付ではないので調整外

⑵ 通勤に起因する場合

　次に通勤の途中でケガをした場合にはどうなるでしょう。通勤途中でのケガ等は通勤災害といい、この場合についても労災の対象となります。最初は保険証を提示して療養の給付として健康保険の手続きで処理をしても、業務災害や通勤災害の場合には本来的には健康保険の対象ではありません。その場合には、医療機関に連絡して労災保険への切替え請求をしてください。

　⑺　**給付内容**　通勤災害の場合にも、業務災害の場合と同様に治療を受けたり、生活に向けた給付を受けたりすることができますが、受けられる給付の名称はそれぞれ療養給付や休業給付といいます（労災法21条）。業務災害の場合と違って、真ん中に「補償」の文字がありません。業務災害に対する給付は、使用者が負う災害補償責任を担保するものなので補償という2文字が付きますが、通勤災害は災害補償責任とは関係なく、政策的に導入されたものだからです。このように通勤災害は、災害補償責任を担保するものではないので、窓口でも原則として200円を超えない範囲で一部負担金を負担する必要があります（31条2項）。

　⑴　**通勤**　では通勤とは何でしょうか。就業に関する移動なので、自宅と会社の間の往復を指すものですが、それに限られるわけではありません。複数の会社で働くいわゆるマルチジョブホルダーの場合にA社からB社に向かう移動も含まれます。それに、単身赴任をしている場合に、赴任先の自宅から家族の待つ自宅に移動することやその逆も含まれます。そして、この移動については「合理的な経路及び方法」で行う必要があります（7条1項3号・2項）。合理的とはいえないような経路で帰宅して、その途中に事故にあっても通勤災害とは認められません。では、合理的な経路及び方法とは何でしょうか。

　いずれ子どもができて、保育所や小学校等への送り迎えが必要になった場合、保育所に寄ったら合理的ではなくなるのでしょう

か。最近では待機児童問題が深刻な地域もあって、希望する自宅近くの保育所等には子どもを預けることができず、家から会社へ行く経路を外れて子どもの送り迎えをしなければいけないケースも多々あります。

　保育所等の場所が遠くて、それが故たとえ遠回りになったとしても、子どもを保育所等に預けることは就業するために必要不可欠な行為ですので、合理的な経路として認められます。そのため、会社とは反対方向に位置する保育所に行く途中で、自転車同士がぶつかってケガをしたようなケースでも、通勤災害となります。

　㋑　**中断と逸脱**　　その一方で、通勤の途中で、関係のない行為をすると、通勤を中断し、合理的な経路を逸脱することになります（7条3項）。そうすると、中断している間も、そしてそれが終わった後も、通勤ではなくなります。つまり中断・逸脱の後にケガをしても、通勤災害としての給付を得ることはできません。

　中断の具体例には、仕事帰りの一杯や友達との食事会があります。会社から駅に行く途中で、居酒屋やレストランに立ち寄る場合、居酒屋やレストランに向かったところで、合理的な経路から逸脱して通勤を中断したことになります。そのため、飲み終わった後あるいは食事会が終わった後に、いつもの帰り道に戻ってから事故にあったとしても、通勤災害として認めてもらうことはできません。

　ただし、中断と逸脱には例外があります（同項但書）。すなわち、日用品の購入や職業訓練への参加、医療機関の受診、あるいは要介護状態にある家族の介護をするために、通勤を中断して合理的な経路を逸脱したような場合です。中断する行為をしている最中、例えばスーパーの中で買い物をしている間や医療機関に行くために合理的な経路を逸脱した直後に起きる事故は、中断・逸脱中の事故なので通勤災害とは認められませんが、通常の経路に戻った

以降にはもう一度通勤とみなされます。そのため、スーパーに行って夕飯の買い物をした後、いつもの通勤経路に戻ったところで事故にあえば、通勤災害として給付を受けることができます。

(3) マルチジョブホルダーの場合

次に、A社とB社の2社で働いているなど、いわゆるマルチジョブホルダーの場合について考えてみましょう。昔は就業規則で兼業を禁止する会社も多かったわけですが、今では厚労省の公表するモデル就業規則でも副業・兼業が原則として可能になり、副業・兼業は積極的に推進されています。一言にマルチジョブホルダーといってもその実態は多様で、A社を本業として正社員として働きながら、空いた時間を使ってB社でも働くケースもあれば、A社・B社ともにパートやアルバイトの形で掛け持ちをするケースもあるでしょう。

まずA社で業務災害が起きた結果として、A社の仕事だけでなく、B社の仕事をも休まなければいけなくなる場合を考えてみましょう（事例①）。この場合、業務災害と認められるA社については休業補償給付等の対象になりますが、業務災害が起きたわけではないB社については休業補償給付等の対象とはならず、結果として給付額が低いという問題がありました。

また、A社に向けてB社からの移動中にケガをした場合はどうでしょう（事例②）。B社からA社への移動（逆もしかり）も「通勤」にはあたるため（労災法7条2項2号）、通勤災害として給付を得ることはできます。しかし、給付の算定基礎は移動先であるA社の賃金に限られ、B社に関しては働けなくても賃金も通勤災害給付等も支給されないという問題がありました。

さらに深刻な問題が、個々の事業主単位でみると業務起因性が認められない場合です。すなわち、複数の事業主の下での業務負荷が積み重なって事故が起きたような場合です。例えばA社で1日8時間、B社で1日8時間、両方合わせたら1日に16時間働い

た結果として、過労で倒れてしまったケースを考えてみましょう。たとえ2社での労働時間を足せば16時間であってもそれぞれの会社の労働時間だけではどちらも過重な負荷とはいえず、業務起因性は認められないという問題がありました。特に双方の会社が過重労働にならないように配慮していたというような事情があればあるほど業務災害を認めるのは難しい状況でした。

　そこで、これらの問題を解決するために法改正が行われました。すなわち、マルチジョブホルダーを複数事業労働者と定義した上で、個々の事業主の下での業務だけでは業務起因性が認められないけれど、複数の就業先の業務を総合評価すると業務起因性を認めることができる災害（上記事例③）を、複数業務要因災害として位置づけました（労災法7条1項2号）。そして、複数業務要因災害の場合には、A社とB社の給付基礎日額を合算して、給付額を計算できるようにしました。労災の保険料についてはメリット制の仕組みがあって、事故が多いほど保険料に跳ね返る仕組みになっていますが（→33頁参照）、個々の事業主の業務だけでは業務起因性を認めることができない場合にはメリット制を適用しないことにしました（徴収法12条2項・3項）。結果として、マルチジョブホルダーの労災については、保険料を負担する使用者全体でカバーするものとして整理されました。

　加えて、A社の下で業務災害や通勤災害が起きた①事例、②事例のような場合にも、B社の給付基礎日額を合算して給付額を計算できるように法改正が行われました（労災法8条3項）。そのため、現在では給付の算定基礎はA社の賃金だけではなくB社のものも合わせた上で休業補償給付等が計算されることになりました。

　ここでは労災保険を中心にお話ししましたが、雇用保険についても65歳以上のマルチジョブホルダーについて改正がありました。すなわち、65歳以上であれば、本人が希望すれば、複数の会社の労働時間数を合算することで高年齢被保険者として雇用保険に加

入することができるようになります。いずれ全年齢層にも労働時間合算の仕組みを広げていくかが検討されることになるでしょうが、まずは65歳以上の人を対象に試行的に運用されます（→208頁参照）。

第4章 キャリアの展開

　大学を卒業して働き出して数年もすると仕事にも慣れて余裕が出てきます。これまでの部署から異動になったり、転勤になったり……人によっては海外勤務を命じられることもあります。あるいは数年働いてみると、この仕事をこのままずっと続けていくのか、転職をするのかという選択肢が脳裏に浮上する場合もあるでしょう。そこで、この章ではキャリアの展開にまつわる社会保障制度について概観します。

1　海外赴任になったら

　長い人生、海外支社での勤務を命じられることもあるかもしれません。形態としては海外の関連会社への出向や海外支店への転勤、あるいは役員として派遣されるかもしれません。いわゆる駐在員と呼ばれるものです。では海外赴任する場合の医療保険や年金はどうなるでしょうか。

(1)　医　療

　国民健康保険では日本国内に住所を有する必要がありますが、健康保険ではその必要がないので、海外赴任の期間等によっては被保険者のままでいることも多いようです。このような場合には海外で医療を受ける際には、いったん全額負担した上で、海外療養費を請求することになります。もっとも、診断書や領収書等の翻訳を添付する必要があるなど、手続きが非常に煩雑であるため、あまり利用されていないのが実情です（→28頁参照）。会社も労働者も保険料を負担しているのですから大いに有効活用すべきですが……。あるいは、日本の海外旅行保険に長期的に加入するのも選択肢のひとつになります。

どのような医療提供体制を整えているかは国によって異なります。なので、事前に下調べしておくことが重要です。イギリスのように税を財源に無料で医療を提供する国もあれば、ドイツやフランスのように職域レベルでの公的医療保険制度が中心の国、あるいはアメリカのように公的な医療保障制度は65歳以上の高齢者と障害者（メディケア）、低所得層（メディケイド）を対象としたものしかなく、その他については民間保険が進む国もあります。行く先々によっても医療事情は異なるので、事前の調査が欠かせません。

●ブラジルと医療

　私は学生時代に1年間、そして大学に就職してから1年間、合計で2年間ブラジルに行きました。学生時代は父の扶養に入っていたので、健保の被扶養者だったわけですが、当時の私は医療保険のことなんてまるで考える余地もなくお恥ずかしい限りでした……運よく大病にもかからず帰国できました。これに対して、就職してからの渡伯ではそうはいきません。かつそのときは当時2歳の娘も一緒に連れて行ったため、日本の海外旅行保険に長期加入することにしました。日本では共済組合の被保険者だったので海外療養費を請求しようと思えばできたのですが……また、ブラジルには統一医療保健制度SUSがあって、外国人にも無料で医療が提供されています（黄熱病等の予防接種を受けました）が、長蛇の列で時間がかかるとか、質の点でも問題があるとか聞くことがあります……。そのため、ブラジルでは民間保険に入れる人はそちらに入るというのが多いです（福利厚生の一環として民間保険を提供する企業が多いです）。

　案の定、娘は何度も海外旅行保険のお世話になりました。ブラジルに着いて1か月が経ち、ようやく保育園にも慣れてきた頃、娘は保育園から帰ってはしゃいだままの状態で、椅子から転げ落ちました。泣きじゃくる娘をみると、頭からは流血……。異国の地で頭が真っ白になりました。幸い、保育園が目の前（保育園

を決めてから住居を決めたため)、まだ先生たちがいらしたので即相談に行き、病院へ急行しました。大事には至らず、頭を1針縫うだけで済みました。いったん医療費の全額を払って、加入していた保険の海外デスクに連絡して保険金を払ってもらいました。

1年ともなると保険料は結構な額だったので加入するかをためらったのも正直なところでしたが、いつ何が起きるかわからず、それは小さい子どもがいればなおさらのことなので、加入して行って本当に良かったです。

(2) 年 金

では次に年金についてはどうでしょう。例えば3年の海外赴任を命じられたとします。場合によっては海外が気に入ってそのまま移住することもありますが、いずれは日本に戻って老後は日本で年金を受け取ることを予定する場合が多いでしょう。そのような場合には日本の厚生年金に加入したままで海外赴任することになります。その一方で、赴任先の海外でも、その国の法律で公的年金制度への加入が義務づけられることがあります（強制加入)。

つまり、日本と海外の両方の制度に加入し（二重加入)、両方の制度に保険料を払う必要がある（二重払い）場合があります。また、老齢年金の支給を受けるにはどこの国でも一定の加入期間が必要なので（日本では10年)、3年や5年程度の加入期間では将来、老齢年金をもらうということにはつながらず、結果として、保険料が掛け捨てになる危険があります。

そこで、二重加入・二重負担と保険料の掛け捨てという問題をクリアするために、日本は多くの国との間で社会保障協定を締結しています。

それぞれの協定によって内容は異なり、場合によっては医療も内容に含まれる協定もありますが、年金についての重要な内容は主に次の2つです。

第1に、派遣期間が原則5年（国によっては3年）を超えない見込みであれば、海外での年金加入が免除されます。これによって日本の制度にだけ加入して保険料を払えばよいということになります。つまり二重加入・二重負担から解放されます。

そして第2に、海外の制度に加入して保険料を払っていた期間については日本の制度との通算を認めます。例えば6年間外国に赴任して外国の制度に保険料を負担したとします。この6年という期間についても日本の年金の受給資格を認めるために必要な期間として通算できます。受給資格を認めるために必要な期間は今でこそ10年ですが、昔は25年だったので、海外にいる期間を通算できることの意味は大きかったわけです。もっとも、この海外での6年については、年金の受給資格を得るのに必要な期間として通算できるにとどまり、年金の支給額を計算する上では反映されません。カラ期間です（→25頁参照）。

そして、この6年については海外の制度からその分の年金を受けられます。海外の年金の受給資格を考える上で日本の制度に加入していた期間を利用できるからです。6年分なので、額としては大きくないかもしれませんが、亡くなるまで海外から継続的に支給を受けられるというのは貴重です。

この仕組みは日本人も外国人も同様です。もっとも、後で述べるように、日本では、外国人に対しては脱退一時金の仕組みがあり（→325頁参照）、脱退一時金を受けた場合には清算済みとして、通算の対象にはならないので、注意が必要です。

(3) 労　災

労災についても海外で就労する場合には、原則として海外の労災制度が適用されます。しかし、国によっては適用範囲や給付内容が必ずしも十分でない場合もあるので、海外派遣者は日本の労災保険に特別加入することができます（労災法33条）。これは、任意に入るもので、日本国内の事業主から海外に長期的に派遣され

る人が対象なので、現地採用の場合はたとえ日本人であっても対象外です。

　特に特別加入するのを忘れないでほしいのは、既に述べた社会保障協定によって外国での社会保障制度への加入が免除されることに伴って、年金だけではなく、労災も免除されてしまう場合です（例えばブラジル）。海外で勤務中に事故が起きても、何の保障も得られないということにもなりかねませんので、しっかり準備してください。

　これに対して、労務提供の場所が海外にあるにすぎない場合は違った処理になります。つまり、日本の会社に籍を置いて、短期間の海外出張に行った際に事故にあう場合は、通常の業務災害として処理されます（→74頁参照）。

●海外赴任と家族

　この本では結婚、出産、育児については次の節で扱いますが、海外赴任にあたっては配偶者や子どもが一緒に行く場合もあるでしょう。配偶者が仕事をしている場合は仕事を辞めて家族全員で行くのか、それとも単身赴任にするのか、とても悩ましい問題が浮上します。

　企業によっては配偶者の海外勤務や留学等にあわせて休業できる仕組みを整えるところもありますが、現状では少数にとどまります。休業の仕組みがなければ、単身赴任か退職かの二者択一を迫られることになります。

　個人的な話で恐縮ですが、私、ひそかにチュウヅマ（駐在員の妻）にあこがれていました（笑）。しかし、夫は国家公務員でめちゃドメスティック、海外への関心もほぼ皆無。チュウヅマの夢は叶いそうにありません。だったら私が行ってしまえとブラジルでの在外研究を決めました。そこで生じた問題が娘（当時2歳）と2人でいくのか、夫も行くのか?!（私がひとりで行く選択肢はありませんでした……）

ここで登場したのが「国家公務員の配偶者同行休業に関する法律」。これは、配偶者（事実婚を含む）の海外転勤や留学に合わせて、国家公務員が3年を超えない範囲で休業できることを保障した法律です。有能な女性が配偶者の海外転勤等を契機に辞めてしまうケースが続いたことから、継続的に働けるようにと制度は創設されたようですが、もちろん男性も使えます!!ブラジル行きが現実味を帯びてきた段階でこの法律の適用をめぐって夫との交渉が始まりました。キャリアとの関係で迷いに迷った末、娘のことを一番に考えて、同行休業制度の利用を決断してくれました。

　国家公務員という身分を保持しつつ、職務に従事する必要はないというところに休業の意味があります。その結果、賃金は支払われませんし、他方で引き続き、国家公務員共済組合法や厚生年金保険法の適用は受けるので、医療保険や年金の自己負担分は払う必要があります。かなりまとまった額が必要です。

　というわけで、幸運にも我が家は夫が国家公務員だったので、休業の上、ブラジルまで同行してもらえました。家族で行けてよかったと心から思います。しかし、現状で配偶者同行休業の仕組みが法律にて保障されているのは国家公務員に限られます。キャリアを維持・形成しつつ、そのときどきのライフステージに応じて柔軟に対応できるようにするためには、地方公務員や民間企業で働く人にもこのような保障が及ぶように法律で制度の拡充が図られることが望まれます。

2　転職することになったら

　終身雇用の日本型雇用が変容しつつある現在、転職する人の数はどんどん増えています。自ら望んで転職先が決まった上で辞める場合もあれば、決まらないで辞める場合もあるでしょう。ときに会社から解雇されることもあります。退職して転職するきっかけはさまざまです。ここでは、転職に関連する仕組みを確認しましょう。

⑴ 社会保険の切り替え

　会社を辞めると社会保障法上の地位には大きな変動があります。医療保険と年金、そして雇用保険です。

　㋐　**医療保険**　　まず、医療保険に関してはこれまで使っていた保険証を返さないといけません。日本では国民皆保険であるため、会社を辞めた後にはどの医療保険に加入するかを確認することが大切です。まず再就職先が決まっていて特に空白の期間がない場合には再就職先が新しい保険証を発行してくれます。これに対して、空白の期間がある場合には次の2つの選択肢が考えられます。

　第1に、国民健康保険の被保険者として手続きをして保険料を負担するというもので、こちらが王道かと思います。空白期間が1週間に満たないときでも同様です。会社を辞めると、自動的に国民健康保険に加入する手続きがとられるわけではないので、役所で手続きするのを忘れないようにしましょう。資格を喪失した日から14日以内に国保の届出をする必要があります。

　第2に、これまで加入していた健保に任意継続加入するという選択肢もあります（健保法37条）。任意継続加入するためには、資格喪失日の前日までに「継続して2ヶ月以上の被保険者期間」があって、被保険者資格を失ってから20日以内に保険者に対して申請する必要があります。そうすると、任意継続被保険者になれます。そして任意継続被保険者は、これまでと同様に健保に加入し、保険料を負担します。これまでは保険料の半分を使用者が負担してくれていましたが、もう辞めているので使用者分を含めて全額負担しなければなりません。それに、病気になっても、会社に勤めているときとは違って、傷病手当金は支給されません（→212頁参照）。

　㋑　**年金**　　年金についてもこれまでは厚生年金の被保険者であり、国民年金の第2号被保険者でしたが、離職して再就職す

るまでの期間は、国民年金の第1号被保険者に切り替わり、保険料を負担する必要があります。

●転職と家族

転職時に配偶者や子どもがいる場合はどうでしょう。会社に勤めているときは、医療保険については配偶者や子どもを健保の被扶養者にできますが、転職となれば、被保険者資格を失うので、配偶者や子どもも被扶養者ではなくなります。そのため、彼らの保険証も返却しなければいけません。離職者が第1の選択肢である国保に加入する場合は、扶養する配偶者や子どももそれぞれ国保の被保険者になるのに対し、第2の選択肢である健保に任意継続加入する場合には、彼らを被扶養者として扱うことができます。場合によっては前者の選択肢よりも、後者の選択肢の方が、被扶養者分の保険料を負担しなくてよい分、経済的なメリットがあるかもしれません。

また、年金については、転職前の配偶者は第3号被保険者となりえましたが（詳しくは後述（→116頁参照））、転職に伴って本人だけでなく配偶者も第1号被保険者になるので、保険料を負担しなければなりません。こうした種別の変更については、本人に届出義務が課されています。

以前、配偶者の離職に伴って第1号被保険者になったはずなのに届出がされなかったために、第3号被保険者のままの年金記録を持つ人が相当数いることが発覚しました。これを3号不整合記録問題といいます。本来、納めなければいけない保険料が納められていなかったわけですから、将来得られる年金額は少なくなりますし、場合によっては必要な受給資格期間を満たさず、年金そのものを受け取れないこともあります。

そこで、この問題に対しては法律（公的年金制度の健全性及び信頼性の確保のための厚生年金保険法等の一部を改正する法律）が制定されて、特例期間該当届を出せば、不整合期間についても年金の受給資格期間に算入できることになり、少なくとも年金そのものを受け取れないということは回避できるようになりました。もっ

とも、この期間についてはカラ期間（→25頁参照）として扱われるので、追納しない限り、年金額には反映されません。そして、追納については、保険料を払うという債務が2年の時効により消滅する（国年法102条4項）ので、過去2年分の保険料しか追納できないのが原則です。しかし、上記の法律によって、大臣の承認を得ることができると、直近10年間、特例追納できるようになりました。これによって、年金額が下がることも阻止できるようになりました。

　他方で、配偶者が社会保険の被保険者であれば、離職した自分が配偶者の健保に被扶養者として加入し、年金については第3号被保険者となるという選択肢も浮上します（詳しくは後述（→116頁参照））。もっとも、雇用保険から基本手当を受ける場合にはその額も収入に入るので被扶養者や第3号被保険者となるか注意する必要があります。

●転職と企業年金・個人年金

　これまで勤めていた会社に企業年金の仕組み（→61頁参照）があっても離職すれば加入資格を失います。そうするとこれまでに積み立てられた年金資金はどうなるでしょうか。

　まず企業型DCのある会社で働いていた場合を考えてみましょう。企業型DCについては3年以上勤めていた場合には積み立てた年金資金を企業が没収することはできません（DC法4条1項7号）。逆にいえば3年未満しか勤めていない場合には年金資金を会社に没収されてしまう可能性があります（3条3項10号）。企業型DCの規約の定め方次第なので、確認しましょう。

　会社に没収されなかった場合には離職に伴って、年金資金を持ち運ぶことができ、ポータビリティ制度といいます。第1に企業型DCのある別の会社に転職する場合には、これまでの年金資金を転職先の企業型DCに移換できるので、転職先に相談してみましょう。第2にDBのある会社に転職する場合には、DB規約で移換を受け入れる旨の規定があれば持ち運びが可能です。第3に

企業型DCもDBもない会社に転職する場合や、フリーランスや無職になる場合には、iDeCoへ移換します。掛金を払うのが難しいときには運用指図者として運用だけを行うこともできます。

　これら移換の申出については会社を辞めた月の翌月から6か月以内にする必要があります。手続きが行われないと年金資金は、国民年金基金連合会に自動的に移換されます（ただし、他の企業型DCやiDeCoの口座があって本人情報が一致する場合には当該口座に移換されることがあります）。国民年金基金連合会に移換されると、運用されませんし、管理手数料の負担も必要です。それに移換中は、老齢給付金の受給要件となる通算加入期間等にも算入されないというデメリットがあります。移換後でも、手続きをすればiDeCo等に資金を移換して運用を再開できるので、万一の場合には国民年金基金連合会に問い合わせてみてください。

　次に、DBのある会社で働いていた場合はどうでしょう。退職時に脱退一時金を受けられますが、老後のために転職先の企業型ＤＣやiDeCoに脱退一時金相当額を移換することができます。また、転職先にDBがあって、移換を受け入れる内容の規約であればDBに移換することができます。この場合には会社を辞めた日の翌日から起算して1年以内に手続きが必要です。

　かねてよりiDeCoに加入していた場合にも、転職に伴って資格が変わったり、拠出できる上限額が変わったりすることもあるので、運営管理機関で手続きするのを忘れないようにしてください。転職先がDBやDCを実施している場合にはiDeCoの資産受入れをしてくれる場合もあるので、転職先に相談してみましょう。

　㈦　**雇用保険**　　雇用保険については、「雇用される労働者」ではなくなるので、被保険者資格を喪失します。そして失業中にこそ、雇用保険制度が本領を発揮することになるので、(2)以降で詳しくみていきましょう。

(2)　**基本手当**

　㋐　**概要**　　失業すると、マンション等の賃貸収入があるな

どの事情がない限り、定期的な収入はなくなります。定期的な収入がないと、新たな仕事をみつけようと就職活動をすること自体が難しくなりかねません。そのようなことがないように、雇用保険から基本手当が支給されます。失業手当といったほうがイメージしやすいかもしれません。基本手当は、単に失業して定期的な収入がなくなったら支給されるわけではなく、生活を安定させた上で再就職を促進するために支給されます。

　そう！再就職を支援するための給付ですから、再就職する意思がないといけません。大学院に行って勉強するつもりで辞めるとか、結婚して専業主婦・夫になるから辞めるという場合には基本手当は支給されません。

　基本手当（雇保法13条・15条）を受けるには、ハローワークに行って、求職の申込みを行うなど就職しようとする積極的な意思があって、いつでも就職できる能力があるにもかかわらず、本人やハローワークの努力によっても、職業に就くことができない状態にあることが必要で、そのような状態を失業状態といいます（4条3項）。そして、離職前の2年間に雇用保険の被保険者として保険料を12か月以上払っていたことが必要です。被保険者期間は複数の会社にまたがっていても大丈夫です。もっとも、会社が倒産したとか、解雇されたとか、会社都合の離職の場合には、離職前の1年間に6か月以上の被保険者期間があればよいことになっています。

　失業状態を認定するのはハローワークです。また、1週間の待期期間があるので（21条）、すぐには支給されないですし、自己都合退職の場合には待期期間に加えて、3か月の給付制限期間があります。安易な離職を防止するために給付制限期間があります。転職を試みる労働者が安心して再就職活動を行えるように、2020年10月からは試行的に5年間のうち2回までに限り、この給付制限期間が2か月に短縮されています（施行後2年を目途に検証）。

(イ)　**受給期間と所定給付日数**　　では、基本手当は再就職できるまでずっと支給されるでしょうか。ずっと支給されれば生活面では安心ですが、就労に向けた意欲は下がってしまうかもしれませんし、制度の財政にも影響します。そこで、基本手当には受給期間と所定給付日数が決まっています。ん？ん？？受給期間と所定給付日数？何が違うのでしょうか。

　受給期間と聞くと、直感的にその期間はずっと基本手当が支給されると思ってしまうかもしれませんが、そうではありません。その意味では受給「可能」期間とした方が正確かもしれませんが、これは基本手当を受ける可能性のある期間のことで、原則として離職した日の翌日から1年間です。基本手当は、この期間内の失業している日について、所定給付日数を限度に支給されます。そう、所定給付日数というのが実際に基本手当をもらえる日数の上限で、再就職の難易度に応じて90日から360日です。ちなみに所定給付日数が330日の場合には1年の受給期間に30日が上乗せされ、360日の場合は60日が上乗せされます。受給期間中に、病気やケガ、妊娠、出産、育児等の理由で引き続き30日以上働くことができなくなったときには、働くことができなくなった日数分だけ、受給期間を延長できます。ただし、延長できるのは最大でも3年間です。

　受給期間と所定給付日数にはこのような違いがあるので、例えば離職してもすぐに求職の申込みをしないことも可能です。ただ、

（例）所定給付日数240日の場合

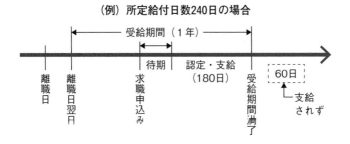

申込みが遅れすぎると、所定給付日数が余っていても、受給期間が終わることで、基本手当を受けられなくなるおそれがあるので気をつけてください。

　もう少し詳しく所定給付日数についてみてみましょう。所定給付日数は、離職の日における年齢や雇用保険の被保険者であった期間、離職の理由によって受け取れる期間が異なります。すなわち、若いほど再就職先をみつけやすいのに対して、中高年では簡単ではないのが現状です。また、被保険者であった期間が長いほど、年齢も上がり、転職も難しいので給付期間は長くなります。さらに、自ら辞職する場合には前もって自由に再就職の準備ができるため、短くなる一方、倒産や解雇といった会社都合の離職の場合には再就職に向けた準備の余裕はないでしょうから、所定給付日数が増えます。障害者などの就職困難者は一段と多くの日数になります。このように保険料水準とは関係なく所定給付日数は決まります。

<基本手当の所定給付日数（障害者等の就職困難者を除く）>

	被保険者期間区分	1年未満	1年～5年未満	5年～10年未満	10年～20年未満	20年～
解雇・倒産等の場合	30歳未満		90日	120日	180日	—
	30歳～35歳未満		120日	180日	210日	240日
	35歳～45歳未満	90日	150日		240日	270日
	45歳～60歳未満		180日	240日	270日	330日
	60歳～65歳未満		150日	180日	210日	240日
その他	全年齢	—	90日		120日	150日

　次に述べる職業訓練を受講する場合や、全国や地域の雇用環境などによって、あるいは妊娠や出産などの個々の事情によって所定給付日数は延長されることもあります。

（ウ）　**水準**　では基本手当としてどれくらいの額が受けられるでしょうか。基本手当日額といいますが、失業したら途端に生活できなくなるようでは困りますので、生活の連続性を保てるように、離職前賃金がベースになります。その上で、失業前の水準と大して変わらない額が支給されると失業した方が得として失業するよう誘導してしまうかもしれませんし、逆に低すぎても安心して再就職に向けた活動ができなくなります。そこで、法律では、原則として離職前賃金の50％と決められています。もっとも、すべてのケースを50％としては問題もあるでしょう。ベースとなる離職前の賃金が低いために、その50％では生活が立ち行かなくなるケースもあるからです。そこで、賃金額に応じて、50％から80％までという幅が設けられています（雇保法16条）。

さらに基本手当日額には年齢区分ごとに、上限額があります。

＜基本手当日額の上限（2020年8月1日現在）＞

30歳未満	6,850円
30歳以上45歳未満	7,605円
45歳以上60歳未満	8,370円
60歳以上65歳未満	7,186円

離職前の生活水準をできるだけ維持することが重要なので、被保険者期間が長くても給付水準が増えることはありません（既に述べた通り、もらえる期間は増えますが）。

（エ）　**手続き**　次にどうやったら基本手当をもらえるかの話です。基本手当を受給するには、離職理由等が書かれた離職票をハローワークに提出する必要があります。離職票とは、事業主がハローワークに提出する離職証明書をもとに、ハローワークの所長が交付するものです。通常は、ハローワークから事業主を経由して労働者の手元に離職票が届きます。労働者はそれを改めてハローワークに提出します。

離職票は離職にあたって事業主から必ず渡されるものではあり

ません。というのも、すぐに再就職する場合などは基本手当はいらないので離職票は必要ないからです。そのため、離職票が必要な場合には、前もって事業主に対してその旨を伝えておき、準備してもらうことが大切です。離職票を事業主に頼んでも交付されない場合には直接ハローワークに問い合わせてみてください。

この離職票を持って、自宅近くのハローワークに行き、求職の申込み（雇保法15条2項）をします。ハローワークでは、基本手当の受給要件を満たしているかを確認した上で、受給資格の有無を決定し、雇用保険受給資格者証を交付してくれます。このときに離職理由も判定するので、事業主が記載した離職理由に異議があれば（退職勧奨なのに自己都合とされた等）ハローワークに相談してください。先ほどみたように、自己都合か会社都合かによって、基本手当を受給できる日数や給付制限期間が異なるので、離職理由は大切です。

その上で、雇用保険受給者初回説明会に参加して、雇用保険制度について学びましょう。原則として4週間に1回、失業認定をしてもらいます（同条3項）。指定された日に管轄のハローワークに行って、失業認定申告書に求職活動の状況等を記入し、雇用保険受給資格者証とともに提出します。失業の認定を受けようとする期間中に原則として2回以上（最初の認定日における認定対象期間中は1回）、求職活動をする必要があります。既に述べた通り、自己都合の場合は、待期期間満了後、今では2か月は基本手当が支給されない（→98頁参照）ので、この期間とその直後の認定対象期間をあわせた期間については原則として3回以上の求職活動実績が必要です。単にインターネットや雑誌等で求人を検索した程度では求職活動とは認めてもらえません。ハローワークで就職相談をしたり、求人に応募したり、民間企業が開催するセミナーや合同説明会等に参加したりすることが必要です。

失業認定を行った日から通常5営業日で、指定した金融機関の

口座に基本手当が振り込まれます。再就職が決まるまで、所定給付日数を限度に、失業認定と受給を繰り返しながら再就職先を探します。求職条件を緩和すれば、適当な就職先を容易に確保できるにもかかわらず、あくまでも希望の就職先に固執して求職条件を緩和しないような場合にはこれ以上職業指導等をしても功を奏する見込みがないとして基本手当が支給されない場合もあるので（基本手当を支給しないとした処分を適法としたものに大阪高判昭和57年8月9日労判392号カード11頁・百選78事件）、気をつけてください。

●失業中にバイト？

「失業中にバイト？」というタイトルにしてみましたが、バイトするなら失業ではないのでは？という疑問を挟む余地があるくらい理論的には奇妙な状況です。ですが、失業中にバイトをすることもあるので、雇用保険とバイトの関係を整理してみましょう。

まず、7日間の待期期間中はアルバイトをすることはできません。この期間は失業状態である必要があるからです。これに対して失業後、ハローワークに求職の申込みをする前の期間や、待期期間終了後にはアルバイトが可能です。自己都合退職の場合には給付制限期間が比較的長いので、何もできないとすると無収入となって困窮するおそれがあるからです。

もっとも、「1週間の所定労働時間が20時間以上」かつ「31日以上の雇用が見込まれる」と、バイト先に就職したと判断されて雇用保険の被保険者になるので、基本手当を受けられなくなります。また実務では1日あたりの労働時間が4時間以上あると基本手当は受けられません。1日の労働時間が4時間未満でも届出が必要で、場合によっては基本手当の全部または一部が減額されます（雇保法19条1項・3項）。内職や手伝いであっても、また報酬の発生しないボランティア活動なども届出しなければいけません。バイトしたのに届出しないで後で発覚すると、基本手当は支給停止になりますし、これまでに支給された額も返還、さらにはこれまでの支給額の2倍についても納付しなければならなくなる

かもしれません（10条の4）。基本手当を不正受給したとして罰則が適用されますので、気をつけてください。

(3) 再就職手当

　既に述べたように、基本手当は支給される日数が決まっていますが、それを使い果たす前に次の職がみつかれば目標達成なので支給は終了します。ただ、そうすると、とりあえず基本手当を受けられるうちは受けようと考えて、再就職を遅らせる人がいるかもしれません。そこで、所定給付日数を余らせて早く就職できた場合には、残りの期間の手当の一定割合を支給する仕組みが用意されています。これを再就職手当といいます。

(4) 公共職業訓練の受講等

　就職活動の結果、すぐに再就職先がみつかればよいですが、スキルや経験が足りなくてうまくいかないときもあるかもしれません。そもそも何がやりたいのかわからなくて、そんな調子だから再就職先もみつからなくて……。そんなときは、職業訓練を受けて、入社後に役に立つ専門的・実践的なスキルを身につけることがオススメです。職業訓練を受けながらハローワークや訓練施設で就職相談をすることもできます。

　(ア)　**公共職業訓練**　　基本手当を受給している求職者に対する職業訓練を公共職業訓練といいます。公的な制度ですので、一部のテキスト代等を負担すれば、受講料は基本的に無料です。

　何を学べるかですが、事務系（パソコンの知識等）、IT、建設・製造、サービス、介護、デザイン、理美容に至るまで、いろいろな訓練メニューがあります。OAシステム開発やWebデザイン、3DCADなど、昨今のニーズに即したコースもあれば、女性向けのコースもありますし、宅地建物取引主任者や介護職員初任者研修等の資格の取得を目指すコースもあります。その時々によっても、場所によっても、開講されるコースは異なるので、インターネッ

トで検索してみてください。

　基本的に訓練は2か月から6か月で、1年間や2年間のものもあります。公共職業訓練は、国（独立行政法人高齢・障害・求職者雇用支援機構のポリテクセンターやポリテクカレッジ等）や都道府県（職業能力開発校等）、民間の教育訓練機関において受講できます。

　訓練を受講するには、ハローワーク窓口で申込み手続きをして、書類選考や筆記試験、面接にパスしないといけません。そして、ハローワークから就職支援として訓練の受講が必要であると、受講指示を受ける必要があります。

　訓練は基本的に平日の9時から17時とみっちりで、まじめに受けることが必要です。より安定した就職ができるように、熱心に職業訓練を受けて求職活動を行う人のための制度なので、病気やケガ、やむを得ない理由以外で欠席したり、ハローワークでの就職支援を拒否したりすると、訓練を受けられなくなります。

　訓練機関とハローワークが連携の上、就職先を紹介してくれるので、比較的スムーズに就職先をみつけやすいというメリットがありますし、失業中の崩れがちな生活リズムを整えることもできます。資格やスキルを身につけることで、就職しやすくなるなど、就職先の選択肢を広げられるので大いに利用してください。

　(イ)　**基本手当の延長等**　　訓練を受講している間は、既に述べた通り、雇用保険から基本手当を受けられます。自己都合退職では3か月（現行では2か月）の給付制限がありますが、制限期間中に訓練が始まれば前倒して基本手当を受けられます。また、長期のコースを受講する場合などには、訓練の修了までに所定給付日数が終わっても、修了まで延長できる場合があります。

　(ウ)　**技能習得手当（受講手当・通所手当）**　　雇用保険では基本手当以外にも就職活動自体への支援も行われています。公共職業訓練等を受講する場合には、基本手当に加えて、技能習得手当を受けられます。技能習得手当は求職者が就職活動をよりスムー

ズに進められるように、就職に役立つ専門的な知識や技術を習得するための職業訓練を受講した場合に支給されるもので、具体的には受講手当と通所手当があります。公共職業訓練を申し込めば自動的に技能習得手当も支給されるわけではないので、ハローワークに技能習得手当の申込みをするのを忘れないようにしましょう。

　　㈑　**教育訓練給付金**　　新たに資格を取得するには費用がかかるので、その費用の一部を国が補助してくれる教育訓練給付金という仕組みもあります。雇用保険の加入期間が原則として１年以上（２回目以降は３年以上）あれば利用できます。

　教育訓練給付金を受けるには、厚生労働大臣が指定した講座を受講する必要があり、講座を修了して修了証明書の発行を受けると、支払った費用の一定割合が支給されます。簿記検定やTOEICといった資格取得や試験準備のための受講料等に対して支給される一般教育訓練給付金、税理士や社会保険労務士といった資格取得に関する講座が対象の特定一般教育訓練給付金、そして法科大学院などの専門職大学院や看護師・保育士などの養成課程など、中長期的なキャリア形成を支援する講座を受講すると支給される専門実践教育訓練給付金の３種類があります。

　すべての専門学校やすべての講座が支給対象になるわけではないので、この制度を利用したい場合には大臣が指定した講座なのか、事前に確認するのを忘れないようにしてください。また、特定一般教育訓練給付金や専門実践教育訓練給付金を受けたい場合には、受講開始前にハローワークにて訓練対応キャリアコンサルタントの訓練前キャリアコンサルティングを受講する必要があります。それを受けていないと給付金は得られません。訓練前キャリアコンサルティングを受けて、就業の目標、職業能力の開発・向上に関する事項を記載したジョブ・カードを作成することが必要になります。

なお、教育訓練給付金については、在職中に利用できるものもあるので、興味がある場合はハローワークにて調べてみましょう。

　(オ)　**教育訓練支援給付金**　　基本手当の支給が終わっても一定の要件（45歳未満、離職翌日から1年以内に訓練開始、受講資格あり、終了見込み、通信でないこと等）を満たした上で、失業状態にあれば、訓練の受講をさらに支援するため、教育訓練支援給付金が支給されます。支給される額は、雇用保険の基本手当の日額に相当する額の80%です。

(5)　求職者支援制度

　(ア)　**概要**　　既に述べた通り、基本手当は受けられる日数が決まっているので、場合によっては終わったのに再就職先をみつけられないこともあります。つまり、長期に失業する場合は雇用保険の保護を受けられません。また、そもそも基本手当を受ける要件を満たしていない場合、例えば学校を卒業してすぐで就職経験がない場合や就職はしたけれどすぐに辞めてしまう場合等には基本手当は受けられません。他にも週の労働時間が20時間未満であれば、雇用保険の被保険者資格はないので（→59頁参照）、離職しても基本手当を受けられません。

　このように雇用保険では保護できない場合に機能するのが求職者支援法に基づく求職者支援制度です。この制度の適用を受けるには、ハローワークの所長から特定求職者と認定される必要があります。特定求職者とは求職の申込みをしている者のうち、労働の意思および能力を有するもので、職業訓練その他の支援措置を行う必要があるものとハローワーク所長が認めるもののことです。この認定を受けると、ハローワークで就職支援計画を策定してくれます。この計画には、就職支援措置、すなわち、ハローワークで実施する職業指導や訓練実施機関が行う職業訓練の受講、就職支援のための措置（職業指導、職業紹介、履歴書作成に係る指導等）等、その他の求職を容易にするための効果的な措置が記載され、計画

を実現するように指示されます。

特定求職者に対する職業訓練は求職者支援訓練と呼ばれ、民間教育訓練機関が厚生労働大臣の認定を受けた上で、実施しています。社会人としての基礎的能力及び短時間で習得できる技能等を習得する基礎コースと、就職希望職種における職務遂行のための実践的な技能等を習得する実践コースとがあります。求職者支援訓練は、さきほどの公共職業訓練とあわせてハロートレーニング（公的職業訓練）とも呼ばれています。

長期にわたってひきこもりが続いたなど、そもそも「働く」という段階には至っていない場合には、地域若者サポートステーション、いわゆるサポステという機関を利用することも考えられます（→260頁参照）。

(イ) **職業訓練受講給付金等**　求職者支援訓練の受講を容易にするために、求職者支援制度では本人の収入や世帯収入および資産要件等の一定の要件を満たせば、職業訓練受講給付金が支給されます。月額10万円で原則として1年間受けられます。

その他にも求職者支援訓練をする場所に通うための交通費を通所手当として受けられますし、家族と別居が必要な場合には寄宿手当を受けることができます。これらを受けるには、1か月ごとにハローワークに行く必要があります。

ハローワーク所長からの指示に従わないと、職業訓練受講給付金を得ることができませんし、求職者支援訓練を理由なく欠席する場合や、やむを得ない理由があっても8割以上の出席をしていない場合には支給されなくなるので注意してください。

(6) **まとめ**

離職すると、すぐに就職しなければ！と気ばかりが焦ってしまうかもしれませんが、時間をかけて職業訓練を行い、スキルや技能を身につけた方がより満足のいく再就職先に巡り会えて希望の就職先への近道になる場合もあります。

●倒産時の立替払い

　会社が倒産して未払いの賃金がある場合にはその一部を国が立て替える未払賃金立替払制度があります（労災法29条1項3号、賃確法7条）。独立行政法人労働者健康安全機構が制度を実施しているので、まずは近くの労基署に相談しましょう。

●フリーランスと社会保障

　フリーランスとは会社や団体などに所属しないで、仕事に応じて業務委託契約や請負契約をする人のことで、ライターやウェブデザイナー、通訳、プログラマーなどがいます。最近ではインターネット上のプラットフォームサービスを介して単発の仕事を請け負うギグワーカーという働き方もあって、街中では料理を宅配する人たちを見かけるようになりました。ギグワーカーもフリーランスの一類型といえます。

　フリーランスは会社に雇われて働くわけではないので、いわゆる社会保険（健康保険と厚生年金）の関係では被保険者ではありません。個人事業主として国保の被保険者、そして国民年金の第1号被保険者となります。働くのを辞めても雇用保険から基本手当は受けられませんし、仕事中にケガをしても当然には労災の適用対象にはなりません。実態として使用従属性が認められる働き方であれば、契約名称がいくら業務委託や請負でも労働者と認められ、労災の対象になる可能性はありますが、例外的です。

　そうすると、フリーランスは雇われて働く場合よりも、社会保障制度との関係では不安定といえそうです。自分でそういう働き方を選択したのだから仕事中のケガや廃業についても自ら任意保険に入るなどして備えるべきか？それとも労働者に類似した働き方の場合もあるから、労働者のように保護していくべきか？ギグワーカーを労働者類似の働き方として労災の適用対象とするなどの対応をする国もある中で、日本では労災に特別加入できるようにすることが検討されています。

　これまで日本では国民皆年金と国民皆保険の下で、個人事業主

にも年金や医療は保障されてきましたが、年金では厚生年金の適用はありませんし、傷病時や失業時の所得保障などもありませんでした。比較的充実した制度が用意されるサラリーマン・サラリーウーマンと、自ら備えるべき個人事業主等ということで、いわば二分論ともいいうる取扱いがなされてきました（→58頁も参照）。

しかし、ギグワーカーなど、新しいタイプの働き方はこれからもどんどん出てきて、働き方はますます多様化していきます。そうするとこれまでの二分論的な仕組みのままでよいかは再検討する余地があります。さまざまな社会の変化を踏まえた上で、社会保障制度は誰のどんなリスクに対応するために必要なのかを見極め、制度の再構築を行う必要があるのかもしれません。

●マルチジョブホルダーと社会保障

マルチジョブホルダーという形で働く人もいます。複数の事業主に雇用される複数就業者のことです。正社員として働く傍ら副業をする場合もあれば、パートタイム雇用を複数掛け持ちすることで生計を維持する場合も少なくありません。では、マルチジョブホルダーの社会保障法上の地位はどうなっているでしょうか。

社会保険（医療保険と年金）については既に勉強した通り（→58頁参照）短時間労働者の適用拡大に向けた法改正が行われているものの、別の事業主の下での労働時間を通算する仕組みがないので、ひとつの事業主の下では週の所定労働時間が20時間を下回る場合や企業規模が小さい場合には健康保険や厚生年金の適用を受けることはできません。その結果、国保の被保険者かつ国民年金の第1号被保険者として整理されることになり、社会保険が適用される場合に比べて保護が薄いという問題があります。また、それぞれの事業主での週所定労働時間が20時間未満であったり、契約期間が31日以上雇用されるとは見込まれなかったりすると、雇用保険の被保険者とは認められないので、失業しても基本手当等を受けられません（ただし、65歳以上の高齢者の場合については後述します（→208頁参照））。これに対して、労災については給付

が認められやすくなる方向での法改正が行われたのは既に述べた通りです（→85頁参照）。

3 脱サラして起業するには

長い人生、他人に雇われて働くのではなく、自ら事業を起こすこともあるかもしれません。いわゆる起業ですが、起業も離職した際の選択肢のひとつです。個人事業主として事業を行う場合もあれば、会社を設立してその代表取締役等、役員になる場合も考えられます。

(1) 雇用保険

雇用保険の基本手当については先ほど述べた通り、他社への再就職を促進するためのものなので、起業するのであれば受給できなくなります。起業準備中の段階でも、他社への求職活動をしていないのであれば基本手当は支給されません。会社の役員に就任しながら、基本手当を受けていれば、不正受給になるので返還する必要があります（広島高判岡山支部昭和63年10月13日労判528号25頁・百選73事件参照）。

(2) 医療保険と年金

次に医療保険と年金ですが、個人事業主として働く場合には、既に述べた通り、国保の被保険者、そして国民年金の第1号被保険者になります。これに対して、会社を設立して代表取締役等の役員に就任した場合はどうでしょう。健保でも、厚生年金でも、被保険者とは「適用事業所に使用される者」です。そうすると、会社の役員というのは会社に「使用される」側ではなく、むしろ自分が「使用する」側であるから、一見するとあたらないようにもみえます。しかし、会社の役員も、健保と厚生年金の関係では「使用される者」にあたると解されています。これは、1949（昭和24）年に厚生省（当時）が出した解釈通知を受けた取扱いですが、

健保や厚生年金の目的である生活の安定の福祉の向上を図ることは、会社の役員等にも重要であると考えられています。判決でも「法人の代表者をも含め……保険制度を利用させることこそ」憲法25条の趣旨に叶うとして、会社の役員等を健保や厚生年金の被保険者とする取扱いは適法と判断されています（広島高判岡山支部昭和38年9月23日行集14巻9号1684頁・百選12事件）。

(3) 労災保険

他方で、労災保険についてはどうでしょうか。労災保険は労働者を対象とするので、従業員兼務取締役でない限り、会社の役員等は対象ではありません。そのため、任意保険で自ら備える必要があります。もっとも、会社の規模によっては役員でも、労働者とともに働き、労働者が晒されるリスクと同様のリスクに晒される危険があります。

そこで、中小企業の事業主等は政府の承認を得ることによって、労災保険制度に任意に特別加入することが認められています（労災法33条）。注意していただきたいのは、特別加入したとしても、役員の業務のすべてが労災保険の保護の対象となるわけではないということです。労働者の行う業務と同じ業務のうち、政府に申請して承認された業務に限られます。承認された業務に関連して業務災害が起きたかはよく問題となります。

ある事例では橋梁工事の下請を専門とする会社で「建築工事施工」という業務について承認を受けていた社長がいました。受注している橋の建設工事現場で労働者と共に働く中で事故が起きたならば、問題なく給付対象として認められたはずです。しかし、まだ建設現場になるかはわからず、むしろ新規に発注を受けるか否かを見学するための下見、いわゆる営業活動の合間に事故が起きたらどうでしょうか。行政は、承認された業務の範疇には入らないので支給を認めませんでしたが、最高裁もそれを是認し（最二小判平成24年2月24日民集66巻3号1185頁・百選55事件）、「建築工事施

行」の範疇に営業活動は入らないと判断しました。営業活動についても保護の対象としたいのであれば別途、承認を受けておく必要があったということです。もっといえば、あくまでも労働者が晒される危険を共有するからこそ保護の対象にしうるという制度なので、営業活動が社長専属の業務で、労働者の業務ではないような会社であれば、そもそもの承認自体を受けることすら難しいということになります。

このように特別加入に関しては、業務の範囲をしっかり考えた上で承認に向けた申請をすることが重要です。加えて、申請にあたっては、保険料をいくらにするかも選択します。通常の労災では、既に勉強した通り（→32頁参照）、賃金がベースに保険料が決まりますが、役員は賃金を得ているわけではありません。そこで、特別加入の申請をする際に、希望する額（給付基礎日額といいます）を記載して労働局長が決定します。給付基礎日額を低く設定すれば、保険料の負担を抑えることができますが、その分、万が一の場合の給付も少なくなるので、適正な額を申請することが大事です。

通常、労働者が事故にあった場合、たとえ事業主が保険料を払っていなかったとしても、労災保険制度から給付を得ることができます。その場合、事業主は滞納している保険料だけではなく、延滞金や労働者に払われた給付額の40％相当額についても負担することになります。これに対して、事故にあったのが特別加入の役員等の場合には、保険料が支払われていなかったとすると、給付自体が支給されないという違いもあります。

労災への特別加入はとても重要な仕組みですので起業される場合は、ぜひ検討するようにしてください。

●労災への特別加入

身内の話で恐縮ですが、私の実家は家業で小さい材木屋を経営

していました。昔、私が生まれる前に祖父が材木の運搬作業中に
ケガをしたことがあったようなのですが、当時は特別加入の仕組
みを知らず、加入していませんでした。それを教訓に祖父は、息
子である父を含めて役員らについても特別加入の手続きをしまし
た。数年後、父が祖父と同じように材木の運搬中にケガをしたの
ですが、祖父の教訓のおかげで、父は保険給付を受けることがで
きました。

(4) 人を雇うということ

　これまでこの本ではみなさんが労働者であることを前提に縷々
社会保障の仕組みを書いてきましたが、起業して人を雇うという
ことは、自ら事業主の側に立つということです。事業主は、労基
法をはじめとする種々の労働関連法令を遵守する必要があるのは
もちろんのこと、これまでみてきた通り、社会保障に関しても
諸々の義務を負います。具体的には労働者が医療保険や年金等の
被保険者資格を取得したことを届出する等の手続きをしたり、各
種の保険料を負担の上、労働者負担分と合わせて納付したりする
ことなどが必要になります。どんなに崇高な理念の下で事業展開
をしたとしても、その事業を担うひとりひとりの労働者のことを
大事にできなければ、継続的な事業経営にはつながりません。起
業される場合には労務管理で足元をすくわれることのないようし
っかり対応する必要があります。

第5章　結婚・妊娠・出産・子育て

> 20代の後半から30代の前半にかけて結婚ラッシュがやってく
> るかもしれません。そして子どもが生まれ……。結婚しない生き
> 方や結婚はするけれど子どもは産まない生き方など、いろいろな
> 生き方がありますが、ここでは結婚・妊娠・出産・子育てといっ
> たライフイベントにかかわる社会保障制度をみてみましょう。

1　結婚すると

　結婚は、人生の節目のひとつ。結婚には法律婚や事実婚、宗教
婚などいくつかの種類がありますが、日本では、基本的に法律婚
と事実婚の2つがあります。

(1)　法律婚と事実婚

　まず、法律婚は民法を根拠にして（民法739条1項）、婚姻届を提
出することで完了します。婚姻届に自ら署名をし、証人2名にも
署名してもらって、役所に提出します。役所に届出することで婚
姻の効果が生じるのが法律婚です。

　これに対して事実婚は、実際には一緒に暮らすなど夫婦同然の
生活を送っているけれど婚姻届は提出していない状態をいいます。
内縁関係と呼ぶこともあります。

(2)　社会保障法上の婚姻概念

　では社会保障法で結婚とか、婚姻というと、何を指すでしょう
か。社会保障法の条文では配偶者の定義について「婚姻の届出を
していないが、事実上婚姻関係と同様の事情にある者を含む」と
する規定が散見されます（国年法5条7項、厚年法3条2項、健保法3
条7項1号など）。つまり社会保障法では法律婚だけでなく、事実
婚も認められています。夫婦として生計を共にしているのであれ

ばその生活の実態に着目して保護をしています（→167頁参照）。

(3) 婚姻に伴う地位の変化

では、結婚すると社会保障制度との関係ではどのような変化があるでしょうか。法律婚ではパートナーの一方の苗字が変わる（民法750条）ので、それに伴って健保や厚生年金に氏名変更を届出する必要があります。また住所が変われば同じく届出が必要です。もっとも、マイナンバーと基礎年金番号が結びついている場合には氏名変更や住所変更の届出は不要のようです。

2人ともが働いていて（いわゆる共働き）、それぞれが健保の被保険者、厚生年金の被保険者である場合には氏名変更や住所変更の届出以外に大きな変化はなさそうです。これに対して、パートナーの一方が一切働いていない場合、つまり専業主婦・夫の場合には扶養に入れることができます。つまり、パートナーはあなたを被保険者とする健保の被扶養者になり、国民年金については第3号被保険者に該当します。第3号被保険者とは、「第二号被保険者の配偶者……であつて主として第二号被保険者の収入により生計を維持するもの……のうち二十歳以上六十歳未満のもの」（国年法7条1項3号）のことをいいます。

パートナーが専業主婦・夫の場合には、健康保険被扶養者（異動）届や国民年金第3号被保険者関係届に記入して、保険者に届出をしましょう。これらの届出をしても、負担すべき保険料が増えるわけではありませんし、またパートナーが別個に保険料を負担しなければならないわけでもありません。パートナーには法律婚だけでなく、事実婚の場合も含まれるのは既に述べた通りです（→115頁参照）。

医療保険については、昔、被扶養者の保険証では被保険者の保険証の場合に比べて、窓口負担分が大きいという違いがありましたが、今ではそのような違いはありません。また、国民年金の第3号被保険者は保険料を負担する必要がない反面、第3号被保険

者としての期間については、保険料が支払われたものとみなされます。そのため、将来、老齢基礎年金や障害基礎年金を受けられる可能性が高まります。第3号被保険者のこうした取扱いに対しては、共働き家庭や個人事業主の家庭から不公平と批判されることがありますが、本当に不公平といえるかは慎重に検討する必要があります。

では、パートナーが、パートやバイト（いろんな働き方があるでしょうが、以下ではパートといいます）で一定の報酬を得る場合はどうでしょうか。パートの労働時間が正社員と比べて4分の3以上である場合や、4分の3未満でも各種の要件（→58頁参照）を満たせば、パート先の社会保険に加入します。つまり、パートナーは健保と厚生年金の被保険者となり、国民年金は第2号被保険者となります。これに対してパートナーがパート先の社会保険の対象にならない働き方の場合は、原則としてパートナーはあなたの健康保険の被扶養者となりますし、国民年金では第3号被保険者となります。もっとも、そのためにはパート先の年収が130万円未満である必要があります。そうしないとパートナーの生計を維持しているとはいえないからです（→29頁参照）。

そのため、パート先の社会保険の対象にならない働き方でも、年収が130万円以上あればパートナーは国保の被保険者となり、国民年金の第1号被保険者になります。この場合、国民年金の保険料はパートナーが納付しますが、国保の保険料については、世帯主であるあなたが納付することになります（→30頁参照）。

2 妊娠したら

続いて、妊娠にかかわる制度を概観したいと思います。

(1) 届出と母子健康手帳

妊娠かもと思った場合は薬局で市販される妊娠検査薬（1000円ほど）で確認し、陽性反応が出たら医療機関に行く人が多いです。

医療機関にて妊娠確認を受けましょう。妊娠は病気ではないので妊娠検査については自費で負担します。確認してもらったら、速やかに役所に妊娠の届出をしましょう。そうすると、母子健康手帳をもらうことができます。母子手帳ともいわれるものです。

母子健康手帳は、妊娠中の体重や腹囲など、妊娠の経緯を記録するもので、出産すれば出産証明が書かれます。さらに、赤ちゃんが成長していく過程で受ける健診や予防接種等についても記録され、お母さんと赤ちゃんに関するさまざまな情報が一元化されたものになります（母子保健法16条）。最近では紙媒体ではなく電子化している自治体もありますし、母子ではなく親子健康手帳と称するところもあるようです。

妊娠の届出に行くと、母子健康手帳と一緒に役所で配られるのが、妊婦健診の受診券です。妊娠や出産は病気ではないので、原則として医療保険から療養の給付の形で治療等のサービスを受けることはできません。その代わりに、妊婦健診については各自治体が受診券を配っています。妊婦健診は、基本的に妊娠23週までは4週間に1回、24週から35週までは2週間に1回、36週以降は1週間に1回です。もっとも、何か心配なこと等がある場合にはより多く通院する必要があります。

受診券の内容は、自治体によって違いがありますが、14回分の健診や超音波検査等について負担する自治体が多いようです。その範囲であれば基本的に無料で健診等を受けられます。

●予期せぬ妊娠

妊娠については予期せずに起きることもあります。事前に性に関する正確な知識を持っておくことは必要ですし、緊急避妊薬（アフターピル）を服用することで、事後的に妊娠を回避できることを知っておくことは大事です。

中絶については、母体保護法という法律でレイプやDV（→162

頁参照）の場合、あるいは経済的に苦しい場合等に限って認められます（母体保護法14条1項）。もっとも、中絶手術ができるのは母体保護法が指定する資格を持つ医師だけですし、妊娠12週（3か月）未満の初期と12週以降の中期では手術方法が異なる上、妊娠22週以降にはできなくなります。

　出産する場合には産後の子どもの養育について出産前において支援を行うことが特に必要と認められる妊婦は特定妊婦と呼ばれていて（児福法6条の3第5項）、公的な支援を受けられます。具体的には10代などの若すぎる場合や知的障害等があって育児困難と予想される場合、あるいは収入基盤が安定せずに子育てが難しい場合などです。自治体や医療機関を通じて保健所に報告されることで特定妊婦となります。

　そうすると、市町村の保健師等を通じてさまざまなサポートを受けられます。例えば、出産や育児のアドバイス、公的機関を使った問題解決方法の提示などです。出産後に自分で育てていくのが難しい場合には、赤ちゃんを乳児院に入所させたり、育ての親に託したりという選択肢もあります。乳児院とは家庭で養育できない乳幼児（原則として2歳未満）を養育するところで、児童福祉法に基づく施設です（児福法37条）。ところによっては乳児院に行かずに直接育ての親の元に行く場合もあります。

　子どもを育ての親に託す方法には大きく2つがあります。ひとつが養育里親制度です。これは子どもを育てられない親に代わって一時的に家庭内で預かり、養育する仕組みです（6条の4第1号）。里親と子どもに法的な親子関係はないので、実親は親権者のままです。里親には里親手当や養育費が自治体から支給され、より社会で子どもを育てる制度といえるかもしれません。

　もうひとつが特別養子縁組制度です。これは、民法に基づいて家庭裁判所が育ての親と子どもとの間に法的な親子関係を成立させるもので、育ての親が親権者になります（民法817条の2以下、児福法6条の4第2号）。従前、6歳未満の子どもが対象でしたが、15歳未満にまで対象が広がりました（なお、年齢制限のない普通

養子縁組もあります）。養子縁組については児童相談所が仲介する
ものとNPOなどの民間機関があっせんするものとがあります。
後者には養子縁組あっせん法が適用され、民間の機関があっせん
する場合には都道府県の許可を受ける必要があります。同法では
業務の適正な運営を確保するための助成と規制を盛り込むことに
よって、児童の福祉の増進に資することが目的となっています。

　虐待で亡くなる子どもを年齢別にみてみると、０歳０か月０日
が最も多いようです。つまり赤ちゃんをトイレなどで生み落とし、
十分なケアが施されずに死に至るというものです。このような悲
劇が起きないように、出産前からリスクを抱えた妊婦に、適切な
支援を継続的に行うことが重要といえます。無念な虐待死を防ぐ
ことにもつながるでしょう（→310頁参照）。

　なお、性犯罪の場合には被害を警察に届け出ることで婦人科の
診察や人工妊娠中絶費用等の医療費が警察の公費負担となる性犯
罪被害者への医療費に係る公費負担制度があります。

●不妊の場合

　子どもを望んでもなかなか授からない場合があります。不妊に
は女性が原因のこともあれば、男性が原因のこともあり、そして
今の医学では原因不明なことも多いようです。不妊治療には原因
に応じた治療が行われますが、保険適用の対象となる治療となら
ない治療があります。検査やタイミング法等、比較的初期の段階
に行われる不妊治療については医療保険の対象になる一方で、人
工授精や体外受精、顕微授精等については対象外です。それぞれ
１回利用するだけでも高額である上、確実に妊娠できるというわ
けでもないので、治療が複数回に及ぶこともあります。肉体的に
も精神的にも経済的にも負担は大きく、治療が急に決まることも
あるので、仕事との両立が難しかったり、投薬管理が大変だった
りという問題もあります。

　経済的な負担については、体外受精及び顕微授精以外の治療法
によっては妊娠の見込みがないか、または極めて少ないと医師に

診断された夫婦で、治療期間の初日における妻の年齢が43歳未満である場合にそれらの治療の費用の一部が助成されます（特定不妊治療費助成事業）。都道府県が実施主体で、その半額を国が補助しています。都道府県や市町村ごとに独自の事業を用意するところもあります。2021年現在、不妊治療について保険適用の範囲に入れるという方向での議論が始まっています。さらには妊娠しても流産や死産を繰り返す不育症という病気もあり、それも保険の対象になるのか、注目されます。

　また、体外受精や顕微授精など生殖補助医療技術は近年進展していて、生まれた子どもの親子関係をどうするかなど、不明確な点も多く、法整備が求められます。

(2)　勤務先への報告

　妊娠がわかったら、パートナー、家族、友達等に順に報告するでしょう。その際にできるだけ早く報告をした方がよいのが勤務先です。これはパートナーが妊娠した場合も同様です。安定期にも入らないうちから職場の全員にオープンにする必要はありませんが、直属の上司にはできるだけ早い段階で報告をし、今後の仕事の配分や引継ぎ等について準備をしていくことが大切です。出産によって一時的ではあれ労働者がいなくなるというのは会社にとっては痛手なので、十分な準備をできるように、また適切な配慮をしてもらえるように、早めに報告しましょう。

●出生前診断

　今では、胎児に先天的な異常がないか、特に染色体の異常や遺伝性疾患の有無を調べることができる出生前診断があります。妊婦の血液を提出するだけで胎児のDNAを調べることができて、ダウン症候群などの染色体の異常がないかを検査できる新型出生前診断もあります。

　もっとも、これらの出生前診断によってすべての障害がわかるわけではありませんし、結果によっては妊娠中絶を選択すること

も視野に入るのであれば、「命の選別」という難しい問題にもかかわることになります。

　出生前診断を受けるかについては、専門家からしっかりカウンセリングを受けた上で、受けるのであればそれは何のためなのかなど、前もってパートナーや家族とじっくり相談しておくことが極めて重要であると考えます。

(3)　母健管理カード

　個人差が大きいですが、妊娠初期にはつわりに悩まされるケースも多いです。すっぱいものが無性に食べたくなったり、ごはんの湯気にムカムカしたり、身体がだるくて起き上がれなかったり、人によって症状は千差万別……。働きながらつわりに耐えることはより一層大変です。

　そのため、つわりの症状等に応じて、医師から妊娠中には通勤緩和をするように、あるいは休憩時間を延長してもらうようにと指導を受けることがあります。その場合には医師からの指導内容を、会社に申し出て通勤緩和等の措置を講じてもらう必要があります（均等法13条）。医師からの指導事項をきちんと会社に伝えられるように母性健康管理指導事項連絡カード（以下、母健管理カードといいます）があります。医師から母健管理カードに指導事項を記入してもらって、会社に提出し、措置を講じてもらいましょう。

(4)　労働法上の地位

　特に医師からの指導がない場合でも、妊婦は時間外労働や休日労働、深夜労働を免除してもらうように会社に請求できますし（労基法66条）、他の軽易な業務に転換するよう請求することもできます（65条3項）。

　さらに労働者としての身分にかかわる規定を確認すると、均等法では女性労働者が妊娠または出産したことを退職理由として予定する定めを置くことを禁じています（均等法9条1項）し、妊娠、

出産、産休の請求・取得、その他妊娠・出産に関する事由を理由として解雇するなどの不利益取扱いも禁止されています（同条3項）。育介法では育休の申出や取得を理由とする解雇その他の取扱いが禁止されます（育介法10条）。正社員からパートへと契約内容の変更を強要することは不利益取扱いの一例です。

妊娠中や産後1年未満の女性の解雇は、事業主がその解雇が妊娠・出産に関する事由を理由とするものでないことを立証しない限り、原則として無効になります（均等法9条4項）。特に産休中とその後の30日については、労基法によって解雇してはならないと規制されています（労基法19条1項）。

また、事業主には、上司や同僚が妊娠・出産あるいは産休や育休の取得に関してハラスメントをしないように防止措置をとる義務が課されています（均等法11条の3、育介法25条）。いわゆるマタハラ（マタニティ・ハラスメント）やパタハラ（パタニティ・ハラスメント）が起きて職場環境が害されることのないように、事業主としては意識啓発のための研修を企画したり、ハラスメントに関する相談窓口を設置したりすることが重要です。そして、労働者から相談があった場合には迅速に対応できるように体制を整備するなどして雇用管理上の措置を講じる必要があります。

マタハラやパタハラを受けた場合には、まずは社内の相談窓口に相談しましょう。あまりうまくいかない場合には、近くの労働局の雇用環境均等室に相談しましょう。労働局長から援助（助言・指導・勧告）を受けられる他、公平・中立な第三者に調停してもらうこともできます（均等法16条・17条・18条、育介法52条の3・4・5）。

(5) 出産に向けた計画づくり

出産に向けた計画を立てる上では、女性としてはいつまで働き、いつまで休むかを考えるのが重要です。男性も育休をとるかを検討しましょう。

女性の場合には出産予定日を起点に産休と育休があるので、そ

の予定を立てます。産休については産前休業と産後休業があり、産前休業は、出産予定日の6週間前（双子以上の場合は14週前）から請求すれば取得できます（労基法65条1項）。労働者の請求が必要なので取得したい場合には請求を忘れないでください。産休は労働者の権利ですので、請求をためらう必要はありません。これに対して、産後休業は出産日の翌日から8週間です（同条2項）。こちらはたとえ本人が休みたくないといっても休まなければいけません。個人差が大きいですが、出産は肉体的にも精神的にも大きな負荷がかかるからです。もっとも、産後6週間を経過した後には、本人が請求し、医師が支障ないと認めれば就業できるようになります。産休を取得した後ですぐに仕事復帰をするか、それとも育休をとるのかも検討しましょう。

　育休は1歳に満たない子を養育するために希望する期間、取得できるもので育児介護休業法に基づきます。育休については産休とは異なり、男性も出産予定日から取得できますが、男性の育休取得率は低いという問題があります。

　男性の取得率を上げるためにできたのがパパ・ママ育休プラスです。これは、両親がともに育児休業を取得する場合に1歳2か月まで育休を取得できるというものです。ママが産休（8週間）を取得後、半年間育休を取得して、その後、パパが半年間、育休を取得することを奨励しています。この場合、後で詳しくみる通り、ママもパパも育休中は雇用保険から賃金の67％に相当する育児休業給付金が支給されます（→127頁参照）。通常では1歳までの育休を、パパ・ママ育休プラスを利用することで1歳2か月までに延ばすことができます。また、通常、育児休業の取得は原則1回までですが、パパが、子どもが生まれて8週間以内に育児休業を取得した場合には、特別の事情がなくても再度育児休業を取得できます。パパ休暇といわれています。

　これらの対策が講じられてはいるものの、男性の育休取得率は

依然低く、2019年度には7.48％です（ちなみに女性は83％）。男性が育児休業を取得したとしても、数日や数週間程度……。2020年度からは子どもが生まれた男性の国家公務員に対して１か月以上の育児休業・休暇の取得を促す制度が始まりました。また、民間企業についても、育休の取得を社員に個別に働きかけることを義務づける方向で法改正が2021年に行われました。具体的には子の出生後８週間以内に２回に分けて計４週間を休業し、希望があれば一部の就労も認める出生時育児休業制度を新設することや、従来からの制度も含め各制度を労働者が利用しやすくなるように企業が職場環境を整備すること、そして本人や配偶者の妊娠・出産を申出した労働者には企業が各制度を個別に周知して取得に向けた働きかけを行うこと等の内容が盛り込まれました。いかに男性も主体的に育児にかかわっていくかが重要な課題です。

　育休は原則として子どもが１歳になるまでの１年間ですが、待機児童問題に直面して保育所への入所が叶わない等の事情がある場合には例外的に１歳６か月まで、さらに１歳６か月の段階でも保育所がみつからない場合には２歳まで延長することができます。公務員では３歳まで育休を取得できます。

●くるみん認定

　育児にやさしい企業は、既に就活のところで紹介した通り（→35頁参照）、次世代育成支援対策推進法に基づいてくるみんマークやプラチナくるみんマークの認定を受けられます。

　企業は妊娠・出産を機に退職する労働者数や育児休業の男女別の利用者数、利用期間など、自社の現状や労働者のニーズを把握した上で、目標を設定します。そしてその目標を達成するために具体的に取り組む内容や実施時期を一般事業主行動計画に定めます。行動計画を公表し労働者に周知を図るとともに、労働局の雇用環境均等室にも届出します。こうした一般事業主行動計画の策定、公表、労働者への周知と労働局への届出は、100人を超える

企業では義務化されていますし、100人以下の企業でも努力義務です。

　その上で、行動計画に記載した目標を達成するために企業は具体的な取組みを行います。そして、行動計画に定めた目標を達成するなど、一定の要件を満たした場合には、子育てサポート企業として厚生労働大臣（都道府県労働局長に委任）からくるみん認定を受けることができます。くるみん認定企業のうち、より高い水準の取組みを行った企業は、優良な子育てサポート企業として特例認定（プラチナくるみん認定）を受けられます。認定を受けると、認定マークを自社の商品や広告、求人広告などに付けてPRが可能です。

　赤ちゃんが大事に優しく包まれるおくるみと、会社ぐるみで仕事と子育ての両立支援に取り組むという意味が込められて、「くるみん」という愛称が付けられています。

●男性の育休

　またまた私事で恐縮ですが、うちの夫は第1子である娘について7か月にわたって育休を取得しました。2013年当時、男性がというのもそうですし、半年以上というのも相当珍しい事例だったと思います。おかげさまで娘は基本的に元気に成長中ですが、夫の育休取得中に1回だけ入院をしました。そのときには、日中は夫が、夜は私が娘に付き添い、夫が育休をとってくれていたので本当に助かりました。育休によって娘と1対1の時間を長く持ったことでより積極的に育児にかかわるようになった気がします。育休自体もそうですが、それ以上に育休取得後の育児分担を考える上で育休をとってくれたことの意味は大きかったように思います。

　その一方で、我が家では第2子の息子のときには夫も私も育休はとりませんでした。育休をとらなくてもあたたかく息子を受け入れてくださった保育所があったからこそで感謝しかありませんが、よく思うのは育休というフェーズは長く続く子育てのはじめ

の数頁に過ぎないということです。その後も育児は続きます。そうであるとすれば、やはり育児と仕事を両立できる環境の整備が非常に重要です。保育所等の整備はもちろん必要ですが、保育所等は具合の悪い子どもを預かってはくれません。病児保育等の環境整備がいかに重要か、毎日仕事と子育てに悪戦苦闘する中で強く感じています。

(6) 経済的な視点

　パパ・ママ育休プラスのところで少し触れましたが、産休や育休についての計画を立てる上では休業中の経済的な基盤は気になるところです。本当は育休を取得したいけれど経済的に厳しくなるのが嫌だから取得しないという話もよく聞きます。そこでここでは産休・育休中の経済的な基盤について概観しましょう。

　まず産休中は健康保険から出産手当金として１日につき標準報酬月額の３分の２相当額が支給されます（健保法102条）。そのため、健保組合や協会けんぽに問い合わせましょう。たまに産休中でも賃金が支払われる会社もありますが、その場合には出産手当金は支給されません。出産手当金は賃金に代わって生活を支えるものといえます。

　続いて、育休中は既に述べた通り、雇用保険から育児休業給付金が支給されます（雇用法61条の６）。最近の雇用保険法改正で、失業等給付から独立し、育児休業給付の章が新設され、位置づけに変化がありました。これにより育児休業給付の保険料率が1000分の４と設定される（徴収法12条６項）とともに、徴収した保険料の使途が明確になりました。育児休業給付金としては最初の６か月は休業開始前の賃金の67％が、６か月経過後からは50％が支給されるので、最寄りのハローワークに問い合わせましょう。

　経済的な観点で考えると、入ってくる収入の話だけでなく、支出を減らすことも大事です。その点では、産休・育休中の社会保

険料免除という制度があります。働き始めたときからずっと負担し続けてきた健保と厚生年金の保険料について、産休中と育休中は会社から申出をすることによって被保険者本人分・事業主負担分ともに免除されます（健保法159条・159条の3、厚年法81条の2・2の2）。保険料の負担を免除されても、健保の保険証はこれまで通り使えますし、厚生年金についても免除された期間の保険料は支払われたものとカウントされ、将来の年金額に反映されます。これに対して雇用保険の保険料は会社から賃金が支払われない以上、そもそも負担する必要はありません。

　このような経済的な基盤も考慮した上で、産休だけにするか、男性を含め育休を取得するかの計画を立てましょう。

●第1号被保険者と出産

　国民年金の第1号被保険者が出産する場合にはどうなるでしょう。従来、社会保険とは異なり、国民年金では保険料免除の仕組みはありませんでした。しかし、次世代育成支援のために、2019（平成31）年4月から国民年金について保険料免除の仕組みが設けられました（国年法88条の2）。出産予定日または出産日が属する月の前月から4か月間、免除されます。この場合も保険料は納付されたと取り扱われるので、将来受け取れる年金額が減ることはありません。その財源として、国民年金の保険料が月額100円程度引き上げられました。

　もっとも、役所に出産の届出をすれば当然に保険料が免除されるわけではないので、役所や年金事務所に免除の申請をするのを忘れないようにしましょう。

　他方で、国民健康保険については保険料免除の仕組みが整備されていません。後述の出産育児一時金は国民健康保険からも受けられますが、出産手当金は必ず受けられるわけではありません。

(7)　保　活

妊娠がわかったら、できるだけ早く始めたほうがよいのが生ま

れた子どもを預ける保育所等を探す活動、いわゆる保活です。住んでいる市町村によって状況はまちまちですが、都心部では依然、待機児童問題が深刻であり、子どもを預ける場所がすぐにはみつからないケースが多いです。妊娠の週数が進むと大きなおなかを抱えての移動になるので大変ですし、赤ちゃんが生まれた後には慣れない育児に追われることになるのでこれまた大変……。身体的にも時間的にも余裕のある早いうちから、保活をスタートすることをオススメします。

保活をスタートするにあたって一番にすべきことは、住んでいる市町村の保育事情はどうなっているのか、役所の保育を担当する部署（保育課や子ども支援課等）に聞きに行くことです。先輩ママのブログ等も役に立ちますが、住んでいる地域に関する最新の保育に関する情報を持っているのは役所です。また、当然のことながら、市町村ごとに保育事情は全然異なるので、他の市町村の情報は役に立ちません。自分の住む地域の市町村に問い合わせましょう。市町村によっては、事前に保育所等の見学に行っていないとそもそもの応募ができないなどのルールのところもあるので、自分の住む市町村のルールがどうなっているか、できるだけ早い段階で把握しましょう。

(8) 出産に向けて

どんどんおなかが大きくなり、胎動が感じられるようになると出産が近づいていることを実感します。階段の上り下りや歩くことすらつらくなったり、仰向けでは眠れなくなったり、出産が楽しみではあるものの、大丈夫かなと不安もつきまといます。

場合によっては、産休期間に入る前から切迫早産と診断されるなどして入院を余儀なくされることや自宅での絶対安静を命じられることもあるかもしれません。このような場合には仕事を続けることが難しくなるので、医師に先ほど説明した母健管理カード（→122頁参照）に記入してもらった上で、会社に提出し、休業の

措置を講じてもらいましょう。休業になると賃金は支払われないかもしれませんが、健康保険から傷病手当金を受けられるので（→71頁参照）、健保組合や協会けんぽに連絡しましょう。

(9) 産　休

切迫早産などの事情で既に休業していた場合であっても、予定日の6週間前からは産前休業に切り替わります。そうすると、健康保険から支給される給付も傷病手当金から出産手当金へと切り替わります。いずれも標準報酬月額の3分の2相当額です。賃金が払われる会社では傷病手当金や出産手当金は支給されないことは既に述べた通りです。

また、既に述べた通り、産休中の解雇は労基法で禁止されている（労基法19条1項）ので、安心して子どもを産むことができます。

3　子どもが生まれたら

そして待ちに待った出産。37週から41週6日までの出産を正期産といい、妊娠22週～37週未満での出産を早産、妊娠42週以降での出産を過期産といいます。自然に陣痛が始まってお産になる場合もあれば、最初から帝王切開を予定して計画的に始まる場合もあるでしょう。ときには緊急帝王切開になる場合もあります。

(1) 産科医療補償制度

出産と一言にいってもその状況は千差万別ですが、母子ともに健康で安全・安心なお産というのは共通の願いです。もっとも、お産では何が起きるかわかりません。お産に関連して赤ちゃんが重度脳性まひを発症する場合もあって、そのときのために産科医療補償制度があります。対象となる赤ちゃんと家族の経済的負担を補償し、原因分析を行うことで同じような事例の再発防止に資する情報を提供するとともに、紛争の防止・早期解決および産科医療の質の向上を図ることを目的としています。これは病院や助産院といった分娩を扱う医療機関が加入するもので、医療機関が

掛金を支払います。満1歳の誕生日から満5歳の誕生日まで申請することができ、補償対象となると準備一時金と補償分割金をあわせて総額3000万円が支払われます。

(2) 出産育児一時金

既に述べた通り、出産は病気ではないので、出産に伴い、健保の被保険者が入院しても原則として療養の給付を受けることはできません。もっとも、帝王切開等、医療措置が必要な場合には、例外的に対象になります。

他方で、出産それ自体にはかなりのお金がかかります。地域や医療機関にもよりますが、全国平均で約50万円前後、東京都平均で約62万円となっています。こうした負担を和らげるため、健康保険には出産育児一時金の仕組みがあります（健保法101条）。赤ちゃんひとりにつき42万円（産科医療補償制度加算対象出産でない場合は40万4000円）が支給されます。

通常、医療機関の窓口ではいったん全額を自己負担した上で、健保組合や協会けんぽに対して出産育児一時金を請求することになりますが、直接支払制度を導入している医療機関であればそれを利用できます。この制度を利用すれば、医療機関の窓口で支払う額を、出産育児一時金を上回る額だけに抑えることができます。その上で、医療機関に対して保険者から直接出産育児一時金が支払われます。

なお、扶養する妻（被扶養者）が出産する場合には、健康保険から家族出産育児一時金が支給されます（114条）。

(3) 就業の禁止

出産は母親にとって大仕事ですので、元気と思っていても体は思いの外、疲れています。さらに、慣れない育児がスタートし、赤ちゃんはかわいいけれど、泣いてばかりでどう扱えばよいかがわからない、お産の傷は痛む、自分の時間がとれない、まとまった睡眠時間が確保できないなどなど、産後という時期が女性にと

って大変な時期であることは疑いをはさむ余地はないでしょう。パートナーや親など、育児を一緒に担ってくれる人がいればよいけれど、ひとりで窮地に追い込まれることも多いです。産後うつにならないように助産師などにSOSを出して相談していくことが大切です。

このように産後は身体も心も疲れ果てる可能性があるので、就業することは禁止されています（労基法65条2項）。原則として8週間はたとえ労働者が働きたいといったとしても働かせることはできません。ただし、6週間を経過して労働者が請求し、医師も支障がないと認めた業務であれば、例外的に働かせることができます。既にみた通り（→122頁参照）、産休中とその後30日は労基法にて解雇が制限されています（19条1項）。

4　子どもを育てていく中で

(1)　出生届

出産した後には授乳をしたり、オムツを変えたり、沐浴させたり、やるべきことは山ほどありますが、なかでも大切なのが赤ちゃんの名前を決めて、出生届を役所に提出することです。出産日を含め14日以内に出生証明書を添えて届け出る必要があります（戸籍法49条1項）。誰が届出したかは戸籍に掲載されます。

(2)　医療保険への届出

また、名前が決まったら、赤ちゃんが医療機関で治療を受けられるように、正確にいえば保険給付を得られるように、被扶養者としての保険証を準備することも大事です。自分かパートナーか、所得の高い方の扶養に入れましょう（健康保険被扶養者異動届）。

赤ちゃんや幼児の段階で保険診療を受けた場合の一部負担金は2割で、小学校に上がると3割になります（健保法110条2項1号イ・ロ）。

(3) 乳幼児医療費助成制度

　もっとも、この２割（小学生以上では３割）については乳幼児医療費助成制度（福祉医療制度）が用意されています。役所で出生届を提出した際には、乳幼児医療費助成制度への加入手続きをするのを忘れないようにしてください。この受給者証を医療機関に持っていけば、窓口負担を軽減できます。ゼロになる自治体もあれば、１か月に１医療機関につき500円は負担するという自治体もあって、名称や内容はまちまち、それぞれの自治体が決定しています。医療費助成の対象も小学生までのところもあれば中学生までのところもあります。少数ですが、大学生までを対象にするところもあります。これは医療保険に基づく仕組みではなく、それぞれの自治体が設ける仕組みだからです。

(4) 児童手当

　役所に出生届を提出する際にもうひとつ忘れてはいけないのが児童手当の申請です。児童手当は、児童手当法に基づいて家庭等における生活の安定に寄与するとともに、児童の健やかな成長に資するために支給されます（児手法１条）。中学校卒業までの児童を養育している人に対して支給されます（４条）。申請が遅れると原則として遅れた月の児童手当は支給されないので、出生届を提出するときに一緒に請求することが重要です。

　児童手当は、夫婦のうち所得が高い方に支給され、所得制限があります。もっとも、現状では夫婦の所得を合算する必要はありません。所得制限にかかる場合でも一定の場合には特例給付として月額5000円が支給されますが、2021年の法改正により2022年10月の支給分から廃止となりました。

　１人当たりの額は３歳未満の場合には一律１万5000円、３歳以上小学校修了までは１万円（第３子以降は１万5000円）、中学生には一律１万円です。児童手当を受けるには、認定申請書にて申請し市町村に認定してもらう必要があります。毎年、児童手当を受け

る要件（監護、生計同一等）を満たしているかを確認するため、6月には現況届を提出しなければなりません。公務員の場合には役所ではなく、勤務先から児童手当が支給されます。

　子育てを社会全体で支えるために子ども・子育て支援制度が整備されていますが、児童手当は、この制度の中の子どものための現金給付として位置づけられています。

(5)　健診等事業

　赤ちゃんが生まれて1か月の段階で1か月健診があります。退院後、赤ちゃんにとってはお宮参りと合わせて初めてのお出かけになることも多いでしょう。お母さんは産科で（産後うつになっていないかを検査する等の目的で産後2週間健診が行われる場合もあります）、赤ちゃんは小児科で、それぞれ健診を受けます。

　市町村では、こんにちは赤ちゃん事業（法律上は乳児家庭全戸訪問事業）も行います（児福法6条の3第4項・21条の10の2）。生後4か月までの乳児がいるすべての家庭を市町村の保健師や助産師が訪ね、育児に関する不安や悩みを聞いたり、子育て支援に関する情報を提供したりするものです。また、育児ストレス、産後うつ病、育児ノイローゼなどの問題によって、子育てに対して不安や孤立感を抱える家庭には、育児支援や家事援助等を行うサービスもあります。

　その後も、赤ちゃんには4か月児健診、10か月児健診、1歳6か月児健診、3歳児健診などが予定されています。これらは市町村が実施し、なかでも1歳6か月児健診と3歳児健診は母子保健法にて実施が義務づけられています（母子保健法12条1項1号・2号）。健診では、赤ちゃんの体重や身長を測定し、成長曲線に沿った成長がみられているのかを確認しますし、育児についての悩みを相談したりできます。

　健診は、役所の保健師や栄養士、歯科衛生士等が対応します。健診で異常が見つかった場合には、専門医等にかかって精密検査

を受けることが重要です。また、健診の便りが役所から送られてきても、一切行かないような場合には育児を放棄していると考えられてしまう可能性があります。健診というのは児童虐待がないかを確認するひとつのメルクマールとしても機能しています。赤ちゃんの成長を確認し、子育てサークルなどの社会的な資源ともつながる重要な場ですので、健診には行きましょう。

予防接種についても月齢、年齢に応じて、市町村から補助券が配布されるので、母子手帳を持って医療機関等にて接種しましょう。

(6) 育 休

既に述べた通り、産後8週間で産休は終了します。そこで職場復帰する場合もあれば、育休に切り替える場合もあるでしょう。育休をとる場合には、雇用保険から育児休業給付金が支給されます。育児休業は子どもが1歳になる誕生日の前日までが基本で、保育所に入所できない等の理由で1歳6か月まで、さらに最長で2歳まで延長できます。保育所に入所できない場合には、市町村から入所不承諾に関する通知書が送られてくるので、これを会社に提出すると育休の延長が認められます。入所不承諾通知書は、ハローワークにて育児休業給付を延長する手続きにも必要です。

育休の取得を理由に解雇等の不利益取扱いをすることは育介法にて禁止されています（育介法10条）。

5　職場復帰に向けて

産休後すぐに、あるいは育休を取得または延長した後に、復職する場合にはどのような制度を利用できるでしょうか。

(1) 保育所等

復職にあたっては子どもを安心して預けられるところが必要で、保育所や認定こども園等を探す必要があります。どの施設に預けるかによって、どこに手続きをするかが変わってきます。さきほ

ど少し述べた保活について詳しくみてみましょう。

　⑺　**概要**　　考えられるのは役所に申請するものと、それぞれの施設に申請するものです。後者は認可外とか無認可といわれるものです。認可外・無認可であっても保育所等を設置するには知事への届出が必要で（児福法59条の２）、報告聴取や立入り調査、改善勧告などの一定の規制を受けています（59条）。企業主導型保育所や東京都が独自の基準を定めて認証する認証保育所も認可外のひとつなので、入所したい場合にはそれぞれの施設に問い合わせて入所の申込みをします。

　これに対して、役所への申請が必要なのが保育所や認定こども園等です。保育所は児童福祉法に基づく施設で、市町村が運営する公立保育所と社会福祉法人などが都道府県の認可を受けた上で運営するいわゆる認可保育所があります。認定こども園は、就学前の子どもに関する教育、保育等の総合的な提供の推進に関する法律に基づくもので、保育機能と幼児教育機能を兼ね備えた施設です。認定こども園には、幼保連携型、幼稚園型、保育所型、地域裁量型という４つのタイプがあります。保育所は厚生労働省が管轄するのに対して、認定こども園は内閣府が管轄しています。

　認可保育所や認定こども園は民間の事業者が主体となって運営するもので、今では公立保育所を廃止して、民営化を推進している地域もあります。これらは国が定める広さ（面積）、設備や保育士等の職員数、保育内容、衛生管理等の設置基準を満たしたからこそ、知事の認可や認定を受けています（児福法34条の15第２項・３項・５項・35条４項～８項）。また、子育て支援法に基づく特定教育・保育施設あるいは特定地域型保育事業者としての確認も市町村長から受けています（子育て支援法31条・43条）。これらの施設は、設備および運営の基準を遵守する（児福法45条・34条の16）とともに、運営基準に従ったサービスを提供することが義務づけられています（子育て支援法34条・46条）。

市町村長は、報告徴収、立入検査、勧告・命令、確認の取消し等ができます（38条以下・50条以下）。また、児童福祉法でも行政監督が規定され、保育所については知事が、以下でみる家庭的保育事業等については市町村長がそれぞれ監督を行い（児福法46条・34条の17）、命令や処分に違反したときは認可を取り消します（58条）。

　その他にも、地域型保育として、小規模保育所や事業所内保育、家庭的保育（いわゆる保育ママ）、居宅訪問型保育があります。これらは20人以上の子どもを受け入れる保育所に比べて、少人数の単位で子どもを受け入れるもので、待機児童問題が深刻な0〜2歳の子どもを対象に保育する事業です。

　住んでいる地域によってどのような施設があるかは大きく異なるので、役所に行って、どのような施設があるかを調べてみましょう。

●幼稚園

　3歳以降であれば保育所や認定こども園ばかりでなく、幼稚園も選択肢になります。幼稚園は学校教育法に基づくもので、文部科学省が管轄します。就学前の教育が目的なので、親が就労している必要はありません。その点で、保育を目的とする保育所とは違いがあります。最近では延長保育を設ける幼稚園も増えているので、共働きの家庭が子どもを幼稚園に入れるケースもあるようです。もっとも、お弁当が必要とか、夏休みや冬休みの期間が長いので別途預け先を確保しなければならないなどの課題があります。

　(イ)　**入所に向けた流れ**　　色々な施設等を調べて、どこに入所させたいかが決まったら、市町村に対して支給認定の申請と保育施設への入園申込みを行います。4月から入所させたい場合には通常、秋に申込み受付期間が集中的に設けられます。その他の月にも申し込むことはできますが、地域によっては空きがないところもあります。

まず前者の支給認定の申請に対しては、就労など「保育を必要とする事由」があり、保育所等の利用が必要であることを市町村長に認定してもらう必要があります。具体的には、給付を受ける資格・区分・利用できる時間等が認定の対象となります。そのため、会社に就労証明書を作成してもらいます。これらをもとに市町村は保育の必要量を認定します（子育て支援法20条3項）。フルタイム就労では通常、保育標準時間として11時間まで、パートタイム就労では通常、保育短時間の8時間までの保育が必要と認定されます。子どもの年齢と家庭において必要な保育を受けられるかによって、以下の3つの資格が用意されています（19条1項）。

1号認定：満3歳以上
　　　　　家庭において必要な保育を受けることが困難ではないもの
2号認定：満3歳以上
　　　　　家庭において必要な保育を受けることが困難であるもの
3号認定：満3歳未満
　　　　　家庭において必要な保育を受けることが困難であるもの

　市町村が支給認定をした場合は、その結果を保護者に通知し、支給認定証が交付されます（20条4項）。しかし、認定証が交付されたからといって安心することはできません。まだまだ利用調整されて、待機児童になる可能性もあるからです。重要なのは支給認定を申請するときに同時に行った保育施設の入園申込みに対して承諾をもらうことです。

　それぞれの市町村によって違いはありますが、複数の施設を第1希望から順に列挙した上で、申込みを行います。都心部など、保育の需要に応ずるには足りるだけの保育所等がない場合には、市町村は、保護者の希望や施設の利用状況、保育の必要性等の事情を踏まえて、保護者と保育所等との間で利用調整を行います（児福法24条3項）。先着順や抽選によって入所できるかが決まる

のではなく、保育の必要性等が細かく審査された上で決定されます。審査基準を明確にしている自治体もあれば、そうでない自治体もあります。

　利用調整の結果、入園できる施設が決まれば入所承諾通知書が送られ、保育所への入所が内定します。このように保育所への入所は、入園の申込みと承諾を前提としており、契約関係に基づきます。公立保育所や私立の認可保育所の場合には市町村と契約をし、私立の認可保育所の場合には市町村から私立の認可保育所に保育業務の委託がされると整理されます。これに対して、認定こども園や地域型保育の場合には、保護者がそれぞれの保育施設と直接契約を締結します。

　保育に関する契約が締結されるとようやく保育サービスを受けられます。子ども・子育て支援制度ではこれらの施設を利用することが子どものための教育・保育給付と位置づけられていて、市町村から給付費を受けることができます。どの施設を利用するかによって支給される給付が異なり、保育所や認定こども園の場合には施設型給付費（子育て支援法27条）が、小規模保育所等では地域型保育給付費となります（29条）。保護者が給付費を受けるという仕組みですが、実際には各施設が代理受領しています（27条5項・6項・29条5項・6項）。そして、給付費以外の費用については、保護者が利用者負担分を支払います。所得に応じて額が決まる応能負担です。この応能負担については、2019年10月から無償化されましたが、0-2歳の場合には住民税の非課税世帯以外は払う必要があります。2号認定にあたる3歳以降では全世帯で無償化されています。ただし、無償化の対象は利用料なので食材費や行事費等はこれまで通り保護者負担が原則です。

　冒頭で述べた認可外の施設でも、市町村による認定を受けることによって、利用料の全部または一部の無償化が図られています。

●保育所の民営化と訴訟

　既に述べた通り、保育所については公立保育所を民営化する動きがみられます。行政サービスの向上や経費削減のため、民間活力の活用が積極的に進められています。背景には、公立保育所の場合には設置者である市町村が全額を負担するのに対して、民営化すれば、都道府県が4分の1を、国が2分の1を負担してくれるという事情があるようです。

　公立保育所を民営化するにあたってはそれぞれの市町村で公立保育所を廃止する条例を制定することになります。民営化されると、保育所の運営母体が変わるため、保育所の先生たちも入れ替わることが多いです。慣れ親しんだ先生たちがいなくなってしまうと子どもたちが不安定になるのではないかなど、子どもを心配する保護者は多いです。また、民営化によって運営が不安定にならないか、ベテランの保育士がいなくて保育の質が保たれるか心配といった声もあります。

　そこで、不安を持つ入所児童の保護者が訴訟を提起することで民営化の是非が裁判所で争われる事案がいくつかあります。訴訟形態としては、公立保育所を廃止するという内容の条例を制定する行為を「処分」と捉えた上で、行政事件訴訟法に基づき、条例制定処分の取消しを求める訴えとなります。最高裁は、条例の施行によって保育所廃止の効果が発生し、現に入所中の児童および保護者という限られた特定の者らに対して、直接、保育を受けることを期待し得る法的地位を奪う結果を生じさせるものであるから、条例の制定行為は、行政庁の処分と同視し得るとしました。ただし、最高裁にて争われた事案では既に児童が卒園してしまっていたことから、訴えの利益が認められないとして請求は却下されました。その他の事案では、訴えの利益が否定されなくても公立保育所を廃止するか否かの決定については、市町村に広範な裁量があるため、棄却する裁判例が多いのが現状といえます。

(2) 復帰

子どもを保育所等に預けられたらいよいよ職場復帰です。

㋐ 不利益取扱いの禁止　繰返しになりますが、産後1年未満の女性を解雇することは原則として無効です（均等法9条4項）し、産休や育休の取得を理由にする不利益取扱いも法律で禁止されています（9条3項、育介法10条）。不安に思うことがあれば労働局の雇用環境均等室に相談してください。

㋑ 育児時間と時間外労働等免除　復帰のタイミングによってはまだ授乳をしている場合もあるでしょう。そこで、生後1年に満たない子を育てる女性は、事業主に対して、1日2回少なくとも30分ずつの育児時間を請求できます（労基法67条）。さらに、産後1年以内の女性は、妊娠中と同様に時間外労働や休日労働等の免除を請求できます（64条の3・66条）。

㋒ 時短　慣れない育児と久しぶりの仕事。それを両立するのは大変なので、仕事については短時間勤務を希望することができます。事業主は3歳未満の子を養育する者に対しては短時間勤務制度（原則6時間）を設けることが育児介護休業法にて義務づけられています（育介法23条）。

短時間勤務をする場合、その分、賃金が低下する可能性があります。会社によっては低下しないところもありますが、働く時間が少ない分、賃金も減る会社が多いようです。既に述べた通り、厚生年金や健康保険の保険料については、標準報酬月額の仕組みがとられ、9月から新しい標準報酬月額となり、それが1年続くという話でした（→51頁参照）。いったん決まった標準報酬月額は、そう簡単には変更できません。しかし、短時間勤務の結果、賃金が下がっても変更できないとしてしまうと、収入に比して高めの保険料を負担しなければいけないことになり、出産や育児に消極的に働きかねません。

そうならないように、短時間勤務をしたり、残業がなくなった

りしたことに伴って、子どもが3歳までの間に賃金がダウンした場合には標準報酬月額を変更できるようにして、保険料負担を軽減しています（育児休業等終了時報酬月額変更届、健保法43条の2、厚年法23条の2）。

　加えて、本来、年金の給付は、負担した保険料に相応するので、標準報酬月額が下がれば、将来の給付も下がることになりそうです。しかし、子どもが3歳になるまでは出産前の高い方の賃金を基準にすることで、将来の年金額は下がらずに済むとされています（養育期間標準報酬月額特例申出書、厚年法26条）。

　いずれの制度を利用したい場合でも、申出する必要があるので、忘れないでください。その他にも育児介護休業法では、子どもを養育している場合について、所定労働時間を超えての労働や時間外労働、深夜業についての制限を設けています（育介法16条の8・17条・19条）。

6　仕事と育児を両立するには

　子育てをしながら働くことは、保育所等に子どもを預けられていればなんとか実現できます。しかし、問題はいつでも保育所等に預けられるとは限らないということです。「37.5℃の涙」という漫画がドラマ化されたこともありましたが、保育所等は集団生活ですので、熱が37.5℃あるいは38℃以上ある場合には預かってくれません。特に保育所等に入所したばかりの頃は慣れない集団生活で体調を崩しやすいものです。そんな場合には、誰かが子どもの面倒をみなければなりません。

(1)　子の看護休暇

　小学校に入学する前の子どもを養育する場合には、子の看護休暇を取得できます。年次有給休暇（いわゆる年休）とは別に、1年につき子どもが1人なら5日まで、2人以上なら10日まで、1日あるいは半日単位で取得できます（育介法16条の2・3）。2021年1

月1日からは時間単位での取得もできるようになりました。子の看護休暇を取得した場合に給与が支払われるかは会社の規定次第で、無給の会社が多いのが現状です。

(2) 病児保育・病後児保育等

　子の看護休暇を取得できればよいですが、使い果たしてしまったり、どうしても休めない会議等があったり、祖父母に頼ることもできなかったり……。そんなときに頼れる味方になるのが病児保育の仕組みです（児福法6条の3第13項・21条の9）。親に代わって病気の子どもの世話をしてくれるもので、医療機関に併設されるところが多いです。保育士だけでなく、看護師もいるので安心感があります。また、回復期にある子どもの面倒をみてくれる病後児保育もあります。病児保育や病後児保育の体制が充実しているかは働きながら子どもを育てる上でとても重要なことなので、お住まいの市町村がどのような仕組みを揃えているか確認しておくとよいでしょう。

　市町村によっては育児をサポートするファミリーサポーターとつなぐファミリーサポートの仕組みがあるところもあるので、調べてみましょう（子育て支援法59条、地域子ども・子育て支援事業）。

　また、病児や病後児を自宅で世話してくれるスタッフを派遣する企業やNPOも増えています。さきほど述べた「37.5℃の涙」は病児保育士を主人公にした実話に基づく物語です。日本では諸外国に比べてベビーシッターの文化があまり根強いわけではありませんが、育児と仕事の両立を考える上では大事な選択肢のひとつといえます。もっとも、ベビーシッターによる性被害という問題も発生しているので、密室になりがちなベビーシッターによる保育については、保育の質をいかに担保するかが課題といえるでしょう。

(3) 小1の壁と学童保育

　子どもが小さいうちは保育所等が手取り足取り面倒をみてくれ

ます。これに対して小学校に就学するときに立ちはだかるのがいわゆる小１の壁。子どもは小学校へ行き、放課後には学童や児童センターなどと呼ばれるところ（以下、まとめて学童といいます）に通うことになります。小さい頃とは違って時短勤務をとれない会社が多いですし、学童の仕組みはあっても、保育所等に比べると早く閉まったり、夏休みなど学校が休みになると給食がないため、お弁当を毎日作らなければならなくなったり……。はたまた学童に利用を希望しても定員超過で入れない待機児童問題があります。こうした小１の壁が原因で退職するケースや働き方を変えるケースも少なくありません。学童のさらなる拡充が求められます。

　学童は、児童福祉法に基づくもので、放課後児童健全育成事業が正式名称で、各市町村が実施しています（児福法6条の3第2項・34条の8）。共働き家庭など留守家庭の児童に対して、学校の空き教室や児童館、公民館などで、放課後に適切な遊びや生活の場を与えて、その健全な育成を図ることを目的としています。設備や運営に当たっては、国が定めた基準に基づき、それぞれの市町村が条例を制定しています。多くの学童では、保護者から利用料を徴収していて、月額4000円から6000円のところが多いです。多くの場合、減免措置があります。放課後児童支援員が子どもたちの面倒をみてくれます。

●放課後子ども教室

　本文で説明した放課後児童健全育成事業、いわゆる学童とは似て非なるものとして、放課後子ども教室推進事業があります。放課後子ども教室は文部科学省が所管し、すべての子どもが対象です。安全・安心な子どもの居場所を設けて、地域のボランティアの参画を得て、学習やスポーツ・文化活動等を推進します。できるだけ学童と一体的に、あるいは連携して総合的に放課後対策を実施することが推進されています。

　うちの娘が通う学童には、学童登録以外の子どももやってきて

基本的に17時までは一緒に遊んでいます。学童登録のない子は無料で、出席の確認はあるものの不参加の場合の確認はありません。また、保護者との連絡も一般的なお知らせに限られ、夏休みなどの長期期間中には午前も午後も遊びに来ることはできるけれど、昼ご飯についてはいったん自宅に帰って食べる必要があり、学童の子たちのようにお弁当は認められないなどの違いがあります。

●M字カーブ

M字カーブという言葉を聞いたことがありますか。労働している人の率を年齢層別にみてみると、男性ではほぼ台形を描くのに対して、女性では25歳から39歳にかけてくぼみがあって、その後また次第に高まる傾向があり、M字カーブと呼ばれています。1970年のグラフではM字が顕著ですが、その後、くぼみが徐々に右にシフトするとともに、徐々に浅くなって2019年に至ります。つまり、女性が離職する年齢はどんどん上がるとともに、離職せずに就業を継続する人は増えているといえます。

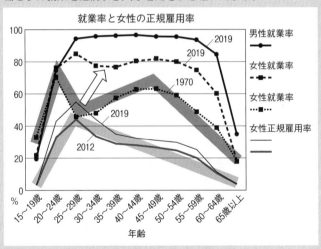

https://www.jil.go.jp/kokunai/statistics/timeseries/html/g0303_03.htmlと
https://www5.cao.go.jp/keizai2/keizai-syakai/future2/chuukan.pdfを元に作成。

1970年に比べればM字カーブは解消傾向にあるといえそうですが、今なお結婚や出産を機にいったん離職し、育児がひと段落してから再び働き出す女性はいます。そして再就職する場合には、時間に融通の利きやすいパートタイムが選ばれる場合が多いです。しかし、パートでは正社員に比べて雇用が安定せず、低賃金にもなりやすいという問題があります（→58頁参照。マザーズハローワーク等については→177頁参照）。女性の正規雇用率は20代後半でピークとなり、出産期以降にどんどん率が低下し、「L字カーブ」といわれています。M字カーブに続いてL字カーブをいかに是正するかが課題です。

　「男は働き、女性が家を守る」という性別役割分業的な考え方が依然強いことがうかがえますし、働きながら育児をする環境がまだ十分には整っていないことを暗に示すようでもあります。正社員をいったん辞めると特別な資格やコネ等がない限り、正規の雇用に就くのは難しいという現実もあります。育児をしながら男性も女性もいかにキャリアをステップアップできるかは今の日本の大きな課題です。正規と非正規の格差を是正するとともに、ライフステージに応じて柔軟な働き方ができるように環境の整備が不可欠です。現状では出産は女性しかできませんが、育児はそんなことはありません。男女ともに育児と仕事を両立しやすい環境や、いったん離職したとしても改めて安定した雇用に就ける環境が一日も早く整うことが望まれます（えるぼしマークについて→35頁参照）。

7　子どもに障害があるかもしれないとき

　現在では医療技術が進歩したことで、昔では救えなかったかもしれない命を救うことができています。その一方で、気管切開や人工呼吸器の装着など、高度な医療的ケアを必要とする子どもは増加しています。寝たきりの重症心身障害を持った子どももいれば、特に知的な遅れはなくて自分で歩くこともできるけれど経管

栄養のチューブをつけて常に医療的ケアが必要な子どももいるなど、子どもたちの状況はさまざまです。

　ここでは、子どもに障害があるかもしれない場合に関連する社会保障制度について概観したいと思います。主として医療の観点と福祉の観点から考察します。

　なお2021年には医療ケア児及びその家族の支援に関する法律が成立しており、支援体制の整備が進むことが望まれます。

(1) 医　療

　生まれた以上、母親とは別の存在になるので、赤ちゃん固有の保険証を作成して、医療を受けることになります。既に勉強した通り、かかった医療費の8割は健康保険の家族療養費で処理されますが、残りの2割についても助成する仕組みがあります。

(ア) 医療費の助成

健康保険の対象にならない2割（小学校就学以降は3割）については医療費助成制度があります（→133頁参照）が、それに優先する仕組みとして養育医療、育成医療としての自立支援医療、小児慢性特定疾病医療費助成、指定難病医療費助成があります。

(a) 養育医療

出生時の体重が2000グラムに満たない未熟児の場合には、母子保健法20条に基づいて養育医療を受けられます。入院して養育をする必要があると医師が認めた乳児（0歳児）が対象です。市町村の窓口に申請してください。審査の上、認められると医療受給者証が交付されます。指定される医療機関で入院治療を受けると、一部負担金の全部または一部が助成されます。

(b) 育成医療としての自立支援医療

身体障害があるときには、障害者総合支援法に基づいて自立支援医療費（育成医療）を受けられます（障総法52条以下）。具体的には体、眼、耳、心臓、腎臓その他の内臓の障害、免疫の機能障害がある児童で、手術などによって確実な治療効果を期待できる人が対象です。例えば、

口蓋裂で形成術をしたり、後天性心疾患のためにペースメーカーを埋め込む手術をしたりする場合の自己負担分が公費で助成されます。市町村が実施するので、希望する場合には市町村の窓口に相談して下さい。

(c) **小児慢性特定疾病医療費助成**　これは児童福祉法に基づくもの（児福法19条の2以下）で、小児がんや慢性腎疾患等の小児慢性特定疾病で、厚労省が定める重症度の場合に対象になります。指定された医療機関（指定小児慢性特定疾患医療機関）で受診をして診断書を書いてもらいましょう。都道府県の窓口（保健福祉担当課や保健所など）に申請すると、小児慢性特定疾病審査会で認定審査が行われ、認定されると医療受給者証が交付されます。決められた医療機関で、認定を受けた疾病についての治療を受けて、一部負担金についての助成が受けられます（2分の1は国負担）。通院費や入院費、薬代だけでなく、医療費助成制度では対象にならない訪問看護費についても対象になりますし、基準を満たせば成長ホルモン治療費も助成されます。

　また、日常生活を営むのに著しく支障のある在宅の小児慢性特定疾病児童に対しては、車いすや歩行支援用具、特殊寝台等の日常生活用具についても一部、自己負担の上、支給されます（日常用具給付事業）。

(d) **指定難病医療費助成**　パーキンソン病やクローン病等、厚労省が定める指定難病で、厚労省が定める重症度であれば、難病法に基づいて特定医療費の支給を受けることができます（難病法5条以下）。都道府県知事が指定する指定医療機関にて難病指定医による診断を受ける必要があります。診断書をもらった上で、必要書類とともに都道府県の窓口（保健福祉担当課や保健所など）に申請すると、指定難病審査会にて審査されます。認定されれば指定難病医療受給者証が交付されるので、それをもって指定された医療機関にて治療を受けます。すると、医療保険の一部負担金に

ついて助成されます。

　小児慢性特定疾病医療費助成と同じく、通院費や入院費、薬代だけでなく、医療費助成制度では対象にならない訪問看護費についても対象になります。

　(イ)　**訪問看護**　　子どもが医療機関に入院しているときは、近くに医者や看護師がいて、困ったことがあればすぐに相談でき、迅速に必要な医療処置をしてもらえます。しかし、退院したらそうはいきません。赤ちゃんの退院は楽しみである反面、なにかあったらどうしようという不安がつきまといます。日常的に医療的ケアをする必要がある場合はなおのことです。

　そういうときに力になるのが訪問看護の仕組みです。定期的に看護師が自宅に来てくれて、健康状態を継続的に観察しながら、点滴や注射などの医療措置や、療養生活についてのアドバイス等をしてくれます。入浴の介助も可能です。通常週３回、１回の訪問時間は30分から１時間半程度です。かかった費用の８割（就学後は７割）は、医療保険の家族訪問看護療養費という形で処理されます。２割あるいは３割の一部負担金については、既に述べた通り、医療費助成制度の対象ではありませんが、小児慢性特定疾病医療費助成制度や指定難病医療費助成制度を活用できます。

　訪問看護を利用したい場合にはまず医師に相談しましょう。医師が自宅の近くの訪問看護ステーションに指示を出し、訪問診療指示書を受けた訪問看護ステーションから看護師が派遣されます。訪問看護は、ケアが必要な子どもに対する医療的ケアを主たる内容としますが、ケアを受けている間、子どもの状態等について相談もできますし、親は休むことができます（レスパイトといいます）。それに医療的ケア児にかかりきりで、置き去りにされかねない兄弟姉妹（きょうだい児と呼ばれることがあるようです）との時間を確保することにも役立ちます。

(2) 福　祉

　次に利用できる福祉サービスについてみてみましょう。

　㋐　**定義と障害者手帳**　　最初に障害児の定義を確認します。児福法4条2項によると身体に障害のある児童、知的障害のある児童、精神に障害のある児童、難病法で定めるものによる障害の程度が厚労大臣の定める程度である児童が障害児です。児童とは満18歳に満たない者（児福法4条1項）を指すので、つまり、原則として身体障害、知的障害、精神障害そして難病等で一定の障害のある満18歳未満の者が障害児です。発達障害も精神障害に含まれます。今では障害者総合支援法を中心にさまざまな福祉サービスが展開されていますが、もともとは障害の種別ごとにサービス体系が異なっていました。

　一定の基準を満たす場合にはいわゆる障害者手帳が発行されます。身体障害の場合には身体障害者手帳（身障法4条・15条）が、知的障害の場合には療育手帳（もっとも、愛の手帳やみどりの手帳など、自治体によって名称はさまざまです）（厚生省の通知に基づくもので、知的障害者福祉法に基づくわけではありません）が、精神障害の場合には精神障害者保健福祉手帳（精福法5条・45条）が交付されます。いずれも都道府県知事が交付するので、まずは市町村の担当窓口に問い合わせましょう。要件にあてはまれば子どもでも障害者手帳を受けられます。

　これらの手帳があると、公共料金や公共交通機関の割引等の生活支援を受けられます。それに、障害者手帳があれば障害者総合支援法の手続きがスムーズにいくことが多いようです。もっとも、障害者手帳の仕組みと障害者総合支援法の仕組みは全く別個の手続きですので、それぞれの手続きをする必要があります。

　㋑　**福祉サービスを受ける流れ**　　障害児が受けられる福祉サービスには、大きく障害者総合支援法に基づく居宅サービス（自宅で受けるサービスのことです）と、児童福祉法に基づく通所サービ

ス（自宅で生活しながら施設等に通って受けるサービスのことです）・施設サービス（施設に入所して受けるサービスのことです）とがあります。いずれも市町村が窓口です。

　障害者総合支援法のサービスを受けるには、障害の特性や心身の状態に応じてどれくらいの支援が必要かを表す障害支援区分の認定を市町村から受ける必要があります（6段階）。

　その上で、児童福祉法の通所サービスも、障害者総合支援法の居宅サービスも、どういうサービスを受けるかについての計画案を作成するように市町村から求められます。保護者が自分で作成してもよいですし（セルフプラン）、相談を専門とする事業者に作成してもらうこともできます。障総法では指定特定相談支援事業者にサービス等利用計画案（居宅サービス）を、児福法では指定障害児相談支援事業者に障害児支援利用計画案（通所サービス）をそれぞれ作成してもらうことができて、それらにかかる費用は制度が負担します。相談支援事業者では相談支援専門員が働いています。介護保険の仕組みでいうところのケアマネに相当する業務をしています。

　出来上がった計画案を市町村に提出すると、市町村はそれを踏まえつつ、子どもの障害の種類・程度、介護者の状況、居住の状況、サービス利用に関する意向等を勘案して、どのようなサービスを支給するか、支給決定をして、障害福祉サービス受給者証を交付します。受給者証には、支給されるサービスの内容だけでなく、支給量も記載され、利用者負担額の上限も記載されます。介護保険の場合には要介護度だけが認定されて、上限の範囲内で、ケアマネがサービスの種類や内容、量を決定していく仕組みだったのに対して、ここでは支給決定の中でサービスの種類や内容、量も決まるという特徴があります。

　支給決定の内容に基づいて、相談支援事業者が実際の利用計画（児福法では障害児支援利用計画、障総法ではサービス等利用計画）を作

成します。保護者は、この利用計画を実施するために、サービスを提供する事業者と契約を締結します。これによってサービスが提供されることとなり、家計の負担能力に応じて受給者証で決められた利用者負担分をサービス事業者に支払います。ここでも代理受領の仕組みになっているので、サービス事業者が、残額を保護者に代わって市町村から受け取ることになります。支給される給付は提供されるサービスの内容次第ですが、障総法では障害福祉サービス等給付費が、児福法では障害児通所給付費が支給されます。

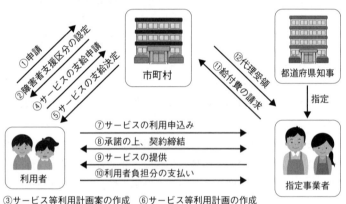

＜障害者総合支援法による自立支援給付方式＞

③サービス等利用計画案の作成　⑥サービス等利用計画の作成
備考：児童福祉法の通所サービスを受ける場合には②がありません。

（ウ）**相談支援**　障害者総合支援法では、指定特定相談支援事業者が行う相談、計画案の作成、サービス業者等との連絡調整、支給決定後のサービス等利用計画の作成についてはサービス利用支援といい、支給決定されたサービス等の利用状況の検証（モニタリング）、サービス事業者等との連絡調整などを継続サービス利用支援といいます。これらの支援が行われると計画相談支援給付費が支給されます（障総法51条の16以下）。

これに対して、児童福祉法では、指定障害児相談支援事業者が行う相談、計画案の作成、サービス事業者等との連絡調整、支給決定後の利用計画の作成については障害児支援利用援助といい、支給決定されたサービス等の利用状況を検証（モニタリング）し、サービス事業者等との連絡調整を行うことを継続障害児支援利用援助といいます。これらの支援が行われると障害児相談支援給付費が支給されます（児福法24条の25以下）。

　では、相談支援以外にそれぞれの制度ではどのようなサービスが受けられるでしょうか。子どもの成長段階や症状に合わせて、次のような福祉サービスがあります。

　㈤　児童発達支援　　未就学児については児童福祉法に基づき、児童発達支援を受けることが考えられます。日常生活における基本的な動作を指導したり、知識技能を付与、集団生活に適応できるように訓練等を行ったりするもので、最寄りの児童発達支援センターにて行われます。児童発達支援には福祉サービスを行う福祉型と福祉サービスに併せ治療も行う医療型があり、医療型は上肢、下肢または体幹の機能に障害がある児童を対象とします。これらは通所の仕組みですが、障害の重度によっては外出が困難な場合もあるでしょう。そのときは、居宅に訪問して発達支援を提供する居宅訪問型児童発達支援もあります。

　これらは、障害者通所支援の一内容として位置づけられ（児福法6条2の2）、利用すると障害児通所給付費が支給されます（21条の5の2）。

　㈥　保育所入所　　子どもに障害がある場合あるいはあるかもしれない場合でも、保護者に就労などの事情があれば、子どもを保育所等に入所させる必要があります。障害のある子どもを育てる多くの親、特に母親が就労できていないという問題は、改善が急務です。

　特に障害がある場合は単に子どもの居場所を確保するだけでな

く、その子の成長の過程に応じた療育の側面も重要になります。障害の内容や程度等によっては、集団保育では適切な保育をすることができないと判断されて、保育所等への入所を断られるケースもありますが、その場合にはそのような理由が保育利用の申込みを保育所の設置者が拒否する正当な理由といえるかが問題になります（子育て支援法33条1項）。障害の程度や内容に照らして保育所に通う障害のない児童と身体的・精神的状態および発育の点で同視できて、保育所での保育が可能である場合には正当な理由はないということになります。

　また、障害を理由とする差別の解消の推進に関する法律では、障害のある人もない人も互いにその人らしさを認め合いながら共に生きる社会（共生社会）を実現できるように、障害児も含む障害のある人に対して合理的配慮をすることが求められています。障害のある人から社会的障壁を取り除いて欲しいとの意思が伝えられたときには、負担が重すぎない範囲内で対応することが必要です。例えば車いすで登園する障害児のためにスロープを用意するなどの対応が考えられます。これらの対応をとることは公立の保育所では義務化されていますし、民間の保育所でも対応に努めることが法律によって要請されています（障解消法7条2項・8条2項）。最近では重度障害がある子どもを対象とした保育所もでき始めていて、さらなる拡充が求められます。

　　(カ)　**保育所等訪問支援**　　障害を持った子どもが保育所等へ入所する場合には保育所等からの申出に基づき、加配保育士が配置されることがあります。また、加配保育士が配置されない場合でも、保護者自らが申し込むことで保育所等訪問支援を利用できる可能性があります。保育所等訪問支援も、これまでみた児童発達支援と同じく児福法に基づく障害者通所支援のひとつです。保育士や児童指導員等の資格を有する訪問支援員が、2週間に1回を目安に、毎回2時間から半日程度、保育所等を訪問して、障害

のない子どもとの集団生活への適応のために専門的な支援をするものです。利用すると障害児通所給付費が支給されます。

　㈪　**放課後等デイサービス**　　子どもが就学年齢にさしかかると、通常の学校（特別支援学級を含む）に通わせるか、特別支援学校へ通わせるかの選択が必要になります。通常の学校の普通学級でも、特別支援学級でも、そして特別支援学校であっても、学校帰りに子どもが利用することができるのが、放課後等デイサービスです。同じく児福法の障害者通所支援の１類型であり、６歳から18歳までの障害のある子ども等が、放課後や夏休みなどの長期休暇に利用できる福祉サービスです。障害児の学童ともいわれていて、事業者によって運動に力を入れるところもあれば、学習に力を入れるところもあって、さまざまなサービスが提供されています。定期的に通所することによって、継続的に生活能力が向上するように、必要な訓練をしたり、社会との交流の促進等を行ったりするもので、こちらも利用すると障害児通所給付費が支給されます。

　㈯　**障害者総合支援法による居宅サービス**　　障害者総合支援法では、下記のような居宅サービスが用意されています。

　○　居宅サービスのメニュー　○
・居宅介護　ホームヘルプ
・同行援護
　　移動に著しい困難を有する人への移動の援護等の外出支援
・行動援護
　　自己判断能力が制限される人が行動するときに危険を回避するために必要な支援や外出支援
・重度障害者等包括支援
　　介護の必要性がとても高い場合に、居宅介護等複数のサービスを包括的に実施
・短期入所　ショートステイ

これらのメニューは、障害福祉サービスと呼ばれ、利用すると介護給付費が支給されます（障総法5条1項・28条1項）。

(ケ) **児童福祉法による施設サービス**　障害のある子どもを入所させて、保護、日常生活の指導及び自活に必要な知識や技能の付与を行う施設もあります。施設には福祉サービスを行う福祉型と、それに加えて治療も行う医療型があります。都道府県が設置し、入所すると障害児入所給付費が支給されます（児福法24条の2以下）。入所を検討する際には、児童相談所が窓口になります。児福法に基づく仕組みですが、これまでみてきた通所サービスとは異なり、児童相談所自らが専門的な判断を行うため障害児支援利用計画を作成する必要はありません。

> **●こどもホスピス**
>
> 　命に関わる重い病気や障害のある子どもが楽しい思い出を作ったり、夢を育んだりできるよう支援するこどもホスピスがあります。定期的に集まって料理をしたり、動物と触れ合ったり、家族で宿泊することもできます。看護師が常駐し、緊急時には連携病院が受け入れます。大人のホスピスとは違って、医療や看取りを主目的にするのではなく、本人や家族の支援に重点が置かれています。こどもホスピスは病院併設だけではなく、NPOが運営するものもあり、全国に広げる計画が進行中です。

(3)　経済的な視点

子どもに障害がある場合には、特別児童扶養手当や障害児福祉手当が支給される可能性があります。

(ア) **特別児童扶養手当**　特別児童扶養手当は、障害児（身体障害者手帳1級〜3級程度、療育手帳A・B程度、手帳はないが、障害・疾病等により日常生活に著しい困難がある場合等）を監護する人に支給されます（特児扶法3条1項）。障害の程度により、月額3万4970円から5万2500円です。所得制限がありますし、児童が障害を事由

とする公的年金を受けることができるときや施設に入所しているときには支給を受けることはできません。役所の子育て支援窓口に申請します。

(イ)　**障害児福祉手当**　　障害児福祉手当は、重度障害児（おおむね身体障害者手帳1および2級の一部等）に支給されます（特児扶法17条）。月額1万4880円です。同じく所得制限があり、障害を事由とする公的年金を受けるときや施設等に入所しているときは受けられません。こちらも役所に問い合わせましょう。

いずれの給付も福祉の増進を図ることが目的です。両方の要件を満たす場合には併給できますし、その他にも都道府県や市町村ごとに独自の手当を設けている場合もあります。

(4)　**成人へ**

このように、子どもの成長過程に応じて児童福祉法や障害者総合支援法によって様々なサービスが用意されています。障害や疾患を早期に発見して、適切に対応の上、治療・支援をしていくことがとても重要です。子どもを育てる過程で心や身体の発達に課題があるかもしれないなど、なにか違和感を持った場合には健診や市町村の窓口等で相談してみましょう。

そして、子どももいずれは成人します。それまでは小児科に通っていても、成人診療科に移行することになりますが、円滑な移行ができるかという移行期医療の問題もあるようです。

(5)　**20歳前障害**

そして、20歳になると既に勉強した通り、国民年金の第1号被保険者になります。と同時に障害がある場合には、障害基礎年金を受給できるかもしれません（国年法30条の4第1項）。障害の原因となった病気やケガについての初診日（→72頁参照）が20歳より前にある場合を20歳前障害といい、障害基礎年金を受けられるのです。20歳までは通常国民年金の被保険者ではないので、保険料を負担してきたわけじゃありませんが、それでも要件を満たせば受

けられます。このように事前の拠出を必要としないので（無拠出制）、所得制限があり、本人の所得が一定額を超える場合には支給されません。また障害基礎年金を受けている場合には、国民年金の保険料を納付する必要はありません（法定免除（→248頁参照）、89条1項1号）。

第6章　離婚・死別

> 生きていると結婚や出産・育児以外にもさまざまな人生の転機
> があります。結婚したけれどパートナーとうまくいかずに離婚を
> 決断することや不慮の事故で死別すること……。ここでは、それ
> らに関連する社会保障制度をみていきます。

1　離婚を決めたら

　第5章では結婚を扱いましたが、出会いがあれば別れもありま
す。結婚して数か月あるいは数年で離婚する場合もあれば、熟年
離婚という言葉もあるように中高年で離婚を選択する場合もあり
ます。離婚すると、社会保障法上の地位にはどのような変化があ
るでしょうか。

(1)　地位の変更と保険料負担

　まず夫婦が共働きで、特に相手方の扶養に入っていない場合に
は、医療保険も年金も大きな変更はありません。結婚のときと同
様に氏名変更や住所変更を届出するくらいです。

　これに対して一方のパートナーが相手方の扶養に入っていた場
合には、扶養から外す必要があります。医療保険では被扶養者の
資格を失いますので、保険証を保険者に返却します。扶養に入っ
ていたということは、働いていなかったか、あるいは働いていて
も労働時間が短かったということです。そのため、就職したり、
労働時間を増やしたりして、健康保険の被保険者資格を得るなど
しない限りは離婚に伴って国民健康保険の被保険者になります。
そのため、役所への手続が必要となります。保険料を負担する必
要がありますが、負担が厳しい場合には減額賦課制度を利用でき
るかもしれません（→200頁参照、国保法81条）。

さらに、国民年金についても第3号被保険者の地位を失い、第1号被保険者へと切り替わります。ここでも保険料を負担する必要があるので、役所で手続きをしましょう。保険料負担が難しい場合は申請免除（90条・90条の2）や納付猶予（平成26年改正法64号附則14条、50歳まで時限的）の仕組みを利用できます（→248頁参照）。

　これらの制度を利用せずに保険料を未納のままにすると、障害を有することになっても障害基礎年金を得られませんし、将来高齢になったときに支給される老齢基礎年金の額が低額になる、あるいはそもそも受け取れないかもしれないので、忘れないようにしましょう。

(2)　離婚時年金分割

　離婚にあたっては離婚時年金分割の制度も大事です。専業主婦・夫の場合や働いていてもパートナーに比べて賃金が低い場合には特に重要です。

　以下では典型的な事例としてサラリーマンの夫と専業主婦の妻の例を考えてみましょう。この場合、サラリーマンの夫は厚生年金の被保険者としてコツコツ継続的に保険料を払うことができる一方で、妻は国民年金の第3号被保険者です。保険料を負担しなくてよいというメリットはあるかもしれませんが、妻が将来得られる年金は例えば20歳で結婚してずっと専業主婦だった場合には老齢基礎年金だけです。離婚しなければ、夫の老齢基礎年金と老齢厚生年金もあるので、世帯としてそれなりに安定した生活を送れますが、離婚してしまうと元妻に残るのは自らの老齢基礎年金だけ……。そうすると元妻の老後は厳しいものになりかねません。

　そこで、妻が家庭を守ってくれていたからこそ、夫は働いて保険料を納め続けることができたと考えて、離婚する場合には婚姻期間中に夫が納めた厚生年金の保険料納付実績を分割して、妻に対して移す離婚時年金分割の制度があります。妻が離婚分割を申

請すると、夫は拒むことができません。これによって、夫が厚生年金に保険料を納付した実績の一部が妻に移るので、その分、元妻は厚生年金からも年金を受けることができますし、逆に元夫が将来受ける年金は元になる保険料納付実績が減るので下がります。離婚時年金分割には、3号分割（厚年法78条の14）と合意分割（78条の2）の2種類の仕組みがあります。

　まず、3号分割は先の例のように専業主婦で第3号被保険者であった期間がある場合に機能します。2008年4月以降の婚姻期間を対象に、2008年5月1日以降の離婚の場合に利用できます。3号分割を申請すると、婚姻期間に関する夫の厚生年金の保険料納付期間の2分の1が自動的に分割されて、妻に付与されます。前述の通り、妻の申請を夫は拒否できず、自動的に夫の保険料納付実績が分割されて、半分が妻に移ります。

　これに対して、合意分割は2007年4月1日以降の離婚で利用できます。妻も働いていたので厚生年金の被保険者期間はあるけれど、夫よりは賃金が低い場合に使えます。また、3号分割によって自動的に2分の1に分割できるのは既に述べた通り、2008年4月以降の婚姻期間だけなので、同時点よりも前に婚姻期間があれば合意分割の申請が必要です。合意分割によって、婚姻期間における厚生年金保険料納付期間を分割し、移転することができます。ただ、「合意」分割なので合意する必要があります。2分の1を上限に按分割合をどうするか、当事者の合意によって決定します。合意が整わない場合には家庭裁判所が審判します。

　3号分割も、合意分割も、離婚した日の翌日から2年を経過しない期間内に年金事務所に請求する必要があります。いずれも年金の受給権を分割するのではなく、保険料納付実績を分割して移転する仕組みです。家事や育児によって家庭に貢献していた分が、離婚時年金分割の仕組みによって将来の年金に反映されます。これによって、元夫婦間での年金格差の是正が図られていま

す。ここでは、典型例として専業主婦の妻とサラリーマンの夫の離婚をとりあげましたが、専業主夫の夫とサラリーウーマンの妻が離婚する場合にも同様に妻から夫に保険料納付実績が移転されます。

●DV

　離婚を考えていても、パートナーからの暴力が怖くて切り出せない場合もあるかもしれません。配偶者または事実婚のパートナーなど、親密な関係にある男女間での暴力のことをドメスティック・バイオレンス、略してDVといい、DVには身体的な暴力のみならず、性的な暴力や精神的な暴力なども含まれます。DVに関しては配偶者からの暴力の防止及び被害者の保護等に関する法律があり、交際相手からの暴力にもこの法律が準用されます。

　配偶者等から逃れたい場合には各都道府県に設置される婦人相談所に一時保護してもらうことができますし、つきまといや職場付近等の徘徊を禁止して欲しい場合には裁判所に申し立てて接見禁止命令などの保護命令を出してもらうこともできます。DVについてはひとりで悩まずに相談することが大切です。DVに関する相談は警察の他、市町村が設置する配偶者暴力相談支援センターというところにもすることができます。緊急時における安全確保や、自立支援に向けて関係機関との連絡調整を含めて援助してくれますので万が一の場合には活用しましょう。

2　パートナーが亡くなったら

　離婚が自ら決意して別れるのに対して、期せずして訪れる別れが死別です。そこで次にパートナーと死別する場合について考えてみましょう。死別の場合も社会保障法上の地位については離婚の場合と同じように変更されることになるので、その点については離婚の箇所を参照してください（→159頁参照）。その上で、死別の場合には死亡届の提出が必要ですし（→242頁参照）、葬儀等にかかる費用やその後の生活費等は社会保障制度から支給されます。

主に医療保険制度や年金制度の話ですが、パートナーの死亡が業務や通勤に起因する場合には労災保険制度も関係します。

(1) 埋葬料等

人が亡くなると、葬儀を行い埋葬することが必要ですが、業務外で死亡した場合には健康保険制度から生計を維持されていて埋葬を行う者に対して埋葬料（5万円）が支給されます（健保法100条）。被保険者ではなく被扶養者が死亡した場合には家族埋葬料（5万円）が支給されます（113条）。国保の被保険者が亡くなった場合に葬祭費等が支給されるかは各自治体の条例でどう定められるか次第です（国保法58条1項）。

また、業務で死亡した場合には、葬祭を行った遺族に労災保険制度から葬祭料が支払われます（労災法12条の8第5号）。通勤災害によって死亡した場合には葬祭給付が支払われます（21条5号）。額は31万5000円に給付基礎日額の30日分を加えた額で、この額が給付基礎日額の60日分に満たない場合には給付基礎日額の60日分が支給されます。

(2) その後の生活

亡くなった人に生計を維持されていた遺族には、遺族年金が支給される可能性があります。基本的に年金制度から支給されますが、死亡が業務災害や通勤災害にあたる場合には労災保険制度からの給付も考えられます。

(ア) 遺族年金　まず労災によらない場合には、年金制度から遺族年金が支給されます。年金制度は既に勉強した通り、厚生年金と国民年金の二層構造でできています（→27頁参照）が、厚生年金からは遺族厚生年金が、国民年金からは遺族基礎年金が支給されます。それぞれどのような要件で誰にどれくらい支給されるかをみていきましょう。

(a) 支給要件　遺族年金を受けるためには、大きく死亡した人に関する要件と給付を受ける人に関する要件の2つを満た

す必要があります。

　第1に死亡した人については、死亡当時、厚生年金や国民年金の被保険者であることと、死亡日の前日において、被保険者期間の3分の2以上の保険料を納付しているか、死亡日の前日において、死亡した月の2か月前までの直近1年に保険料の未納がないかのいずれかを満たす必要があります。死亡当時、厚生年金や国民年金の被保険者でなかった場合でも一定の場合には支給され、例えば老齢厚生年金や老齢基礎年金の受給資格期間が25年以上ある場合です（厚年法58条、国年法37条）。具体的には60代前半で亡くなる場合や年金受給者が亡くなる場合が考えられます。

　第2に給付を受ける人に関する要件は、遺族厚生年金か遺族基礎年金かで違いがあります。まず遺族厚生年金は、配偶者、子、父母、孫または祖父母で、死亡の当時、その者によって生計を維持されていたことが必要です。夫、父母、祖父母では55歳以上であること（この点については→169頁参照）が、子や孫については18歳になった年度末までか、20歳未満で障害等級が1級または2級に該当することが必要で、かつ未婚でなければいけません（厚年法59条）。配偶者と子が第1順位で、第1順位の者がいる場合にはそれ以降の者には支給されません。また、配偶者が受給する場合、子の遺族厚生年金は支給停止となります（66条1項）。

　これに対して、遺族基礎年金を受給できるのは死亡の当時、死亡した者によって生計を維持されていた「配偶者又は子」です（国年法37条の2）。ここでいう「子」とは、遺族厚生年金の場合と同じく、18歳の年度末までか、20歳未満で障害年金の障害等級が1級または2級であり、かつ未婚であることが必要です（同条1項2号）。その一方で「配偶者」については上述の「子と生計を同じくすること」が必要です（同項1号）。配偶者に遺族基礎年金が支給される場合、子の遺族基礎年金は支給停止となり（41条2項）、配偶者の遺族基礎年金にその分の加算がつきます（39条1項）。

遺族基礎年金は、母子福祉年金を引き継ぐものなので、子と生計を同じくすることが必要です。また、母子福祉年金を引き継ぐという経緯から長年、遺族基礎年金は母子家庭にしか支給されていませんでしたが、社会保障・税一体改革によって、妻を亡くした父子家庭にも支給されるようになりました。

　「子と生計を同じくする」との要件を満たさずに遺族基礎年金を受けられない場合であっても、40歳以上65歳未満の妻には遺族厚生年金に遺族基礎年金の4分の3に相当する額が加算されて支給されます。これを中高齢寡婦加算といいます（厚年法62条1項）。

　遺族厚生年金も、遺族基礎年金も、死亡した者によって「生計を維持」されていたといえるには、受給者の前年の収入が850万円未満、または所得が655万5000円未満であることが必要です。これは所得分位の上位10％にあたる人の推計年収が基準です。基準時は死亡時なので、死亡時に満たせば、その後、基準を超えて稼ぐようになっても支給され続けます。他方で、死亡時に同額以上の額を稼いでいたのであれば、その後、稼がなくなったとしても支給されません。ただし、定年退職等の事情により近い将来（概ね5年以内）収入が基準を下回るような場合には例外的に支給されます。

　典型的な事例としてサラリーマンの夫が死亡した場合を考えてみましょう。サラリーマンの夫は厚生年金の被保険者であり、国民年金の第2号被保険者でしたので、特に保険料の未納がなければ遺族厚生年金と遺族基礎年金が家族に支給される可能性があります。

　例えば妻と息子（13歳）がいる場合には、妻も息子も遺族厚生年金と遺族基礎年金の受給権を有し、息子については支給停止され、妻の遺族基礎年金には子への加算が付きます。これに対して息子の年齢が23歳ですと「子」にはあたらないので、息子は遺族厚生年金も遺族基礎年金も得られませんし、その場合、妻も遺族

厚生年金しか受けられません。というのも、「子と生計を同じくする」とはいえないからです。妻が40歳以上65歳未満であれば遺族厚生年金に中高齢寡婦加算が付きます。

　次に、死亡した夫が個人事業主だった場合には国民年金の第1号被保険者でしたので、遺族は遺族厚生年金を受ける余地はありません。息子が13歳であれば妻は「子」分の加算が付いた遺族基礎年金を受けられるのに対して、23歳であれば妻は遺族基礎年金も受けられません。

　さらに、死亡したのが夫ではなく、サラリーウーマンとして一家を養っていた妻だったらどうでしょう。既に述べた通り、遺族厚生年金の「夫」という概念には55歳以上という年齢要件があるので、注意が必要です。夫（40歳）と息子（13歳）が遺された場合に夫に支給されるのは遺族基礎年金だけです。息子（13歳）に遺族厚生年金が支給されます。これに対して、夫（50歳）、息子（23歳）の場合には、亡き妻が大黒柱として一家を支えていたとしても、2人とも何も受けられません（年齢要件の問題については→169頁参照）。

●収入と所得の違い

　遺族年金については共働きの場合でも「生計を維持」してもらっていたとして支給される場合が多いです。というのも、本文でみた通り、前年の収入が850万円未満、または所得が655万5000円未満というのが基準だからです。130万円が基準である国民年金の第3号被保険者資格や健康保険の被扶養者資格とは大きく異なります。

　ではここでいう収入や所得とはどのような概念でしょう。会社に雇われて働いていて、その他に家賃収入などの副収入はないというシンプルなケースを前提に考えてみましょう。この場合、会社から支払われる給与や賞与を合計した額が「収入」です。税金や社会保険料を支払う前の額のことで、額面上の額です。これに対して、収入から会社員として働くために必要な経費として一定

額（収入のおおよそ10〜20%であり、「給与所得控除」といいます）を差し引いた額を「所得」といいます。ここではだいたいのイメージをつかんでいただくためにかなり大雑把な形で説明していますが、厳密にいえば「所得」を計算する際には社会保険料を控除できるとか、障害者やひとり親であれば所得控除が増えるとか、税金の種類によっても控除できるものとできないものがあるとか、非常に難しくて複雑な話があります。それらの点については租税法で勉強してください。

(b) **支給額**　遺族基礎年金の額は、満額の老齢基礎年金（→218頁参照）と同額とされていて、78万900円に改定率を掛けて得た額です（国年法38条）。既に述べた通り、「子」がいれば数に応じて加算されます。

遺族厚生年金は、死亡した人の報酬に比例して死亡した人が受け取るはずであった老齢厚生年金の4分の3に相当する額が支給されます（厚年法60条1項1号）。死亡した人の被保険者期間が300か月未満の場合には、300月として算定されます。

(c) **支給期間等**　遺族厚生年金は、遺族基礎年金とは違って子と生計を同じくする必要はありません。そのため、子どもがいない場合にも支給されます。ただし、子どもがいない30歳未満の妻の場合には、5年間という有期の形でしか支給されません（厚年法63条1項5号）。

また、遺されたパートナーが再婚する（同項2号・国年法40条1項2号）など、事情の変化があれば、遺族年金は支給されなくなります。

(d) **婚姻障害の問題**　遺族年金についてよく問題となるのは、婚姻障害がある場合です。先に述べた通り（→115頁参照）、多くの社会保障制度における配偶者には事実婚も含まれるので、事実婚の夫が亡くなった場合でもその妻は遺族年金を取得できる

はずです。ただ、法律婚をせず、事実婚にする理由はさまざま……。本当は籍を入れたいけれど民法の規定に反するからできないという場合もあって、それを婚姻障害といいます。民法では認められない事実婚の場合にも社会保障法では配偶者にあたるから遺族年金が支給されるのかという問題があります。より具体的には、法律上の妻とは離婚しないままに別の女性と内縁関係を続ける場合（重婚、民法732条違反）や、叔父と姪のカップルの場合（近親婚、734条違反）に男性が死亡すると遺族年金はどうなるでしょうか。

重婚や近親婚については既にいくつかの裁判例があります。重婚の場合には法律上の妻に遺族年金が支給されるケースが多いですが、法律上の妻であっても支給されないケース（最一小判昭和58年4月14日民集37巻3号270頁・百選36事件）や事実婚の妻への支給が認められるケース（最一小判平成17年4月21日判時1895号50頁）もあります。近親婚に関しても地域的に特殊な環境であったことを踏まえて事実婚の妻である姪に対する遺族年金の支給を認めた最高裁判決（最一小判平成19年3月8日民集61巻2号518頁・百選37事件）もあります。

同性婚など、多様な婚姻のあり方がみられる中で、それらを社会保障制度の中でいかに位置づけ保護していくかを詰める必要があります。

(イ) **労災による場合**　労災による場合、つまりパートナーが業務あるいは通勤に起因して亡くなった場合にはどうなるでしょう。先ほどみた通り、年金制度から遺族年金が支給される可能性がありますが、その他にも労働災害にあたるなら労災保険制度からも給付を受けられます。

(a) **年金との調整**　もっとも、年金制度と労災保険制度の両方から年金を受け取れる場合には、年金は全額受け取れますが、労災については調整されます。両制度から未調整のまま支給

されると受け取る年金額の合計が、事故が起きる前の賃金よりも高額になるおそれがありますし、年金では一部、労災保険では全部の保険料を事業主が負担しているので、事業主に二重負担が生じてしまうからです。

　遺族厚生年金だけが支給される場合は0.84掛け、遺族基礎年金だけの場合は0.88掛け、そして遺族厚生年金も遺族基礎年金も支給される場合は0.8掛けされた上で、労災から給付が支給されます。

　(b)　**給付の種類**　　では、労災からはどのような給付が支給されるでしょうか。業務災害の場合、遺族には、遺族補償給付（年金・一時金）、遺族特別支給金、遺族特別年金が支給されます（労災法16条・16条の2）。遺族補償給付が労災の保険給付であり、遺族特別支給金と遺族特別年金は社会復帰促進等事業からの支給です。

　遺族補償給付には年金と一時金がありますが、配偶者等、近しい遺族がいる場合には年金が支給され、遺族補償年金が支給されない場合に遺族（16条の7）に対して一時金が支給されます（16条の6、給付基礎日額の1000日分（16条の8、別表第2））。ここではパートナーとの死別を問題にしているので、以下では遺族補償年金についてみてみましょう。

　(c)　**支給要件と支給額**　　遺族補償年金の支給を受けられるのは、被災労働者の死亡当時、その収入によって生計を維持している一定の家族です。共働きでも、生計の一部が維持されていれば認められます。一定の家族とは、配偶者、子、父母、孫、祖父母、兄弟姉妹のいずれかです（16条の2）。もっとも、妻以外の遺族は死亡当時に一定の高齢あるいは年少であるか、あるいは一定の障害の状態である必要があります。子どもについては18歳の年度末までか一定の障害が必要であり、夫については60歳以上か一定の障害が必要です。

　妻には年齢制限がないのに、夫には年齢制限がある、つまりサラリーマンの夫が亡くなれば妻は若くても遺族補償年金が支給さ

れるのに、サラリーウーマンの妻が亡くなっても夫が若いと遺族補償年金は支給されないということになります（既にみた通り、遺族厚生年金でも同様です）。これは、法の下の平等を保障する憲法14条に反するのではないかと争われた事案があります。

第1審（大阪地判平成25年11月25日判時2216号122頁）は憲法14条に違反すると判断しましたが、高裁（大阪高判平成27年6月19日判時2280号21頁・百選6事件）、最高裁（最三小判平成29年3月21日裁時1672号3頁）は反しないと判断しました。「男女間における生産年齢人口に占める労働力人口の割合の違い、平均的な賃金額の格差及び一般的な雇用形態の違い等からうかがえる妻の置かれている社会的状況に鑑み、妻について一定の年齢に達していることを受給の要件としないことは、原告に対する不支給処分が行われた当時においても合理的な理由を欠くものということはできない」と判示されました。男性は働き、女性は家庭を守るという性別に基づく役割意識が依然強いことがうかがわれます。最高裁判決は地方公務員として働いていた人の公務災害についての事案でしたが、その射程は労災一般や厚生年金にも及ぶと考えられています。

(d) **支給額**　遺族の数に応じて、遺族補償年金、遺族特別支給金、遺族特別年金が支給されます。遺族特別支給金は一時金で300万円なのに対して、遺族補償年金と遺族特別年金は年金の形です。遺族補償年金は2か月に1回、定期的に支払われます。

遺族補償年金のベースは給付基礎日額であるのに対し、遺族特

遺族数	遺族補償年金	遺族特別支給金	遺族特別年金
1人	給付基礎日額の153日分（※）	300万円	算定基礎日額の153日分（※）
2人	201日分	300万円	201日分
3人	223日分	300万円	223日分
4人以上	245日分	300万円	245日分

https://www.mhlw.go.jp/new-info/kobetu/roudou/gyousei/rousai/dl/040325-7.pdfをもとに作成
※55歳以上または障害の妻は175日分

別年金のベースは算定基礎日額です。給付基礎日額は労基法の平均賃金のことで、事故発生日の直前の３か月間に支払われた賃金の総額を、その期間の暦日数で割って算出される１日あたりの賃金額です。これに対して、算定基礎日額というのは、事故発生日以前1年間に、事業主から受けた特別給与（つまり、ボーナスなどの３か月を超える期間ごとに払われる賃金）総額を365で割った額です。つまり遺族補償年金は毎月の賃金が元になるのに対して、遺族特別年金はボーナスが元になっています。

　　　(e)　**支給対象者と転給**　　支給対象者は、配偶者、子、父母、孫、祖父母、兄弟姉妹です。これは優先順位が高い順に列挙したものですが、自分よりも高い順位の人がもらえる場合は受給資格がありません。そして、高い順位の人が受給資格を失うと転給されるのも労災保険の大きな特徴です。具体例として、夫婦と子どもと祖母の４人家族を考えてみましょう。一家の大黒柱であった夫が業務災害にあって死亡したとします。配偶者である妻がまず受給権者になり、遺族補償年金を受け取ります。数年後、妻が再婚すると、妻の受給権は消滅します（労災法16条の４第１項２号）。その時点で子どもが18歳未満であれば、子どもが受給権者になります。その後、子どもが18歳に達して年度末を迎えると子どもの受給権も消滅します（同項５号）。そうすると、今度は、祖母が受給権者となり、亡くなるまで遺族補償年金を受けることができます。妻も子どもも祖母も死亡した労働者が生計を維持していたことが前提になります。

　こうした転給の仕組みは、年金制度の遺族年金にはみられない労災保険制度の特徴であり、遺族に対して手厚い保護が図られている証といえます。

3　シングルマザーとして生きる

　離婚や死別によってパートナーと別れたことで、ひとり親とし

て子どもを育てていく場合について種々の制度をみていきましょう。シングルマザーと銘打った通り、以下では主としてシングルマザーについて扱いますが、シングルファーザーでも使えるものもあります。

(1) 福祉事務所

シングルで子どもを育てていく上で、生活等に困る際には、福祉事務所へ相談に行きましょう。福祉事務所は、生活に困窮している人、児童、高齢者、障害者など、生活上の様々な問題を抱えている人の総合的窓口として福祉行政を担う第一線の機関で、社会福祉法に基づいて都道府県・市・特別区に設置されています。役所の中にあるところもあります。

福祉事務所では母子・父子自立支援員が働いていて、生活レベルや職業能力の向上など自立に必要な相談をしてその支援を受けることができます。母子・父子自立支援員は、母子・父子自立支援プログラム策定員を兼ね、個々の母子・父子家庭の状況やニーズに応じて、自立支援計画書を策定し、ハローワークとも連携しながら、きめ細やかな自立・就労支援が目指されています（母子家庭等就業・自立支援事業）。

また、シングルマザーが、生活に苦しくなった場合には生活保護がある（→261頁参照）他、都道府県が無利子あるいは低利子で資金を貸し出す母子父子寡婦福祉資金貸付制度があり（寡福法13条1項）、これについても福祉事務所で相談できます。ひとり親家庭が経済的に自立して安定した生活を送ることができるように必要となる資金の貸付が行われています。貸付金の限度額や利率は資金の用途によって異なります。審査の結果、貸付が決まった場合には、無理のない償還計画を立てて、償還していく必要があります。

(2) 母子生活支援施設

シングルマザーが生活を立て直す必要がある場合には、都道府

県が設置する母子生活支援施設（児福法23条・38条）に入所するという選択肢もあります。母子一緒に入れて、母親には子どもに対する接し方を、子どもには母親に自分の気持ちを伝える方法を、試行錯誤しながら伝え、母子関係の調整を図ります。母子生活支援施設では母子支援員が相談にのったり、育児や家事のサポートをしたりします。家賃はかかりませんが、光熱費や食費などの生活にかかる費用は利用者が負担します。

(3) ひとり親家庭医療費助成制度

医療費に関連しては、子どもが18歳に達した年度の末日（障害があると20歳未満）まで、親と子の自己負担額の全部または一部が助成されるひとり親家庭医療費助成制度があります。これも医療費助成制度（→133頁参照）と同様に自治体ごとに助成基準が異なるので、自治体の児童福祉担当窓口に問い合わせてみてください。

(4) 国民年金保険料の申請免除

前年の合計所得金額が一定以下である場合には、国民年金の保険料を免除してもらうことができます（→248頁参照）。従来は寡婦、つまりパートナーと離別か死別をした女性しか対象ではありませんでしたが、2021年4月からは未婚のひとり親も対象です。

(5) 児童扶養手当

シングルの家庭に対する経済的な支援としては児童扶養手当があります。ひとり親では厳しい経済状況にあることから、それを補って生活を安定させて自立を促し、児童が健全に育成されることが目指されています。児童と受給資格者の双方が日本に住所を有する必要があるので、児童が海外留学するような場合には支給されません（児扶手法4条2項・3項）。児童の心身の健やかな成長に寄与するとの趣旨に従って用いないといけないという責務が規定されています（2条1項）。

支給を受けるには、自治体の長（例えば市長）から受給資格と手当の額についての認定を受ける必要があり（6条1項）、認定によ

って初めて受給権が発生します。例えば３月に認定請求をすると翌月の４月から支給されます（７条１項）。離婚したときには児童扶養手当の認定請求をすることを忘れて、数か月経ってから請求したような場合には、請求した月の翌月からしか支給されないので、離婚時に児童扶養手当の認定請求をするのを忘れないようにしましょう。

　児童扶養手当の額は、１か月あたり４万1100円を基準に、児童の数に応じた加算があります。児童扶養手当は厳しい経済状況に対する経済的な支援なので、前年の所得が一定以上であるときには支給停止される可能性があります（９条・９条の２）。

　児童扶養手当はひとり親世帯の生活を安定させて自立を促進するための制度であることから、児童扶養手当の受給開始から５年を経過した場合、または手当の支給要件の該当日から７年を経過した場合には法律上最大で手当の半額が支給停止されます（13条の３）。自立を図るための活動をしていない場合に減額するのが趣旨なので、就業や求職活動等をしているのであれば、一部支給停止の適用除外になります（13条の３第２項、令８条）。その結果、ほとんどの人は減額を受けていないようです。

　既に述べた通り、パートナーと死別したシングルマザーは遺族基礎年金を受けることができますが、遺族基礎年金と児童扶養手当はどのような関係にあるでしょう。沿革的には死別の場合の母子福祉年金（現、遺族基礎年金）、生別の場合の児童扶養手当と棲み分けられていましたが、今では額に応じた調整が図られています。すなわち、子ども分の加算も含めて遺族基礎年金の額が児童扶養手当の額より低い場合には、その差額分が児童扶養手当として支払われます。2021年３月分の手当からは児童扶養手当の額が障害基礎年金の子の加算部分の額を上回る場合にはその差額が児童扶養手当として支給されます。

　こうして現在では児童扶養手当は離別か死別かを問わず、ひと

り親世帯一般に対する制度として機能しています。

　財源は国が3分の1、都道府県等が3分の2を負担します（21条）。

●堀木訴訟

　全盲の堀木さんは1970年当時、国民年金法に基づいて障害福祉年金（現在は廃止）を受けていました。堀木さんには内縁の夫と息子がいて、3人で暮らしていましたが、内縁の夫とは離別し、ひとりで息子を育てることになりました。そこで、堀木さんは母子家庭なので児童扶養手当を受給できると考えて、受給資格認定の請求をしました。

　しかし、知事は児童扶養手当と年金給付との併給を認めないといういわゆる併給調整規定があることから、請求を却下する処分をしました。そこで、児童扶養手当を受給できないことが憲法25条や14条、そして13条に違反する等主張して却下処分の取消等を求めて訴訟を提起しました。

　最高裁は、結論として社会保障給付の全般的公平を図るため年金相互間における併給調整を行うかどうかは、立法府の裁量の範囲内であり、違憲ではないと判断しました（最大判昭和57年7月7日民集36巻7号1235頁・百選2事件）。この結論を出すにあたって最高裁は、「憲法25条の規定の趣旨にこたえて具体的にどのような立法措置を講ずるかの選択決定は、立法府の広い裁量にゆだねられており、それが著しく合理性を欠き、明らかに裁量の逸脱・濫用と見ざるをえないような場合を除き、裁判所が審査判断するのに適しない事柄である」と述べました。つまり、憲法25条の規定の趣旨にこたえてどのような立法措置をとるかは立法府が自由に決められるので、司法府としては原則としてそれを尊重することを明らかにした上で、そうはいっても常に尊重するわけではないとしました。具体的には、「著しく合理性を欠き、明らかに裁量の逸脱・濫用と見ざるをえないような場合」には、例外的に裁判所が審査して違憲の判断を下すとしました。

このような判断基準を定立した上で、最高裁は、児童扶養手当も障害福祉年金も受給者への所得保障である点で基本的に同一の性格を有することや、一般に事故が二以上重なったからといって稼得能力の喪失又は低下の程度が必ずしも事故の数に比例して増加するとはいえないことから、このような場合について立法府が併給調整の仕組みを作ったとしてもそれは立法府の裁量の範囲内であるから憲法25条には反しないと判断しました。

　また、「憲法25条の規定の要請にこたえて制定された法令において、受給者の範囲、支給要件、支給金額等につきなんら合理的理由のない不当な差別的取扱をしたり、あるいは個人の尊厳を毀損するような内容の定めを設けているときは、……憲法14条及び13条違反の問題を生じうる」ことはあるが、本件ではそのような事情は認められないとして、憲法14条や13条に関する堀木さんの主張も退けました。

　この事例は社会保障制度の構築に関しては立法府に広範な立法裁量があることを明確にするとともに、司法府がどのような場合に介入するかを提示した極めて重要な判決です。判旨が示した憲法25条、14条、13条違反に関する裁判所の審査基準は、その後の社会保障制度に関する訴訟に大きな影響を与えています（→26・328頁参照）。

　ちなみに、訴訟で問題となった障害福祉年金は今では廃止されましたが、障害基礎年金といった年金給付等の額が児童扶養手当の額を下回る場合には、差額が支給されるという取扱いになっていることは既に述べた通りです。

(6)　養育費

　加えて、離婚の場合には元配偶者など、子どものもうひとりの親に対して養育費の支払いを求めることができます。養育費に関しては給料債権の半分まで差押えできますし（民執法151条の2・152条）、不履行があれば将来分の養育費を含めて強制執行することもできます（151条の2第1項3号）。養育費の支払いを受けるとき

は、離婚成立後に受け取った養育費分（その後は前年に受けた養育費分）の8割相当額が所得に算入されて、児童扶養手当の支給停止の有無が決定されます。

養育費の確保に向けて相談できる環境の整備や継続的な生活支援が先に述べた母子家庭等就業・自立支援事業のひとつとして位置づけられています。

(7) 就業・自立に向けた総合的支援

就業については、正社員として働くシングルマザーがいる一方で、低賃金のパートを複数掛持ちする人も多いという深刻な問題があります。正規と非正規の処遇格差の是正に向けては、労働契約法旧20条とそれを受けたパー有法8条の規定が重要であり、不合理な格差の是正が求められています（詳しくは労働法で勉強しましょう）。

既に述べた通り、シングルマザーが経済的な基盤を確立する上では母子父子福祉資金貸付制度を利用することができますが、この制度には修学や技能取得といった自立のための貸付もあります。もっとも、貸付は一時的なものに過ぎず、返済も必要ですので、経済的に安定するには雇用に就くことが重要でしょう。

そこでいかにして安定的な雇用に就くかという話ですが、公的な職業紹介機関であるハローワークにはマザーズハローワークが設けられているところがあります。再就職を希望する母子家庭の母を含む子育て中の女性に対して、子連れでも来所し相談しやすい体制の整備が図られています。

就職に向けた就業支援についてはこれまで説明した雇用保険法や求職者支援法があります（→104・107頁参照）が、シングルマザーの場合にはさらに寡福法も適用されます。そのため、雇用保険からの一般教育訓練給付（10万円、→106頁参照）よりも、高い額（20万円）を母子家庭自立支援教育訓練給付金という形で受け取ることができます（寡福法31条1号）。この給付金の窓口はハロー

ワークではなく、福祉事務所です。

　また、看護師や介護福祉士、保育士等の国家資格を取得するために、養成機関で講義を受講する場合には、生活費の負担を軽減するために母子家庭高等職業訓練促進給付金が支給されます（同条2号）。3年以内なら全期間、支給されます。そして、母子家庭高等職業訓練促進給付金と併用できるのが、専門実践教育訓練給付金（雇保法60条の2）です（→106頁参照）。

　他方で、事業主側をバックアップすることで、間接的にシングルマザーを支援する仕組みもあります。具体的にはシングルマザーを試行的に雇用する企業に支給される試行（トライアル）雇用奨励金や一定期間継続して雇用すると賃金相当額の一部が助成される特定求職者雇用開発助成金の仕組みがあります。ハローワークが所管します。

　このようにシングルマザーの就業促進に向けて、総合的な支援策が講じられています。

(8)　特別の配慮

　職業訓練をするにも、就労するにも、小さい子どもがいると難しいです。そこで、母子家庭の福祉が増進されるように特別の配慮をする義務が市町村には課せられています（寡福法28条1項・3項）。具体的には保育所等への入所や学童の利用について、母子家庭は優先的に取り扱われています。また、公営住宅への入居は抽選によりますが、母子家庭は入りやすくなるように特別な配慮がされています（27条）し、市町村によっては母子家庭に対して住宅手当を支給するところもあるようなので、役所に問い合わせてみましょう。

第7章　中高年の介護事情とがん

> 年を重ねるに連れてこれまで元気だった親が老いて介護が必要
> になったり、自分自身も40歳になって介護保険への加入が始ま
> ったり……。中高年になるとこれまでよりもぐっと身近に介護を
> 感じるようになります。さらに健康を害してしまうことも
> あるかもしれません。ここでは40歳付近を中高年と捉えて中高
> 年に関連する仕組みを概観したいと思います。

1　親の介護が必要に（仕事と介護の両立）

　大学生の章では家族が倒れたということで介護保険の仕組みを
紹介しましたが（→36頁参照）、仕事をしながら介護することに
ついて考えてみましょう。親などの家族を介護するために、仕事を
辞めるいわゆる介護離職は増えています。2016年に閣議決定され
た「ニッポン一億総活躍プラン」では介護離職ゼロが目標に掲げ
られましたが、介護・看護を理由とする離職者はいまだ多く、な
かでも全体の8割を女性が占めています。

　介護に直面する労働者は、企業においても中核的な立場で活躍
する40代以上の場合が多く、いかに離職を防止して、介護と仕事
との両立を図るかは、労働者にとってだけでなく、企業にとって
も重要な課題です（トモニンマークについて→35頁参照）。

(1)　介護休業

　介護が必要な家族がいる場合には、育介法に基づき、介護休業
を取得できます（育介法11条）。要介護状態にある家族1人につき
通算で93日まで休めます。一度に連続して取得してもよいですし、
3回までに分割することもできます。要介護状態というのは、負
傷、疾病または身体上もしくは精神上の障害により、2週間以上

の期間にわたって常時介護を必要とする状態のことです。以前勉強した介護保険制度の要介護認定（→37頁参照）を受けている必要はありません。むしろ介護休業中に、要介護認定を受けるための手続きを行うなど、家族が介護保険制度を利用できるように基盤を整えるためにこそ、介護休業の仕組みが設けられています。

　そのため、介護休業中は、自分が家族を介護するだけでなく、これから再開する仕事と介護を両立できるように、介護環境の基盤を整えることが大切です。介護環境を整備するには、家族の中で誰がどのように役割分担するのか、介護保険制度を利用することをも踏まえて検討する必要があります。地域にはどのような介護サービスがあって、何を利用できるのか、地域包括支援センターいわゆるホウカツや地域の事業者に相談・見学にいきましょう（→39頁参照）。市町村に要介護認定の申請をして、ケアプランをケアマネに作ってもらう際には、介護をする人の働き方や介護とのかかわり方、両立に向けた希望等を伝えることが大切です。

(2) 介護休業給付金ほか

　介護休業中は、働いていないので賃金は支給されない会社が多いです。その一方で生活するにはお金が必要なので、雇用保険制度から介護休業給付金が支給されます（雇保法61条の4）。介護休業開始時の賃金月額の67％の額です。ハローワークが管轄するので、最寄りのハローワークに問い合わせましょう。

　厚生年金や健康保険の保険料については、育児の場合とは違って免除されず、労働者負担分を負担する必要がありますが、雇用保険については賃金が支払われない分、保険料を負担する必要はありません。

(3) 介護休暇ほか

　介護休業が終わって職場復帰した後でも、病院への付き添いや介護サービスに必要な手続きを行うために仕事を休まなければならないときがあるでしょう。そういうときは、介護休暇を利用で

きます。労基法に基づく年次有給休暇とは別に取得できるもので、介護休暇も、育介法に基づく労働者の権利です（育介法16条の5）。家族1人につき年5日まで、2人以上で10日まで、1日または半日単位で取得でき、2021年1月からは時間単位でも取得できるようになりました。ただ、年休とは違って、介護休暇の際に賃金が払われるとは限りません。会社の規定を確認してください。また、介護休業とは違って雇用保険の方から給付金が支給されることもありません。

　他にも介護があるので残業できないときには所定外労働や時間外労働、深夜業を制限してもらうことができます。また、会社は、短時間勤務制度、フレックスタイム制度、時差出勤制度、介護費用の助成措置のうち、1つ以上の制度を法律上整備しなければならないとされています（23条）。対象家族1人について利用開始の日から連続する3年以上の期間で、2回以上利用できるように制度が設けられているはずなので、会社が用意する具体的な制度を確認した上で、利用してみてください。

(4)　不利益取扱いの禁止とハラスメントの防止

　介護休業や介護休暇の申出や取得を理由に会社が解雇や降格などの不利益取扱いをすることは法律で禁止されています（育介法16条・10条）。また、上司が介護休業等を請求しないように頼んできたり、同僚が繰り返し嫌がらせをしてきたりしては職場環境が害されてしまいます。そこで、就業環境を害するような行為を上司や同僚が行わないように防止する措置を講じることが事業主には義務づけられています（ハラスメント防止措置、25条）。

　介護休業や介護休暇等の仕組みは育介法で保障された労働者の権利なので、企業としては最低限整備する必要があります。会社に問い合わせてもうまくいかないような場合には労働局の雇用環境均等室まで相談しましょう。仕事と介護を両立できる職場環境の整備促進に取り組んでいる企業はトモニンマークが使用できま

す（→35頁参照）。

●ダブルケア

　最近では、晩婚化や晩産化の影響を受け、子育てをしながら老親の介護を同時に行うというダブルケアをしている人たちがいます。ダブルケアの負担が重くて離職するとか、悩みを共有できなくて孤立してしまうケースもあり、深刻な問題のひとつです。少子高齢化が進む中で、ひとりひとりの負担は増え、ダブルケアをする人は今後も増えることが予想されます。育児も介護もひとりでため込み過ぎないようにすることが大事です。今はダブルケアをしていなくても、いつ自分がそういう状況になるかわかりません。そのような場合に備えて支援体制に関する情報を収集しておくこと（→39頁参照）、家族や親せきと話し合いを重ねておくことが重要でしょう。

●認知症高齢者の事故に関する訴訟と地域包括ケアシステム

　認知症の男性（当時91歳、要介護度4）が徘徊し、線路に立ち入って列車と衝突して死亡するという事故がありました。その結果、鉄道会社は、電車を停止させなければならなくなり、多くの損害を被ったので、男性の相続人である妻（当時80歳、要介護度1）や子どもたちに対して損害賠償を求めて訴訟を提起しました。

　民法714条1項では、責任能力のない人が他人に損害を加えた場合には、その責任無能力者を監督する法定の義務を負う者が損害賠償責任を負うと規定されているので、この規定によって男性が与えた損害について、妻や子どもたちに請求できるかが問題となりました。名古屋高裁（名古屋高判平成26年4月24日判時2223号25頁）は妻に対する民法714条による損害賠償責任を肯定したので、最高裁の行方が注目されました。

　最高裁（最三小判平成28年3月1日民集70巻3号681頁）は、精神障害者と同居する配偶者であるからといって、民法714条1項の監督する法定の義務を負う者にはあたらないとした上で、次のような一般論を述べました。すなわち、「法定の監督義務者に該

当しない者であっても、責任無能力者との身分関係や日常生活における接触状況に照らし、第三者に対する加害行為の防止に向けてその者が当該責任無能力者の監督を現に行いその態様が単なる事実上の監督を超えているなどその監督義務を引き受けたとみるべき特段の事情が認められる場合には、衡平の見地から法定の監督義務を負う者と同視してその者に対し民法714条に基づく損害賠償責任を問うことができ」、このような者については「法定の監督義務者に準ずべきもの」として民法714条1項が類推適用されると判断しました。

　事案の解決としては妻にも子どもたちにも上記の特段の事情は認められないとして損害賠償請求は棄却されました。もっとも、判旨は監督義務を引き受けたとみるべき特段の事情が認められる場合には損害賠償責任を負うとの一般論を定立したので、今後は特段の事情の有無をめぐって同種事案が争われることになります。認知症の高齢者と同居したり、近隣に居住したりして、在宅で介護・看護をする場合には責任を負う可能性があるかもしれません。

　他方で、介護保険制度や医療保険制度においては、認知症患者を含む介護が必要な高齢者を、できるかぎり住み慣れた地域の中で、在宅で介護・看護し、また医療サービスを提供しようという地域包括ケアシステムの推進が図られています（持続可能な社会保障制度の確立を図るための改革の推進に関する法律4条4項、→230頁参照）。在宅での介護・看護・医療サービスの提供等を行うことで、高齢者等の自立した生活を支えていくことが目指されています。しかし、判旨によれば地域包括ケアシステム等を利用して、家族が在宅で世話をすればするほど、監督義務を引き受けたと評価されて、法定の監督義務者に準ずべきものとして監督責任を負うという方向に傾きかねません。そうすると、在宅よりも、施設入所を選択するインセンティブを家族に与えてしまうことにもなりかねず、地域包括ケアシステム等の施策を進める上での障害になるのではないかと懸念されます。

　こうした難しい問題を孕む一方で、損害賠償責任を認めないと

いう結論は、当然のことながら被害者救済にはならず、被害者（上記のケースでは鉄道会社）にとって残酷な結果となります。立法的な手当も視野に入れた上でどういった調整が望ましいか検討が急務です。

2 40になったら介護保険

既に勉強してきた通り（→42頁参照）、会社で働いていると、医療保険、年金、雇用保険の被保険者に該当し、それぞれの制度に対して労使折半の形で保険料を負担していたかと思いますが、40（シジュウ）になるとさらに介護保険が加わります。

(1) 被保険者

市町村の区域内に住所を有する40歳以上の人は介護保険の被保険者になることが介護保険法にて法定されています（介保法9条）。40歳にもなれば少しずつ加齢に伴って介護が必要になるリスクが高まるので、その場合に備えて制度は組み立てられています。

市町村の区域内に住所を有する40歳以上の人が介護保険制度の被保険者といいましたが、被保険者には2つの資格があります。「65歳以上」が第1号被保険者、そして「40歳以上65歳未満の医療保険加入者」が第2号被保険者です（9条1号・2号）。国民年金とは違って第3号はありません。そして、第2号被保険者の場合には医療保険に加入していることが必要です。そのため、医療保険に加入していない場合には第2号被保険者にはなりません。具体的には生活保護の受給者で医療扶助を受けている場合です。この場合には介護保険の被保険者にはならないので、保険料を負担する必要はありません。その結果として、たとえ介護が必要になったとしても介護保険制度から給付を得ることはできず、生活保護制度から介護扶助を受けることになります（→279頁参照）。他方で後で詳しくみる通り、65歳になれば生活保護の受給者でも介護保険の第1号被保険者となります（→214・277頁参照）。

(2) 保険料負担

　次に介護保険の保険料負担についてですが、第２号被保険者については医療保険への加入が前提であるため、保険料の徴収についても医療保険の保険料に上乗せする形で行われます。会社勤めで健保に加入している場合には、医療保険の保険料と同じく、報酬に比例して保険料を負担し、保険料の半分は事業主が負担します。そのため、39歳のときと40歳のときでは、会社から支払われる給料自体に変わりはなくても、保険料として控除される額が増えるため、手取りは若干少なくなります。ちなみに、健保の被扶養者も医療保険の加入者ですので、40歳になれば介護保険の第2号被保険者となります。その分の保険料については、医療保険の保険料負担者である労使全体が負担するので、健保の被扶養者である介護保険の被保険者自身は負担する必要がないと整理されています。

　このように介護保険の第２号被保険者の保険料は、事業主から健保組合や協会けんぽといった医療保険の保険者に託されることになります。しかし、健保組合や協会けんぽは、介護保険の保険者ではありません。介護保険は高齢者の生活に近い各市町村が運営しているからです（→37頁参照）。そこで、医療保険の各保険者から介護保険の保険者である各市町村へ、集めた保険料を送る必要があります。送るにあたっては社会保険診療報酬支払基金が介護給付費・地域支援事業支援納付金という形で各医療保険の保険者から一括して集めた上で、介護給付費・地域支援事業支援交付金という形で各市町村に交付しています。

本文では企業で働いていることを前提に健保に加入している場合について説明しましたが、個人事業主や無職等で国保に加入している場合にはどうなるでしょう。この場合にも、国保の保険料に、介護の保険料も上乗せされます。健保では事業主が半分負担しますが、国保の場合には事業主は想定できません。そこで、代わりに国庫負担が投入されます。国保の保険料とともに集められた介護の保険料は、都道府県から社会保険診療報酬支払基金に介護給付費・地域支援事業支援納付金という形で送られます。

(3) 介護保険の財政

では介護保険全体の財政はどうなっているでしょうか。大きなところから説明すると、介護保険の財源には保険料分と公費分が50％ずつあります。保険料分の50％について、第2号被保険者と第1号被保険者で負担しますが、その負担割合はすべての被保険者が公平に負担するように、第1号被保険者と第2号被保険者の総人数比によって決まっています。2021年度から2023年度には1号が23％、2号が27％です。27％を負担する第2号被保険者には国保に加入している人もいれば、健保に加入している人もいます。国保と健保では各保険者に加入する被保険者の数に応じて負担します（加入者割）。他方、健保には協会けんぽと健保組合がありますが、こちらはそれぞれの被保険者の報酬額に応じて分担します（総報酬割）。従前は、こちらも加入者割でしたが、協会けんぽと健保組合の間では負担能力に差があり、協会けんぽの方が一般に負担能力が低いことから総報酬割に変更されました（介保法152条・153条）。このようにして各保険者が負担する介護給付費・地域支援事業支援納付金の額が決まります。そして、それぞれの保険者が負担する納付金の額を踏まえて、保険者ごとに被保険者の保険料をいくらにするか、その元となる介護保険料率が決定されます（参考までに2021年度の協会けんぽの介護保険料率は1.8％）。

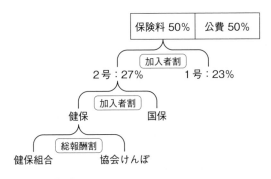

保険料 50% ｜ 公費 50%

加入者割

2号：27%　　　　　1号：23%

加入者割

健保　　　　　国保

総報酬割

健保組合　　　協会けんぽ

(4) 第2号被保険者と給付

　では、40歳になり介護保険の第2号被保険者として保険料を負担し始めると、介護が必要になればいつでも介護保険から給付を得られるのでしょうか。65歳以上（第1号被保険者）であれば介護が必要な原因を問わずに制度から給付を得られますが、第2号被保険者ではそうはいきません。加齢に伴う病気が原因で介護が必要になる場合にしか給付は得られません（介保法7条3項2号・4項2号）。加齢に伴う病気は特定疾病と呼ばれ、認知症や末期がん、脳血管疾患などが政令で指定されています。

　そのため、40歳以前から障害があって介護が必要な場合や交通事故が原因で介護が必要になった場合には64歳までは介護保険制度から給付を得ることはできません。その場合には障害者福祉制度から自立支援給付を受けます（→287頁参照）。

●ねんきん定期便とねんきんネット

　中高年に限った話ではありませんが、年金については、制度の理解を深めるために、誕生月にねんきん定期便が送られています。毎年はがきで直近1年の情報としてこれまでの加入実績に応じた年金額（50歳以上は年金見込額）が郵送されます。さらに、節目の年である35歳、45歳、59歳のときには、封書が届き、全期間の年金記録情報も知ることができます。また、インターネットを

通じて年金記録をいつでも確認できるねんきんネットの仕組みもあります。

　ただ、開いてみても数字や文字の羅列でどこをみればよいかわからないかもしれません。確認すべきポイントは次の点です。

✓　住所や名義に誤りはありませんか？

　引越しや結婚、離婚に伴って、住所変更や名義変更等必要な手続きがされていないことがあります。そのまま放置すると、年金記録の漏れや誤りの原因になるので確認してください。変更が必要な場合には厚生年金に加入している場合は勤務先に、国民年金だけに加入している場合は市町村に変更の申出をしましょう。

✓　国民年金の未納期間はありませんか？

　特に会社を辞めて国民年金の第１号被保険者に切り替わった時期がある場合にはそのタイミングでうっかり未納のままのケースがあります。２年前までは遡って保険料を納められるので、速やかに納付しましょう。繰り返し述べている通り、未納のままでは、将来の老齢年金の支給額や障害年金あるいは遺族年金の受給にも影響します。

✓　厚生年金の記録に漏れや誤りはありませんか？

　特に標準報酬月額や標準賞与額を確認しましょう。実際に給料から保険料が控除されていたのに、保険料が支払われていないことになっていたり、額が違ったりしていませんか。また、給料が増えたのに、増える前の額のままになっていないか、チェックしてみてください。

3　メタボが気になるお年頃（特定健診・特定保健指導）

　毎年、会社では定期健康診断があることは既にみた通りです（→68頁参照）が、30歳以降からは市町村からがん検診の案内がどんどんくるようになるでしょう（健康増進法19条の２）。費用の多くは公費負担なので利用しましょう。これらとは別に、40歳になると、特定健診なるものを受けるようにと医療保険の保険者から通

知がくるはずです。というのも、特定健診とそれに続く特定保健指導を40歳から74歳の保険加入者に対して実施することが医療保険の保険者の義務となっているからです（健保法150条１項、国保法82条１項、医確法20条・24条）。

では特定健診や特定保健指導とは何でしょうか。運動不足や食べ過ぎ・飲み過ぎが続くと、内臓の周囲に脂肪が溜まり、その影響で血圧や血糖値、中性脂肪値などが異常な状態になることがあります。これをメタボリックシンドローム、略してメタボといいますが、メタボになると、糖尿病などの生活習慣病になるリスクが高まります。生活習慣病は日本人の死亡原因の約６割を占めるところ、それを予防するためにメタボに着目した健診ということで特定健診が40歳から74歳までを対象に行われています。具体的には、質問票によって喫煙習慣や服薬情況等の生活習慣をチェックしたり、身体測定や血圧測定、血液検査、検尿等をしたりします。内臓脂肪の過剰蓄積があるかがポイントなので、腹囲も計測されます。こうした健診によって、高血圧や糖尿病などがみつかるだけでなく、その段階には至らないメタボやメタボ予備群がみつかります。

特定健診の結果、生活習慣病を発症するリスクが高くて、生活習慣を改善して生活習慣病を予防する効果が多く期待できる人に対しては、保健師や栄養士等が個別に指導・介入を行うことになります。これが特定保健指導です。生活習慣を改善する必要性が差し迫っている人ほど、本格的な指導を受けることになります。

特定健診や特定保健指導の実施によって、内臓脂肪の過剰蓄積→メタボ→生活習慣病の発病→血管の老化→血管病（心筋梗塞や脳卒中等）の発病→身体の障害→死亡という流れを早期の段階で断ち切ることを目的としています。

特定健診と特定保健指導を実施するのは医療保険の保険者であり、これは保険者が実施する保健事業の一環として位置づけられ

ています。

　それぞれの医療保険の保険者は、特定健診や特定保健指導の実績（実施率、メタボの該当者数・減少率等）をよくすることにとても積極的です。というのも、保険者には単にこれらの実施が義務づけられているだけではなくて、他の保険者と比べて実績が良い場合には優遇されるのに対して悪い場合にはペナルティを負うというように、金銭に連動したインセンティブの仕組みが整備されているからです。

　インセンティブの仕組みについては、保険者の類型ごとに３つの異なる仕組みが用意されています。まず、健保組合・共済組合では、各保険者が後期高齢者医療制度（詳しくは→213頁参照）に対して負担する後期高齢者支援金の額が加算・減算されます。特定健診等の実績が悪い保険者は負担する後期高齢者支援金の額が加算されるのに対して、実績が良い保険者は減算されます。こうして保険者が払う後期高齢者支援金の額が変動するわけですが、保険者というのは加入している被保険者から保険料を徴収して、医療が必要な人に対して給付を支給するというものなので、保険者自体が営利事業か何かをしてお金を稼げるわけですはありません。そうすると、保険者の負担が増えるなら、その分、被保険者から多くの保険料を集める必要があり、逆に負担を減らせれば被保険者の保険料を軽くすることができます（→53頁参照）。

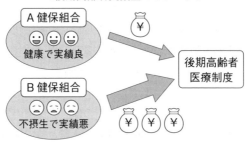

＜後期高齢者支援金のイメージ＞

このように健保組合・共済組合の仕組みはやや複雑ですが、これに対して協会けんぽの仕組みはよりシンプルです。協会けんぽでは都道府県の支部ごとに特定健診等の実績に応じて保険料率が決まります。つまり、保険料の増減が、健保組合・共済組合では間接的であるのに対して、協会けんぽではより直接的ということができます。

最後に国保では、保険者努力支援制度があって、実績に応じて国から得られる交付金の額が変わります。実績が良ければ交付金の額が増えるのでその分、被保険者から徴収する保険料を減らせるのに対して、悪ければ交付金が減らされて、その分、被保険者から多くの保険料を徴収しなければならなくなります。このように国保も、健保組合・共済組合と同様に間接的ではありますが、特定健診等の実績が、被保険者が負担する保険料の額に反映されています。

4　がんになったら

年を重ねるほど、がんになる確率は高まり、働き盛りの就労世代でかかる人も少なくありません。30代から40代では女性の方が男性よりもがんになる割合は高く、60代以降になると男性の方が顕著に高くなるようです。

がんになっても、治療しながら働く時代。仕事と治療の両立が求められることは、働き方改革でも謳われたところです。病気があっても生きやすい社会をどう構築していくか、ここではがんを具体例として挙げながら、改めて病気になった場合に関連する社会保障制度についてみていきましょう。

(1)　医療保険の適用範囲

がんの治療についても保険適用の範囲に入る医薬品や治療法なのであれば、療養の給付や高額療養費（→70頁参照）の対象になります。では、どのような医薬品や治療法が保険適用の範囲なのか、

そしてそれはいくらなのかということはどのように決定されるのでしょうか。医療保険の対象である医薬品や治療法については公定価格があって、医療機関が自由に価格を設定できるわけではありませんが（→19頁参照）、それらはどのように決定されて、どこをみればわかるのでしょうか。

　医療保険の給付の範囲や価格（診療報酬）については、厚生労働大臣が告示の形で決めています。大臣が告示を決めるにあたっては、中央社会保険医療協議会（中医協）という医療提供側の委員と費用負担側の委員、そして公益委員という三者構成の会議体に諮問して、そこから答申を得ています。答申を受けて大臣が制定・改定する診療報酬の算定方法という告示に記載されます。診療報酬の算定方法の別表第一には診療報酬点数表があり、同点数表の委任を受けて制定される使用薬剤の薬価（薬価基準）（以下、薬価基準といいます）というものもあります。

　つまり、大臣が定める診療報酬点数表や薬価基準をみれば、どのような医療行為や医薬品が医療保険の給付範囲なのか、またその価格（診療報酬）はいくらなのかがわかります。そのため、新しい医薬品が開発された際には、薬価基準に掲載してもらうことによって、医療保険の保険範囲に入るわけです。これを保険収載といいますが、保険収載される前には、医薬品の有効性や安全性が認められて、薬事承認を受ける必要があります（薬機法14条1項）。

＜医薬品が患者に届くまでのプロセス＞

開発 → 薬機法による薬事承認 → 保険収載 → 医師による処方 → 投薬
（治験を含む）

　また、同じく厚生労働大臣が制定する告示には、保険医療機関及び保険医療養担当規則（以下、療担規則といいます）もあります。療担規則には、保険診療を行う保険医療機関や保険医が従うべきルールが定められています。例えば、患者を不当に誘引しないよ

うにするために、3割の患者負担分について窓口で減免すること
は禁止されています。

医療は日々進歩するので、これまでになかった医薬品や医療機
器はどんどん開発されています。新しい医薬品は上記の手続きに
従って薬事承認を受けた上で、保険収載されることが重要です。

その一方で、がんなどの病気ですと保険適用の薬はすべて使っ
たけれど、あまり効果は得られずに闘病が続く場合もあります。
そのようなときに使えるかもしれないのが、保険外併用療養費の
仕組みです（健保法86条、国保法53条）。この仕組みを理解するために、
まずは混合診療禁止の原則について触れておきたいと思います。

(2) 混合診療禁止の原則

最初に確認ですが、開発中の試験的な治療や試験的な医薬品・
医療機器を使った治療というのは安全性や有効性が確認されてい
るわけではないので、保険収載はおろか、薬機法に基づく薬事承
認すら得られていません。ですので、万が一開発中の医薬品を自
分の治療に使いたいのであれば、医療保険制度を利用することは
できず、全額自己負担になります。保険診療に対して自由診療と
いいます。保険収載されていないものを使うのだから全額自己負
担、これについては理解できると思います。

しかし、多くのみなさんが最初は疑問に思うであろうことは次
の点です。すなわち、保険の効かない治療と保険の効く治療とを
あわせて行う場合には、前者だけではなく、後者も合わせて全体
が自己負担となるということです。例えば、研究中の新薬があっ
て、それを入院して投与することを考えてみましょう。そのとき
には研究中の新薬だけでなく、入院代についても全額自己負担と
なります。

なぜでしょうか。それは、日本の医療保険制度では原則として
混合診療が禁止されているからです。保険の効くものと効かない
ものを医療保険で混ぜて使うことを混合診療といい、混合診療は

禁止されているのです。先に述べた療担規則18条では「保険医は、特殊な療法又は新しい療法等については、厚生労働大臣の定めるもののほか行つてはならない。」と、19条1項では「保険医は、厚生労働大臣の定める医薬品以外の薬物を患者に施用し、又は処方してはならない。ただし、（中略）治験の対象とされる薬物を使用する場合その他厚生労働大臣が定める場合においては、この限りでない。」と書かれていて、保険の効かないものの使用が禁止されています。

ではなぜ混合診療は禁止されているのでしょうか。なぜなら、これを認めてしまうと、有効性や安全性の確認されていないあやしい診療が横行してしまう危険があるからです。得体のしれない医薬品や治療法がまん延したら大変です。また、混合診療が認められるとすると、製薬企業としては新薬を開発したとしても、保険外で供給すればよくなります。保険外であれば自由診療となり、国に価格を決められることもなく自由に設定できます。製薬企業としては、自由診療の形で開発した医薬品を売れるのであれば、保険収載するインセンティブは下がります。その結果、どうなるかというと、新薬ができても保険診療の範囲は広がっていきません。裕福な人は高いお金を払って自由診療の形で新薬を利用できるけれど、そうでない人は払えなくて新薬を利用できず、既に保険収載された薬の範囲でしか治療を受けられなくなってしまいます。結果として所得に応じて受けられる医療に格差が生じてしまう危険があります。

そこで、日本では有効性や安全性が確認された治療や医薬品なのであればまずは保険収載をして、保険の範囲を広げていくこと、それによって誰もが手ごろな価格で薬を使用することができるように、混合診療禁止の原則がとられています。

(3) 保険外併用療養費制度

ただ、混合診療が禁止されるということは、さきほどの新薬投

与のための入院を例にとると、本来保険適用されるはずの入院代までもが自己負担になるので患者側の経済的な負担は重くなります。そこで、一定の場合に例外を認めています。すなわち、本来保険適用されるはずの部分（入院代）については保険外併用療養費を支給することでもともとの一部負担金のみを負担すればよいとする一方、保険適用外の部分（新薬）は全額自己負担としています。混合診療の禁止はあくまでも原則であり、例外があるのです。

　例外が認められる一定の場合というのは、評価療養や患者申出療養にあたる場合です。評価療養とは保険診療とすべきかどうかの評価が必要であると厚生労働大臣が定めた治療法のことで、具体例にはさきほど述べた薬機法による薬事承認を得るために人に対して行われる治験の場合や、一定の安全性や有効性は満たすと厚生労働大臣が定める先進医療にあたる場合があります。先進医療は後述する特定機能病院（→196頁参照）以外の病院では通常提供することが難しい医療です。それぞれの先進医療ごとに、施設基準が決定され、それを満たす医療機関において提供されています。基準さえ満たせば特定機能病院以外の病院でも提供されることがあります。

　ですので、がんなどの場合で保険適用の薬はすべて使い果たしてしまった際には、治験や先進医療に参加できないかを調べることが有益です。もっとも、治験や先進医療は誰もが参加できるわけではないので、対象から外れることも多いです。

　そのようなときでも最後の望みとして利用できるかもしれないのが患者申出療養です。これも保険外併用療養費の一類型で、未承認の薬を迅速に使用したいという困難な病気と闘う患者さんの思いに応えるためにできた仕組みで、あらゆる医薬品等が対象になります。患者さんからの申出を起点とし、臨床研究中核病院（→196頁参照）等の意見を聞いた上で、患者申出療養評価会議と

いう会議体で、安全性や有効性等を審査します。審査の結果、一定の安全性や有効性等が認められれば、厚生労働大臣が告示を出して承認します。そうすると、原則として臨床研究中核病院にて治療を受けられるようになります。利用を検討したい場合にはまずはかかりつけ医に相談してみましょう。

　もっとも、治験や先進医療、そして患者申出療養によって提供される医療サービスについてはあくまでも研究途上にあるもので、薬事承認を受けるほどの有効性や安全性が認められているわけではないことには注意が必要です。特に治験の場合には有効性や安全性が本当にあるかを試験している段階です。患者側としては一途の望みにかけて治験等にチャレンジするのが現状かもしれませんが、効くかどうかはわかりませんし、思いもよらない副作用が出ることもありえます。治験や先進医療はあくまでも将来的な保険収載を見込んで評価を行うためのもので、「医薬品や医療技術の開発」が一次的な目的です。患者の病気を治すことが目的ではありません。治験では製薬企業等が新薬等の費用を負担してくれる場合があります。

●病院の種類と医療計画

　本文では特定機能病院や臨床研究中核病院という概念が出てきましたが、いずれも医療法に基づく概念です。まず特定機能病院は、高度な医療を提供するとともに、高度の医療技術の開発や研修をする能力を兼ね備えた病院のことで、厚生労働大臣が個別に承認します（医療法4条の2）。国立がん研究センター中央病院や多くの大学病院等が承認を受けています。これに対して、臨床研究中核病院とは、日本発の革新的医薬品や医療機器の開発に必要となる質の高い臨床研究や治験を推進するために中心的な役割を担う病院のことです（4条の3）。具体的には国立がん研究センター中央病院センターなどが厚生労働大臣から承認を受けています。医療法には他にも地域医療支援病院という病院があり（4条）、

患者に身近な地域で医療を提供するもので、都道府県知事が個別に承認します。この他に一般病院や精神疾患の患者を対象とする精神病院、結核患者を対象とする結核病院があります。また、がんの治療に関しては全国どこでも質の高いがん医療を提供できるよう、全国にがん診療連携拠点病院や地域がん診療病院が指定されています。

かかりつけ医が地域における第一線の医療機関となり（→9頁参照）、かかりつけ医から地域支援病院に紹介し、地域医療の充実を図っていて、高度なものは特定機能病院が担うといった役割分担・機能分化が図られています。

医療提供体制の整備については国が定める基本方針（30条の3）に従って、都道府県が医療計画を作成します（30条の4）。その中では、地域の医療提供体制の将来のあるべき姿が地域医療構想として策定されるとともに、病床の種別ごとに必要な病床数の目標が設定されます。病床の種別としては、精神疾患の患者を入院させる精神病床、感染症の患者等を入院させる感染症病床、結核の患者を入院させる結核病床、主として長期にわたる療養が必要な人を入院させる療養病床、そしてそれ以外の一般病床があります（7条2項1号～5号）。

では、医療計画で必要とされる病床数は足りているのに、新たな病院を開設したいとの申請があったらどうなるでしょう。既に勉強した通り、そもそも病院を開設するには開設地の都道府県知事の許可が必要です（同条4項）。開設許可申請した病院が市立など公的医療機関であれば、病床数が必要な病床数を上回ることを理由に知事は許可しないことができます（7条の2第1項）。これに対して、民間の医療機関の場合には中止勧告ができるにとどまります（30条の11）。医療機関の側が開設を中止しなかった場合には所定の要件を満たす限り、開設は許可されます。もっとも、中止勧告を受けると保険医療機関としての指定を受けられないため（→17頁参照）、自由診療しか提供できません。そのため、中止勧告を受けた時点で開設を断念することが多く、営業の自由に

対する大きな制約といえます。

このように、医療法では国が定める方針に従って、都道府県が医療計画を策定して供給量を調整しています。サービスが過剰供給されると制度の健全な財政運営が妨げられてしまうからです。これによって、医療機関の地域的偏在を是正するとともに、医療機関の相互の連携を促進しています。

もっとも、医療計画によって供給量を調整するという手法は、既存の医療機関を優先し、新規参入を制限することになるので、結果として患者の医療機関を選択する権利を制約するとの問題も有しています。

●選定療養

本文では保険外併用療養費制度には評価療養や患者申出療養があるといいましたが、正確にはそれに加えて選定療養もあります。これは患者の好みによって選択できるものです。例えば入院するにあたって医療的な必要性はないのに、大部屋ではなく、個室を利用するとか、冒頭に話した紹介状のないままに大病院に行く場合（→9頁参照）などが挙げられます。差額ベッド代や特別料金を自己負担することによって本来保険適用される部分は保険外併用療養費の対象として処理されます。

<保険外併用療養費制度の分類>

保険外併用療養費制度　┏━評価療養……治験、先進医療ほか
　　　　　　　　　　　┣━患者申出療養
　　　　　　　　　　　┗━選定療養

●先進治療と標準治療

先進治療と標準治療、2つの言葉を聞くと、素人としては先進治療の方が進んだものだからそっちを受けたいと思ってしまいがちです。標準治療といわれると「普通の」とか、「並みの」という印象を持つかもしれませんが、それは誤解です。

医療の世界において標準治療は、現時点での最善・最良の治療

のことであり、標準治療がまだ選択できる状況であれば、それが
ベストな治療法です。標準治療は、科学的にも有効性が証明され
ていて、原則として公的医療保険の保険適用の対象となっている
ので、比較的安価にて受けることができます。科学的にレベルの
高い多くの研究に裏打ちされたものこそが標準治療であり、最も
信頼性の高い医療と考えられています。これに対して「先進」と
か「最先端の」とかいわれると素人には魅力的にうつりますが、
これらは有効性がまだ確認されていないものです。具体例には免
疫療法などがあります。がん治療の中核拠点であるがん診療連携
拠点病院（→197頁参照）と指定する要件にも、保険適応外の免
疫療法を自由診療として実施していないことが定められています。
中には保険診療の範囲に入っている治療であるにも関わらず、
「最先端」と称して自由診療で行い、患者から多額の金銭を得る
悪徳医療機関もあるようなので要注意です。

●民間医療保険における先進医療特約

　これまでみてきた通り、健保や国保という公的医療保険では、
療養の給付や保険外併用療養費など、充実した給付が用意されて
います。高額療養費の仕組みもあるので、けっこうな部分が公的
医療保険制度によってカバーされます。そのため、民間の保険会
社が販売する医療保険にも加入するかは、慎重に判断することが
賢明でしょう。やみくもに加入するのではなく、何のために加入
するかを確認することが大事です。例えば公的医療保険ではカバ
ーされない差額ベッド代のためや先進医療のためなどが考えられ
ます。

　民間保険である医療保険やがん保険に加入する場合には先進医
療特約を付す人が増えています。本文でみた通り、先進医療を受
ける場合には入院代等は保険外併用療養費の対象となりますが、
先進医療については全額自己負担で、そのほとんどは高額です。
そこで、その負担を和らげるために先進医療特約が利用されてい
ます。契約内容次第ですが、特約が保障するのは主に先進医療と

して厚生労働大臣が定めた医療とされることが多いです。その意味で先進医療特約と公的医療保険制度とには連関がみられます。

●治験

　個人的な話で恐縮ですが、父もがんでした。医療保険の対象である抗がん剤をすべて使い果たしたとき、治験への参加に関するお話をいただきました。本人は、自分はモルモットではないといって嫌がりましたが、説得の結果、試してくれることになりました。しかし、うまくいかず……これまでの症例では出たことのない副作用が出るという結果に終わりました。父のがんは治りませんでしたが、新薬の開発には立派に貢献した、それがせめてもの救い、治験とはあくまでも薬を開発するためのもの、父が身体をはって教えてくれたことのひとつです。

●緩和ケア

　がんと診断されたときの精神的なショックは個人差があるとはいえ大きいものです。さらに治療が始まると副作用としてむくみやしびれ、倦怠感などの身体的な症状だけではなく、将来についての不安など、精神的な苦痛は続きます。このような身体的・精神的な苦痛をやわらげるケアに、緩和ケアがあります。緩和ケアは終末期だけでなく、がんと診断されたときから受けられます。病院にもよりますが、医師や看護師だけでなく、薬剤師や栄養士、ソーシャルワーカーなどの専門家がチームとなって患者とその家族を支援します。一般病棟や緩和ケア病棟に入院しながらでも、通院でも、あるいは在宅でも、緩和ケアを受けられて、いずれの場合にも医療保険が適用されます。

(4) 身体障害者手帳

　これまでがんになった場合に利用し得る医療保険制度の内容をみてきましたが、がんの治療内容によっては、身体障害者手帳を取得できる場合があります。例えば直腸がんになって、永久的に

人工肛門（ストマ）をつける場合などです（「ぼうこう又は直腸機能障害」）。役所の福祉課窓口にいって、申請書類を受け取って、指定医に身体障害者診断書・意見書を記入してもらいましょう。記入済みの申請書等を提出すると、都道府県知事によって認定審査され、手帳が交付されます。手帳の交付は行政処分なので不交付については取消訴訟を提起して争うことができます。

　身体障害者手帳が交付されると、日常生活用具としてストマ装具の給付、税金の控除・免除、交通運賃の割引、各種公共料金の割引、医療費の自己負担額の補助など、等級によって各種のサービスを受けられます。

●治療と仕事との両立

　医療の進歩もあって、がんの5年相対生存率は年々伸びており、がんは治る病気もしくはかなり長期にわたって安定した状態を期待できる病気になってきました。これは、患者や家族にとって希望に満ちたものであると同時に、治療が長期化することによって別の問題を生じさせるという側面もあります。それは、治療と仕事をどのように両立させるかや、経済的な問題などです……。

　治療と仕事の両立については、育児や介護に比べて、制度が充実していないという特徴があります。育児介護休業法では育児や介護についての休業制度等が整備されていますが、私傷病の治療のための休業については法律の保障がなく、それぞれの会社の就業規則等に委ねられているからです。

　休職制度がある会社では健康保険から傷病手当金（→71頁参照）を受けながら療養に専念できるでしょうが、休職の仕組みがなければ有給（年休）を利用します。年休を使い切ってもまだ治療が必要な場合には会社を辞めることにもなりかねません。傷病休業についても法律で保障していく必要があるでしょう。また、妊娠中や育児期に使える時差出勤や時短勤務等の仕組みは抗がん剤や放射線等の治療を通院にて受けるときにも利用できるようにしくいく必要があります。

病気になっても生活は続くので安心して働き続けられる職場環境づくりが重要です。仕事は生活費を稼ぐという意味でも、そして社会との接点を持つという意味でも重要であり、生きる意欲につながることもあります。

　さらに近年増えているのががん患者の社会参加を支援する目的で、ウィッグの購入費や乳がんで乳房を切除した患者への人工乳房や補正下着などの購入費を都道府県や市町村単位で助成する仕組みです。すべての自治体で助成制度があるわけではありませんが、住んでいる自治体で助成制度がないかを調べてみるとよいでしょう。

(5)　障害年金

　経済的な観点では病気によって障害が生じた場合には年金制度から障害年金を受けられるかもしれません。がんによって人工肛門や新膀胱を造設したなど、身体の機能が変わった場合だけではなく、抗がん剤の副作用で倦怠感があって末しょう神経障害（しびれ、痛み）、貧血、下痢、嘔吐、体重減少があるなど、客観的にはわかりにくい内部障害でも、生活や仕事に支障をきたす場合には障害年金を受けられる可能性があります。既に述べた通り、働ける場合でも障害認定基準にあてはまる障害があれば受給できます（→71頁参照）。

　障害年金の要件については既述の通りですが、障害年金の申請にあたっては、自分で記入する病歴・就労状況申立書と医師に記入してもらった診断書を提出します。がんになる前と比較してがんによる障害によって仕事を遂行する能力（就労能力）がどれくらい低下したか、日常生活がどれくらい不自由になったかを具体的に記載することが必要です。また、障害年金をもらうには、初診日に厚生年金あるいは国民年金の被保険者であることが必要です（→72頁参照）。仮に会社を辞めた後でがんという確定診断を受けたとしても、辞める前から病院に通っていたような場合には、

初診日の時点には厚生年金の被保険者ですので、障害基礎年金だけでなく障害厚生年金を得られる可能性があります。

(6) 介護保険

がんの進行によっては生活に支障が出てくることもあります。そのときにも40歳以上であれば介護保険を利用できます。さきほど述べた通り、がん末期は第2号被保険者が介護保険を利用できる特定疾病のひとつだからです（→187頁参照）。

介護保険の利用については既に説明しました（→36頁参照）が、がん患者の場合には容態が急激に悪化することがあるため、要介護認定の迅速化が求められます。そのため、市町村によっては申請があったその日に訪問調査を行い、1週間くらいで要介護認定をするところもあるそうです。またすぐに介護サービスが必要な場合には要介護認定を受ける前からケアマネに暫定ケアプランを作ってもらい、サービスの提供を受けられるようになっています。

介護保険では既にみた訪問介護（→37頁参照）以外にもさまざまな給付があります。例えば介護用のベッドや車いすなどの福祉用具の貸与についても居宅介護サービス費や介護予防サービス費の対象となりますし、風呂場に手すりを付けたり、入浴用の椅子を買ったりする場合にも居宅介護福祉用具購入費や介護予防福祉用具購入費を受けられます。

このように介護保険では医療保険の場合とは違って、金銭給付が保険給付の主たる内容です。事業者と介護に関する契約を締結して事業者から各種のサービスを受けると、かかった費用の一部が介護保険から居宅介護サービス費等として支給されます。実際には事業者が受給権者に代わって居宅介護サービス費等を市町村に請求の上、代理受領しています（→41頁参照）。そのため、患者としては、本来かかる費用の1割（一定以上の所得があれば2割または3割）を負担すればよいです。負担が重い場合には高額介護サービス費が支給されます（介保法51条）。

さらに、介護では医療と違って混合介護も認められます。ですので、介護保険の給付とそれ以外のサービスを組み合わせることができます。既に述べた通り、介護保険であれば原則1割なので負担は比較的軽いです。そのため、サービス量を増やしても、この軽い負担が増えるだけと誤解されるケースもあるようです。しかし、介護保険の給付（要介護度に応じて上限が決まります）を超えるサービスは、全額自己負担となり一気に負担が重くなるので、注意が必要です。

　介護保険を利用したくてもどこへいけばよいかわからない場合にはがん治療を行っている医療機関の相談室や、地域包括支援センター（→37頁参照）に相談してみてください。

　在宅で治療を続ける場合には介護保険のサービスを利用することが大切です。そして自宅での最期を希望する場合には、がんの在宅緩和ケアに力を入れる訪問診療医（→241頁参照）が近くにいるかどうかも大切です。訪問診療医の情報もがん治療を受けている医療機関の相談室や最寄りのがん診療連携拠点病院の相談支援センターにて入手できます。医療保険と介護保険を組み合わせて利用する場合には、医療保険では高額介護合算療養費（健保法115条の2）が、介護保険では高額医療合算介護サービス費（介保法51条の2）が負担を軽減するために支給されます。これは医療と介護の合算版で、1年間の合計額が自己負担限度額を超えるときに超過分が支払われます。がん患者が医療保険で治療を受けつつ、介護保険も利用する場合はもちろんですが、同じ医療保険に加入している家族が医療保険や介護保険を使う場合でも利用可能です。申請しないと支給されませんので、こういう仕組みがあることについてはあらかじめ知っておくことが大切でしょう。

第8章　高齢者

> 　大学生のみなさんにとってはさらに先の話になりますが、中高年の後には高齢者になります。みなさんのおじいさんやおばあさんを想像していただいた方がイメージはつきやすいかもしれません。人生のラストステージではどのような社会保障制度を利用できるのか、そもそも高齢者といっても何歳以上を指すかなども制度によってまちまちなので、その辺りを概観してみましょう。

1　何歳から高齢者？

　日本の平均寿命はますます高まる傾向があり、2019年現在、男性では81.41歳、女性では87.45歳です。平均寿命が延びるに伴って元気な高齢者は着実に増えています。現代を生きる人たちは身体的機能も知的能力も昔の人たちよりも若返っている傾向があるといわれています。

　では、高齢者と一言でいいますが、何歳からを指すのでしょうか。高齢社会対策大綱（2018年2月閣議決定）では高齢者という用語は文脈や制度ごとに対象が異なり、一律の定義がないとしながらも、便宜上広く指す語として65歳以上と定義されています。もっとも、「65歳以上を一律に「高齢者」と見る一般的な傾向は、現状に照らせばもはや現実的なものではなくなりつつある。」とも指摘されています。

　日本老年学会と日本老年医学会は、2017年に高齢者の定義を65歳以上から75歳以上に引き上げ、65歳から74歳は高齢者の準備期にあたる状態で准高齢者とすべきことを提言しました（日本老年学会・日本老年医学会「高齢者に関する定義検討ワーキンググループ」報告書. 2017）。健康面でも、認知面でも、個人差が大きく、年齢によ

って一律には決められないところに難しさがあるようです。

　ここでは高齢者というものがそれぞれの社会保障制度において
どのように捉えられているかをみていきましょう。具体的には社
会保障制度に密接に関連する労働法の観点をはじめに確認した上
で、雇用保険制度、年金制度、医療保険制度、介護保険制度を概
観します。

(1)　労働法

　労働法の分野で高齢者といえば定年という概念を思い浮かべる
人が多いでしょう。定年とは一定の年齢に到達することによって
労働契約が終了する制度のことで、かつての民間企業では55歳定
年が主流でした。しかし、1970年代半ば頃より高年齢者の雇用確
保の観点から政府による定年延長政策が進められ、60歳定年制が
主流となりました。今では高年齢者雇用安定法で60歳未満の定年
制が禁止されています（高年法8条）。ちなみに同法では55歳以上
を「高年齢者」と定義しています（2条1項、則1条）。

　定年を迎えたら職業生活から引退して悠々自適な生活を……と
いうイメージを抱く人もいるかもしれませんが、今やそれは一昔
前の話。定年後も再雇用や嘱託などのいわゆる継続雇用の形で働
き続ける場合が多いです。というのも、高年法では65歳までの雇
用確保措置が企業に義務づけられているからです。雇用確保措置
には3つの選択肢があります。①定年制を65歳以上に引上げする
か、②定年後も継続雇用をするか、③定年制を廃止するかの3つ
です（高年法9条）。このうち、多くの企業が採用しているのが②
であり、継続雇用先は自社のみならず子会社や関連会社でも構い
ません（特殊関係事業主といいます）。これまで多くの企業が採用し
てきた年功序列型の賃金体系の下では、いったん定年によって期
間の定めのない労働契約を終了させた上で、改めて有期契約を結
ぶことで賃金コストを下げることが重要だからです。働く期間が
長いほど賃金が上がり、また定年までは簡単に首を切られずに済

むという雇用保障があるので、長期雇用慣行の敷かれた日本では定年制はそれなりに合理性のある制度と考えられてきました。その裏返しとして、定年後の賃金が大幅に下がっても一定の範囲内であれば許容範囲と考えられてきたのです。

　このように高年法では60歳未満の定年を禁止した上で、60代前半の人を対象に雇用確保措置をとることを企業に義務づけています。さらに、人生100年時代を迎える中、このような高齢者の就業機会の確保という流れを一層進める法改正が2020年に行われました。すなわち、少子高齢化が急速に進展し、人口が減少する中で、働く意欲のある高齢者が十分に活躍できるように、今度は65歳から70歳までの高齢者に対して就業確保措置を講ずることが2021年４月から事業主の努力義務となりました。もっとも、対象となる60代後半の人々は健康面でも体力面でも個人差が大きく、多様な特性やニーズがあることが考えられます。そこで、上記の①②③（②については特殊関係事業主だけでなく、他の事業主も認められます）以外の選択肢も用意されました。すなわち、労使で合意すれば雇用以外の創業支援等措置を講じてもよいです。具体的には希望する高齢者に対して事業主が70歳まで継続的に業務委託契約を締結する制度や、事業主自らが実施する社会貢献事業あるいは、事業主が委託・出資等する団体が行う社会貢献事業に70歳まで継続的に従事できるようにする制度の導入が内容です（高年法10条の２）。創業支援等措置の場合には労働者として働くわけではないので基本的に労働法の保護はありません。そのことについては丁寧に高齢者に説明する必要があります。なお、この場合でも労災には特別加入することができます（労災則46条の17第９号）。

　少子高齢化が急速に進展し人口が減少する中で、経済社会の活力を維持するためには、働く意欲がある高齢者が多様な働き方をできるように環境の整備が必要となっています。高齢者を雇用することで事業主が利用できる助成金（特定求職者雇用開発助成金、65

歳超雇用推進助成金）もあるので、事業主としてはそれらを利用することが有益です。ハローワークには生涯現役支援窓口が設置され、再就職を目指すシニアを対象に各種のサービスが展開されています。

(2) 雇用保険

雇用保険については50代の頃と同様に労働者として働いていれば64歳までは一般被保険者となります。そして、65歳になると高年齢被保険者に分類されます。そのためには１週間の所定労働時間が20時間以上で、31日以上の雇用の見込みがあることが必要です。

もっとも、既に述べた通り、高齢になると働き方はより一層多様になるので、複数の会社を掛け持ちするマルチジョブホルダーの形で働く場合もあるかもしれません（→110頁参照）。そうすると、１社だけでは週20時間には達しないけれど、２社以上の労働時間を合算すればそれを超える場合もあります。65歳以上でそのような働き方をする場合には、2022年１月から本人の申出を契機とすることで高年齢被保険者になれます（→86頁参照、雇保法37条の２）。労働者からの希望があった場合に企業の側で申出を拒んだり、申出を理由に不利益な取扱いをしたりすることは許されません。

これに対して、65歳以上で働く場合でも、創業支援等措置の対象となる場合は企業に雇用されるわけではないので、雇用保険の被保険者にはなりません。

(3) 年　金

現在の労働法制を踏まえると働ける場合には60歳以降も働き続けることが求められています。ただ、60歳を過ぎると健康面や体力面での個人差が大きく、60歳より前と同じようには働けないこともあるので、60歳以降の就業についてはなお一層、多様な働き方が不可欠となります。働き方次第で、社会保障制度への加入形態も変わります。最初に年金制度について60歳以降の加入状況を

みた上で、老齢年金の受給についても制度内容を確認したいと思います。

　⑺　**加入と負担**　まず、60歳になっても労働者として会社勤めを続けるなどそれまでと大して変わらないような働き方をする場合には引き続き厚生年金の被保険者となります。50代までとは異なる働き方でも、所定労働時間や所定労働日数が通常の労働者の4分の3以上の場合や、4分の3未満であっても既に述べた要件（→58頁参照）を満たすような働き方であれば、同じく厚生年金の被保険者となります（厚年法9条・12条）。

　厚生年金の被保険者であれば、労使折半で保険料を負担します。その場合には国民年金の第2号被保険者にも該当します（国年法7条1項2号）。国民年金の第1号被保険者や第3号被保険者には60歳という年齢要件が付されています（同項1号・3号）が、第2号被保険者には年齢要件が付されていないからです。ただ、国民年金の被保険者資格は老齢厚生年金を受けることができるようになると喪失します（9条4号）。そのため、第2号被保険者となるのは基本的に65歳までです。

　他方で厚生年金の被保険者資格には「70歳未満」という上限があるので、69歳までです。70歳以降にそれまでと同じように働いたとしても、被保険者ではないので、保険料を負担する必要はありません。

　これに対して、60代になると趣味を中心に人生を楽しんだり、身体の調子が悪かったりで、セーブして働くこともあるし、そもそも働かないこともあるでしょう。厚生年金の被保険者資格が認められない程度の労働時間や労働日数であれば、当然には国民年金の被保険者にはなりません。というのも、第1号被保険者には「60歳未満」という年齢要件があるからです。

　もっとも、任意で国民年金に加入して保険料を払うことはできます。国民年金は20歳から60歳までの40年間に保険料を負担する

ことを前提に、65歳になると満額年金を支給するという仕組みです。しかし、大学生の頃とか、転職のタイミングとかで、保険料の未納期間があると、満額年金はもらえません。そんなときには国民年金に任意加入することが有用です（国年法附則5条1項2号）。60歳から65歳の間に国民年金に任意加入することによって保険料納付済期間を40年に近づけて将来の年金額を増やすことができます。また、65歳以上70歳未満の場合でも、受給資格期間を満たしていない場合は特例任意加入が可能です（平成6年改正法附則11条1項）。

　このように60歳以降については主としてどのような働き方をするかによって、厚生年金の被保険者と国民年金の第2号被保険者になるか否かが決まります。厚生年金の被保険者でなければ、当然には国民年金に加入することはありませんが、保険料の未払期間があれば任意加入ができます。

　加えて第2号被保険者や任意加入者であれば、60歳から65歳の間、iDeCoに加入して掛金を払い続けることができるようになります（2022年5月から）。

　㈑　**老齢年金**　次に高齢となれば年金制度から老齢年金を受ける可能性もあるので、その辺りのルールを簡単に確認しましょう。

　⒜　**年金の支給開始年齢**　さきほどみた通り、何歳からを高齢と捉えるかは個人差が大きく難しいですが、年金制度が用意する老齢年金は、原則として65歳を支給開始年齢と設定しています。具体的には国民年金法が規定する老齢基礎年金（定額部分）と厚生年金保険法が規定する老齢厚生年金（報酬比例部分）です。

　⒝　**繰上げ**　65歳が原則的な支給開始年齢としても、体調のせいで働けないような場合もあるでしょう。そのようなときのために、年金制度では繰上げ支給の仕組が用意されていて、60歳になれば年金の支給を繰り上げることができます。もっとも、

繰り上げると受給期間が延びる分、1か月繰り上げるにつき0.5％（2022年4月からは0.4％）、支給額が減額されます（国年法附則9条の2、厚年法附則7条の3・13条の4）。

　(c)　**繰下げ**　他方で、人によっては65歳でも元気でまだまだ働けるから当分年金は必要ないこともあります。そのような場合は年金の受給を繰り下げられ、1か月繰り下げるごとに0.7％増額されます（国年法28条、厚年法44条の3）。これまでは70歳までしか繰り下げられませんでしたが、2022年4月からは75歳まで繰り下げられます。75歳まで繰り下げると65歳で年金を受け始めるのに比べて10年の待機分が付くので84％増額されます。

　(d)　**受給のタイミング**　繰上げでも繰下げでもいったん年金を請求して裁定処分（→73頁参照）を受けると、減額率や増額率は生涯適用されることになります。そのため、いつのタイミングで年金を受給するかは非常に重要な問題です。その他の収入状況も考慮に入れた上で、慎重に判断する必要があります。繰り下げるほど年金額は増額されますが、その分、負担しないといけない税金や保険料も増える可能性がありますし、繰り下げる期間は加給年金（→221頁参照）も支給されないので、それらの点も考えていつから受けるかを決定します。

(4)　**医療保険**

　次に医療保険ですが、こちらも働き方と年齢によってどの保険に加入するかが変わります。

　(ア)　**加入する医療保険**　まずは74歳までを考えてみます。健保の加入資格は厚生年金の被保険者資格と連動するので、厚生年金の被保険者になるような働き方であれば、健保の被保険者となり、労使で保険料を負担します。扶養するパートナー等がいれば、被扶養者にできます。

　その一方で、厚生年金の被保険者資格が認められないような働き方では、健保の被保険者資格も認められません。国保の被保険

者として手続きして保険料を負担する必要があります。または、健保に任意継続加入することもできますし（→94頁参照）、あるいは成人した子どもに扶養される場合には子どもが被保険者である健保に被扶養者として加入することも考えられます。

　健保の被保険者かそうでないかによって思わぬところで違いが出ます。例えば手術が必要な病気にかかって1か月近く仕事を休む場合を考えてみましょう。医療費については高額療養費の仕組みがあり（詳しくは→70頁参照）、これは国保でも健保と同様に支給されます（国保法57条の2）。そのため、ある程度の負担は抑えられます（健保では高額療養費の付加給付が独自に設けられる場合があることについては→71頁参照）。その一方で、国保の被保険者や健保の任意継続被保険者では、働けないときの所得保障である傷病手当金が保障されません。正確には国保でも条例で定めることで給付内容にできますが（58条2項）、そのような条例はめったにありません。これに対して、健保の被保険者は傷病手当金を受けられるので、結構大きな違いです。

　(イ)　**前期高齢者と財政調整**　その上で、医療保険では、65歳から74歳までを前期高齢者（医確法32条1項）と、75歳以上を後期高齢者（50条1号）と定義しています。後期高齢者については後述の通り、独立した保険制度を構築していますが、前期高齢者についてはそれまでと同様、働き方によって加入する医療保険を決めています。つまり会社でそれなりに働く場合には健保が、個人事業主（創業支援等措置の場合を含みます）や無職の場合には国保が適用されます。

　他方で高齢になるほど、病気になる確率は高まります。そうすると高齢者がたくさん加入している保険ほど、たくさんの給付が必要になります。具体的には退職者が多く加入する国保ほど医療の需要は大きく、現役世代が多く加入する健保とは不釣り合いという問題があります。

そこで、このような保険者間の医療費負担の不均衡を調整するために、財政調整の仕組みが設けられています。保険者は、高齢者率に応じて前期高齢者納付金を社会保険診療報酬支払基金に納付します。その資金を社会保険診療報酬支払基金は高齢化率の高い保険者に前期高齢者交付金という形で支給することで不均衡を調整しています（36条・139条1項1号・32条1項）。

| 保険者 | → 前期高齢者納付金 | 社会保険診療報酬支払基金 | → 前期高齢者交付金 | 高齢者率の高い保険者 |

（ウ）　**一部負担金**　医療機関に行ったときに窓口で払うのは、これまでみてきた通り70歳未満では3割（健保法74条1項1号・110条2項1号イ）ですが、70歳以上75歳未満では原則として2割（74条1項2号・110条2項1号ハ）です。現役並みの所得がある場合には3割（74条1項3号・110条2項1号二）です。

（エ）　**後期高齢者医療制度**　このように74歳まではこれまでと同様に職業に応じて保険が決まりますが、75歳になると働いていようがいまいが強制的に後期高齢者医療制度という別の制度に加入することになります。保険者は、都道府県の区域ごとに区域内の全ての市町村で組織される広域連合です。市町村でも都道府県でもなく、各都道府県に存する全ての市町村によって組織される広域連合という団体です。

被保険者は基本的に個人単位で保険料を負担する必要があります（所得割、均等割）。労使折半ではありませんので、全額自分で負担します。また、被扶養者の仕組みはないので、これまでパートナーを被扶養者としていたとしても、それを続けることはできません。パートナーが75歳未満なら国保の被保険者になります。

後期高齢者医療制度の被保険者が医療機関に行ったときの一部負担金は原則1割でしたが、団塊の世代が75歳以上に到達する

2022年度までに原則として2割に引き上げられることになりました（200万円未満の場合には1割のままです）。というのも、後期高齢者医療制度の財政負担割合全体をみると、一部負担金を除いて、被保険者による保険料は1割にすぎず、5割は公費、4割は他の保険者からの支援金となっています。他の保険者からの支援金というのは財政調整であり、具体的には現役世代からの支援金が大きな割合を占めています（→190頁参照）。そのため、世代間の公平を保つ上でも後期高齢者の一部負担金の引上げが急務なわけです。

(5) 介護保険

介護保険については40歳から第2号被保険者として加入して、医療保険に上乗せして保険料を払ってきたかと思います。介護保険の第2号被保険者は64歳までなので、65歳になると第1号被保険者に切り替わります。そうすると、それまでとは違って、医療保険とは切り離した形で介護保険料を負担する必要があります。また、64歳までは生活保護の受給者で介護保険の第2号被保険者にはならなかった場合でも、第1号被保険者となり、生活扶助の介護保険料加算が支給されます（→277頁参照）。

第1号被保険者の介護保険料は所得に応じて段階別に定額で設定されています。基準額である第5段階を中心におおむね9段階です（令38条1項）。低所得高齢者にあたる第1段階から第3段階については保険料を軽減する仕組みがあり、軽減された分については、国が2分の1、都道府県が4分の1、市町村が4分の1を負担します（→254頁参照、介保法124条の2）。

保険料は継続的に一生涯支払うことが必要です。ただし、「特別の理由」がある場合には保険料の減免や徴収の猶予をしてもらうことができます（→255頁参照、142条）。

介護保険料の徴収方法には、特別徴収と普通徴収があります。65歳以上であれば年金を受給していることが多いので、年金から天引きする形で保険料が徴収され、これを特別徴収といいます。

年間18万円以上の年金を受給している場合が対象です（131条・135条）。これによって保険料をわざわざ払う手間や負担を軽減しています。これに対して特別徴収の対象にならない場合には普通徴収となります。役所や銀行等で納付書を使って納付するか、口座振替で支払います。

65歳になって介護保険の第1号被保険者となれば要介護や要支援の状態になった理由を問われることなく、介護保険の給付を受けられることは既に述べた通りです（→187頁参照）。

2　高齢者の生活の糧（所得保障）

次に高齢者の生活の糧、つまり所得保障についてみていきます。50代までは主として賃金をベースに生計を立てる人が多いでしょうが、60歳以降になると働き方は一段と多様化します。それに伴って所得保障の手段も多様化します。

働いていても、定年前よりも賃金が大幅に下がるケースが多いのは既に述べた通りであり（→207頁参照）、そんなときには雇用保険から高年齢雇用継続給付を受けられるかもしれません。また、60歳以降であれば、年金制度から老齢年金を受けられる可能性があるのは上述の通りです。老齢厚生年金に関しては一定以上の賃金を受け取る場合には、その一部または全部が支給停止される在職老齢年金の仕組みがあります。その他にも、企業年金や個人年金からの給付が所得保障の手段となる場合もあるので、それらの仕組みについて概観しましょう。

⑴　賃　金

定年後に賃金が大幅に下がる場合が多いのは既に述べた通りですが、高齢者が意欲を失わずに納得した形で働き続けるためには、それなりの賃金を支払う必要があります。問題はそれなりの賃金とはどれくらいかという問題です。非正規と正規との待遇の格差についてはパー有法8条（労契法旧20条）があり、不合理な格差は

禁止されています。そして、この規定は定年後の労働者にも適用されます。というのも、定年後の労働者の多くは有期労働契約を締結しているからです。

長澤運輸事件（最二小判平成30年6月1日民集72巻2号202頁）では定年後の再雇用の嘱託社員に対して正社員とは違って精勤手当を支給していませんでした。最高裁は、精勤手当は出勤を奨励する趣旨で支払われるものであり、その趣旨は定年後の再雇用の場合にも及ぶから不支給にするのは不合理であると判断しました。しかし、基本給等の仕組みについては、不合理とはいえないと判断しました。その判断を導くにあたって最高裁は、会社の制度を詳しく検討するとともに、労使交渉の経緯や定年後には老齢厚生年金の支給も受けられることを考慮しました。さらに、定年後の社員には正社員と違って住宅手当や家族手当、賞与等が支給されていませんでしたが、そのような格差も不合理ではないと判断しました。

会社には定年後の労働条件の内容について労働者に説明する義務があるので（パー有法14条2項）、疑問がある場合には内容や違いがある理由について説明を求めることが大切です。説明してくれなかったり、待遇差の内容・理由に疑問があって納得できなかったりする場合には、労働局に相談することができ、無料・非公開の紛争解決手続きも利用できます。

(2) 高年齢雇用継続給付

高齢者の賃金に関連しては賃金の減少を補填する趣旨で雇用保険から支給される高年齢雇用継続給付という制度があります。60歳から65歳については、定年前賃金に対して25％程度の引下げでは支給されず、25％以上39％未満の引下げでは割合に応じて、さらに39％以上の引下げでは賃金の15％相当額が高年齢雇用継続基本給付金として支給されます（雇保法61条1項、加えて一度離職して基本手当を受けた者が60歳に達した後に安定した雇用に就いた場合に支給さ

れる高年齢再就職給付金もあります（61条の2））。

　しかし、高年齢雇用継続給付については希望者全員が65歳まで働き続けられることになる2025年度からは段階的に縮小し、いずれは廃止されるので、いつまでもこの給付金を頼りにできるわけではない点には注意が必要です。

(3)　基本手当・高年齢求職者給付金

　定年や自己都合などで退職した場合でも、求職活動をするなどの一定の要件を満たす場合には雇用保険から給付を得ることができます。基本的に64歳までの一般被保険者が離職する場合には既に勉強した基本手当（→97頁参照）が、65歳以上の高年齢被保険者が離職する場合には高年齢求職者給付金がそれぞれ支給されます。

　60歳以上65歳未満の場合、基本手当は退職日以前の2年間に1年以上の被保険者期間があると、退職する前6か月賃金の45％〜80％に相当する額が通常90日から150日間（所定給付日数）支給されます。基本手当を受けるには、65歳の誕生日の前々日までに退職することが必要です。既に勉強した通り、基本手当の受給期間（概念については→99頁参照）は原則1年ですが、60歳以上の定年等による退職者については離職日の翌日から2か月以内にハローワークに申し出ると、ゆっくり休養をとってから求職活動を始めることができます。最大で1年間就職を希望しないことができて、その期間分だけ、1年の受給期間に加算され、受給期間が延長されます。

　これに対して、65歳の誕生日の前日以降に退職すると高年齢求職者給付金の対象となり、退職の日以前の1年間に6か月以上の被保険者期間があれば受けられます。ただし、給付日数は被保険者期間が1年以上なら50日分、1年未満なら30日分でいずれも一時金です。

　つまりどのタイミングで退職するかによってどの給付が受けられるかが変わります。それも踏まえて退職日をいつにするかを決

めます。基本手当は公的年金との併給が認められていないのに対して、高年齢求職者給付金は併給可能という違いもあります。

　マルチジョブホルダーの高年齢被保険者として2社で働いていたけれど、1社だけを離職する場合には離職した事業場の賃金に基づいて算出される給付が受け取れます（→208頁参照）。

　(4)　年　金

　　(ア)　老齢基礎年金と老齢厚生年金　　既に述べた通り、年金には繰上げや繰下げの仕組みがありますが、原則的には65歳が支給開始年齢です。65歳になって、それまでに10年以上の受給資格期間（→25頁参照）があれば、国民年金制度から老齢基礎年金を受けられます。厚生年金の被保険者期間が1か月以上あれば、老齢厚生年金が上乗せされます。以下で詳しくみる通り、老齢基礎年金は定額、老齢厚生年金は報酬比例の給付です。

　では、年金として支払われる額はどのように決まるでしょうか。

　まず老齢基礎年金は、40年の保険料納付済期間があれば、満額受けることができ、以下の式で算出されます。

　○　老齢基礎年金の支給額(年)＝78万900円×改定率

　老後の生活の基礎的部分を保障する水準として78万900円が定額にて法定されています。それに毎年改定率をかけることで算定されます（改定率については後述します（→221頁参照））。具体的には、2021年現在では年間で78万900円（月額6万5075円）が支給されます。

　保険料納付済期間が40年には満たない場合には、保険料を納付した月数に応じて比例的に支払われます（満額×保険料を納付した月数÷480月）。

　これに対して、老齢厚生年金は報酬比例であり、報酬が高いほど、年金額は高くなります。ただ、標準報酬月額の表（→52頁参照）には上限があるので、非常に高い報酬を得ている場合でも年金額は頭打ちです。厚年法20条1項によれば、63万5000円以上の

報酬（月額）の場合には、標準報酬月額は一律65万円です。例えば実際の報酬（月額）が300万円でも年金との関係では65万円という標準報酬月額が使われ、それをベースに保険料を払い、また将来の給付額もそれをベースに決まることになります。

　加えて、標準報酬月額だけでなく、標準賞与額にも保険料を納付していますので、両者がベースとなって年金額は決まります。標準報酬月額と標準賞与額を合わせて標準報酬といい、以下の式によって老齢厚生年金の支給額は決定されます。

○　老齢厚生年金の支給額(年)＝現在化した過去の標準報酬の
平均×5.481／1000
×被保険者月数

　過去、つまり保険料を払った時点の標準報酬の平均がベースとなりますが、これについては現在化されます。というのも、保険料を払っていた時点と現在とではお金の経済的価値が異なるからです。高度経済成長期といわれる通り、戦後、日本の経済は発展したので、保険料を払った当時の数値をそのまま使うと低額の年金しか得られません。そこで、年金の実質的価値を維持するために過去の標準報酬を現在化する必要があり、具体的には再評価率を乗じます。再評価率には２種類あって、新たに裁定を受ける場合（既裁定でも67歳に達する年度までを含む、以下同じ）には名目手取り賃金の変動率を指します。つまり保険料を払っていたころに比べて手取り賃金がどれくらい伸びたかをみて、それに合わせて年金額も引き上げます（逆もまたしかりなので、賃金が下がったなら年金額も引き下がります。厚年法43条・43条の２）。これに対して既裁定の場合には物価の変動率が再評価率になります（43条の３）。物価が上昇したらその分、年金も上げないと年金受給者は困ってしまいますし、逆に物価が下がるのに年金は高いままだと保険料を負担する現役世代の支持が得られず、制度の存続が難しくなるからで

す。ただし、賃金の変動率が物価の変動率を下回る場合（つまり賃金が物価よりも下がる場合）には現役世代の負担能力に応じた給付とするように賃金の変動率が再評価率になります。

このように賃金や物価の変動率に合わせて年金額は決定され、その後毎年改定されるわけですが、今ではさらにマクロ経済スライドによる調整もかかります。

ではマクロ経済スライドとは何でしょうか。これは2004年の年金改革によって導入された年金額の伸びを抑えるための仕組みです。すなわち、少子高齢化が進む日本では、保険料を負担する現役世代は減るのに（ひとりあたりの支出は増えます）、平均寿命はどんどん高まっています（給付額は大きくなります）。改革以前は5年に1度、年金制度の財政再計算をして、財源が足りなければ、その分現役世代が負担する保険料を引き上げていましたが、保険料水準が著しく高くなることを防ぐために、保険料の水準には上限が設けられました（保険料水準固定方式といいます、→55頁参照）。それとともに、その負担の範囲内で給付を行うように、年金額の伸びを賃金や物価の伸びよりも抑える仕組みが導入されたのです。具体的には保険料を負担する被保険者数の減少率と平均余命の伸びが勘案されて、給付水準が調整されます（43条の4・5）。

そのため、賃金や物価が上昇しても年金の給付額の伸びは抑制されます。ですが、みなさんもご存知の通り、ここのところ経済の低成長が続いています。賃金や物価の伸びが小さいときにマクロ経済スライドを完全に適用してしまうと、前年の年金額よりも低い額しか支給されません。そこで、そうはならないようにそのような場合にはマクロ経済スライドによる引下げは行わずに、前年の支給額を維持しています。また、そもそも賃金や物価の伸びがマイナスの場合にはそれに応じて年金もマイナス改定を行うけれど、マクロ経済スライドによる引下げは行わないことにしています。そして、本来であればマクロ経済スライドによって引き下

げられたけれど実際には引き下げなかった分については、未調整分として翌年度以降に繰り越して、景気が回復したときに引下げをできるようにしています。このような仕組みはキャリーオーバーと呼ばれます。

　非常に複雑な仕組みで難しいですが、このような改定の仕組みを設けることで年金の実質的な価値を維持するとともに、制度を持続可能なものにしています。ここでは老齢厚生年金の再評価率について説明しましたが、老齢基礎年金の改定率（国年法27条）についても同様の仕組みで、新たに裁定を受ける場合は名目手取り賃金変動率（27条の2）を、既裁定の場合には原則として物価変動率（27条の3）を用いて年金額を改定し、マクロ経済スライドによる調整も行っています（27条の4・5）。

●加給年金と振替加算

　典型的な事例として夫が働いて、年下の専業主婦の妻を養うケースを考えてみましょう。夫が65歳になると本文でみた通り、夫は老齢基礎年金と老齢厚生年金を受けられますが、妻が65歳になるまでは夫の老齢厚生年金に加給年金を加算できる可能性があります。加給年金は、夫が厚生年金に20年以上加入していて、原則65歳の時点で生計を維持する65歳未満の配偶者がいるときに支給されるもの（厚年法44条）で、家族手当のようなものです（18歳の年度末に至っていない子がいるときも受けられます）。加給年金を受けるには老齢厚生年金の手続きとは別に手続きが必要なので忘れないようにしましょう。

　次に、これまで夫が加給年金を受けていても、妻が65歳になると妻自身は老齢基礎年金を受けることができます。そうすると、夫の老齢厚生年金への加給年金は打ち切られ（同条4項4号）、今度は妻の老齢基礎年金に振替加算が付く可能性があります。要件としては妻の厚生年金の加入期間が20年未満であることが必要ですし、加算される額はいつ生まれたかによって異なります（昭和60年改正法34号附則14条）。1986年3月までは専業主婦の年金

加入が強制ではなく任意加入だったので、受給額が低い人も多く、それを救済するために振替加算の仕組みは導入されました。今では第3号被保険者の仕組みがあり専業主婦も強制加入の対象ですから、振替加算は経過的なものでいずれなくなります。加給年金から振替加算への切替えには手続きは特に必要ありませんが、加給年金を夫がもらっていなかった場合（例えば妻が年上の場合）には、妻が行う老齢基礎年金の手続きとは別に振替加算を申請する必要があります。

　ここでは典型的な事例として働く夫と専業主婦の妻をモデルに加給年金と振替加算の仕組みを説明しましたが、逆でも大丈夫です。妻が会社員、年下の夫が専業主夫や個人事業主の場合にも妻の老齢厚生年金に加給年金を付けることができます。

　㈡　**在職老齢年金制度**　では年金を受給したまま働き続けることはできるでしょうか。先述の通り、働き方によっては、厚生年金の被保険者となって、70歳までは保険料を継続して負担する必要があるわけですが、他方で裁定処分を受ければ年金を受給できます。退職することが年金を受給する要件とはなっていないからです。もっとも、働いている場合には老齢厚生年金について在職老齢年金制度（在老といわれることがあります）の適用を受ける可能性があります。在老は、賃金額に応じて年金の一部または全部を支給停止するもので、具体的には年金（基本月額：老齢厚生年金（報酬比例部分の月額））と賃金（総報酬額相当額：その月の標準報酬月額＋その月以前1年間の標準賞与額の合計を12で割った額）の合計額が47万円を超える場合に、年金の一部または全部が支給停止されます（高年齢者在職老齢年金、略して高在老といいます）。在老の対象はあくまでも老齢厚生年金なので、老齢基礎年金は全額支給です。

　そして、70歳になれば、既にみた通り厚生年金の被保険者ではなくなるので、保険料を負担する必要はなくなります。それでも、働き続ければ、在老による支給停止は引き続きます。

(ウ)　**在職定時改定**　　では、働きながら負担する年金の保険料はいつ給付に反映されるでしょうか。これまでは70歳になるか、離職するかのいずれかでないと給付に反映されませんでしたが、この点でも法改正がありました。その結果、2022年4月から1年ごとに年金額に反映されます。毎年9月1日を基準日とし、8月までの被保険者であった期間が基礎になって10月からの年金額に反映されます（厚年法43条）。反映された上で在老による支給停止がかかります。

●特別支給の老齢厚生年金ってなに？

　　本文では65歳を原則的な支給開始年齢とする年金をお話ししましたが、これは法律の本則に規定されるので本来支給の老齢厚生年金といいます。これに対して、特別支給の老齢厚生年金があります。言葉の通り、特別なもので、法律の附則が根拠です。昔は、老齢厚生年金の支給開始年齢が60歳だったのですが、高齢化の影響を受け、65歳に徐々に引き上げているところです。引上げにあたっては、法律の本則にある支給開始年齢の要件を徐々に引き上げるという手法もありましたが、立法者は本来支給と特別支給の2つに分けるという手法を採用しました。すなわち、法律の本則では65歳以上に向けた本来支給の老齢厚生年金を規定し、附則で65歳未満に向けた特別支給の老齢厚生年金を規定し、特別支給の支給開始年齢を徐々に引き上げているのです。2021年現在、男性では63歳、女性では62歳になると新規に特別支給の老齢厚生年金（報酬比例部分）を受けられます。本来支給の老齢厚生年金を繰上げ請求しなくても、2021年現在、63歳・64歳の男性と62歳～64歳の女性は年金を受けられています。特別支給の老齢厚生年金は経過的なものなので、2030年には男女ともになくなります。

　　特別支給の老齢厚生年金を受けながら、働いてかつ高年齢雇用継続給付も受けるとどうなるでしょう。年金については賃金を受けることから在老の対象となり（低在老といいます）、年金と賃金

の合計が28万円（2022年4月からは47万円）を超えると、年金の一部または全部が支給停止されます。加えて高年齢雇用継続給付があると年金の一部が併給調整され支給停止となります（厚年法附則11条の6）。最大で賃金（標準報酬月額）の6％分の年金が支給停止されます。

　（エ）**1人1年金の原則と特例**　　年金というのは、老齢・障害・遺族という一定の状況によって長期的に収入を確保することが困難になったときにその生活を保障するために支給されるものです。そうすると障害者が老齢になったという場合には障害年金と老齢年金の両方を受け取れるでしょうか。

　結論から先にいえば、両方を受けることはできません。というのも、障害と老齢というニーズが重なっても、生活困難が二重に発生するわけではないからです。年金には1人1年金の原則があります。老齢基礎年金を受けているなら障害基礎年金は受けられませんし、逆もまたしかりです。もっとも、基礎年金と厚生年金は同じ事由で払われるので1つの年金とみなされます。例えば老齢基礎年金と老齢厚生年金は老齢という同一の支給事由に基づくため、併給できます。

　では、老齢厚生年金と遺族厚生年金にも1人1年金の原則が適用されるのでしょうか。例えばパートナーが死亡して遺族厚生年金を受給していた女性が65歳になったら、老齢基礎年金と老齢厚生年金の受給権を取得しますが、遺族厚生年金と老齢厚生年金の両方を受けられるでしょうか。

　1人1年金の原則によれば両方は受けられませんが、この原則を及ぼすと次のような不都合が生じます。老齢厚生年金については既に勉強した通り、被保険者期間や標準報酬月額の水準に応じて支給額が決まるので、女性の老齢厚生年金は一般に低額にとどまります。というのも専業主婦をしていた期間があるなどで厚生

年金への加入期間が短かったり、加入期間があっても標準報酬月額が一般的に低かったりすることが多いからです（→145頁参照）。これに対して、遺族厚生年金を受給すると、少ないながらも自分が負担してきた保険料相当分は給付に反映されないというデメリットがあります。

　そこで、老齢厚生年金と遺族厚生年金については、65歳以上の場合には1人1年金の原則の特例として併給が認められています。具体的には老齢厚生年金を受けた上で、遺族厚生年金も受けられますが、その額については老齢厚生年金の分だけ減額されます（厚年法64条の2）。

　他にも例えば学生時代から障害基礎年金を受給する人が働くと、厚生年金に加入し、将来は老齢厚生年金の受給権が得られますが、この場合には、障害基礎年金と老齢厚生年金を併給できます。異なる事由でも併給が可能です。というのも、このケースでは初診日時点では厚生年金の被保険者ではないので、障害厚生年金を得る余地はありません。他方で、老齢基礎年金については働く期間にもよりますが、満額をもらえるとは限りません。そこで、障害基礎年金と老齢厚生年金の併給が認められています。

(5) 年金生活者支援給付金等

　公的年金制度からの年金が低い場合には、税金を財源とする年金生活者支援給付金を受ける可能性があります。これは、生活の支援を図ることを目的に年金に上乗せして支給されるもので、月額5030円を基準に、保険料納付済期間と保険料免除期間の長さに応じて算出されます。それでも生活に苦しい場合やそもそも無年金の場合には、生活保護を受給することが考えられ（→261頁参照）、高齢者世帯による生活保護の受給は多いのが現状です。

(6) 企業年金・個人年金（iDeCo）

　企業年金や個人年金（iDeCo）への加入記録があれば、これらの支給を受けることも考えられます。企業年金なり個人年金なり、

「年金」と呼ばれていますが、実は年金の形ではなく、「一時金」の形で受け取ることもできます。年金方式で受け取るか、一時金方式で受け取るかは悩みどころです。というのも、給付を受ける際の税法上の優遇内容に違いがあるからです。税法上の優遇を賢く利用して、いつどういった形で給付を受け取るかを決定することが重要です。ここではiDeCoについてみていきましょう。

　最初に押さえておきたいのはiDeCoを年金方式で受け取る場合には税法上雑所得として扱われるのに対して、一時金方式で受け取る場合には退職所得として取り扱われるということです。

　iDeCoの給付を年金方式で雑所得として受け取る場合は、公的年金等控除の対象になり、65歳未満であれば年60万円まで、65歳以上であれば年110万円までは税金がかからずに済みます（合計所得金額が1000万円を超える場合、控除額は異なるので、国税庁のHPを確認しましょう）。もっとも、iDeCoだけでなく、公的年金（基礎年金と厚生年金のことです）の額も併せた上での控除額なので、公的年金の額が高ければiDeCoに向けた枠は余らず課税されるかもしれません。公的年金をいつから受けるかという選択も、iDeCoをどのようにいつ受けるかという問題と関連しているということです。

　これに対して、iDeCoの給付を一時金方式で受け取る場合には退職所得となります。退職所得という通り、会社から支給されるいわゆる退職金と同じように取り扱われます。もっとも、退職金については、会社が必ず支給しなければならないものではありません。最近では退職金制度を設けない会社も増えてきているので、会社に退職金の仕組みがあるかは事前に調べておきましょう。

　その上で、退職所得については、給与所得や事業所得など、その他の所得と合算する必要がなく、分離課税されるというメリットがあります。つまりどんなにその他の所得が多くてもそのせいでiDeCoの控除枠が狭まるわけではなく、影響を受けずに済みます。また、退職所得については控除枠自体も大きく、さらに控除

額を超過する部分についても、全部ではなく、2分の1だけが課税対象なので、税負担は一般に軽いという特徴があります。

＜退職金の控除額＞

・勤続年数が20年以下：40万円×勤続年数

・勤続年数が20年を　　：800万円＋70万×（勤続年数－20年）
　　超える場合

＜退職所得の算出＞

　退職所得＝（収入金額－退職所得控除額）×1／2

　iDeCoの控除額を計算するには、iDeCoへの加入年数を上記の退職金における勤続年数に読み替えます。もっとも、掛金の拠出を中断していた期間（運用指図者期間）があれば、それは加入年数には含まれません。収入金額の部分に退職金やiDeCoの給付額を入れて、そこから控除額を引いて、2で割ることによって、退職所得を算出し、そこに税率を掛けることで、負担すべき税金の額が決まります。

　もっとも、ここでも退職金の額が大きいほど、iDeCoへの控除の枠は余りません。iDeCoにも控除枠を使って賢く節税するためには、退職金とiDeCoの受取り時期をずらすことも検討に値します。というのも、退職金については、5年ルールがあって、受け取る前年以前の4年以内に支払われた退職金等があれば、勤続年数と加入年数に重複する期間が調整されます（所得税法30条5項1号、令70条1項2号、結果として控除できる額は下がります）が、逆に5年以上の間隔があけばそれぞれの勤続年数や加入年数をフルカウントできるからです。つまり、iDeCoを先に受け取って、5年以上経ってから退職金を受け取れば、iDeCoについてはその加入年数に応じた控除を受けられる一方、退職金についても勤続年数に応じた控除を受けられます。

　これとは逆に退職金を先に受け取ると5年ルールは使えません。

iDeCoを含む確定拠出年金DCについては15年ルールが適用され、前年以前14年内に受けた退職金等があれば重複期間の調整となるからです（所得税法31条3号、令72条3項6号・70条1項2号第1かっこ書き）。つまり退職金を受けた会社への勤続年数とiDeCoへの加入年数が重なっていれば（よりわかりやすくいえば、iDeCoに加入しながら会社で働いていれば）、その重複期間は差し引かれ、その分、控除額は減り、ひいては税額が上がることになります。

これまでみてきた通り、iDeCoの税制は極めて複雑な仕組みです。いつどのタイミングでどの受取り方法を選択するかによって、どれほどの税制上の優遇を得られるかが変わります。そして、そもそも税制上の仕組みはよく変わるので、実際に給付を受け取る時点でファイナンシャルプランナーなどの専門家に相談した方がよさそうです。老後に向けて貯めてきた大事な資金ですので、公的年金や退職金、より広くいえば高齢期にどれくらいどのように働くかということにも目を配りつつ、賢い判断が大切です。

なお、iDeCoについては、これまで60歳から70歳の間に受取りを開始する必要がありましたが、2022年4月からは75歳までに引き上げられました。そのため、60歳から75歳までの間でいつから受けるかを決定します。それに、高齢期の就労は拡大しているので、iDeCoについても、2022年5月から国民年金の被保険者（任意加入被保険者または第2号被保険者）であれば60歳以降も65歳までは加入して掛金を払って資金を増やせるようになるのは既にみた通りです（→210頁参照）。

●高齢者の資産管理と資産承継

日本では家計資産の約3分の2を60歳以上の世帯が保有していて、資産の保有が高齢世代に偏るという傾向があります。いかに若い世代に資産承継していくかが課題です。

不動産や有価証券などの資産を有している人が死亡すれば相続

財産として承継されますが、元気なうちから資産を有効活用し、場合によっては承継する手段として信託があります。信託とは大切な財産を信頼できる人（受託者といいます）に託して、自分（委託者といいます）が決めた目的に沿って大切な人や自分のため（財産から生じる利益を受ける人を受益者といいます）に運用・管理・継承する制度です。

　お金や株式等の有価証券、土地や建物など、金銭的価値があれば何でも信託の対象となりますし、信託した財産は受託者によって安全に管理され、運用されます。信託のプロである信託銀行等を受託者にすれば、信託法や信託業法などで厳しい規制がかかるので、財産をしっかり管理・運用してくれます（当然、手数料もかかります）。信託した財産の所有権は委託者から受託者に移転しますが、信託財産は受託者自身の財産とは切り離され、受益者のために管理されます。信託した財産をどのように使うかは、委託者が自由に設定できて、これを信託目的といいます。例えば将来認知症になっても、それまでと同じように豊かな生活を送ることができるように定期的にお金を受け取るようにする（年金信託、この場合、受益者と委託者が同一です）とか、子どもや孫の結婚や子育て、教育資金をサポートしたい（結婚・子育て支援信託、教育資金贈与信託）とか、あるいは、自分が亡くなってからも家族に定期的に財産を引き継ぎたい（遺言代用信託）とか、信託には豊富な種類があるので、詳しくは信託法の講義で勉強してください。

3　高齢者と住まい・介護

　子育てもひと段落して、高齢期を迎えるにあたっては、これからの住まいをどうするのかを考える人は多いです。このまま今の家に住み続けるのか、それとも住み替えをするのか、住み替えるとしてどのタイミングでどこへいくのか、ここでは高齢者の住まいについて概観したいと思います。特に高齢者の住まいというのは終の棲家になることもあり、人生の最終章をどこで誰とどうや

って過ごすのかに直結する問題です。と同時に高齢になると肉体的にも精神的にも「老い」を感じ、これまではひとりで問題なくできていたことが徐々にそうはいかなくなって、誰かに手伝ってもらうこと、つまり介護が必要となる場合も多いです。そこで、高齢者の住まいを考える上では、どのような介護を受けるかという点もあわせて考えることが重要です。これに関連してできる限り住み慣れた地域の中で在宅で介護・看護・医療サービスを提供する地域包括ケアシステムの構築が目指されています（→182頁参照）。

(1) 自宅のリフォーム

まずこれまで住み慣れてきた家に住み続けることを考えてみましょう。若いときには気づかなかったけれど、高齢者が住むにあたっては段差があったり、トイレが狭かったり、滑りやすかったり……etc. 今は問題がなくても、これからどんどん老いが進むとバリアフリー対応ではないことが心配というケースはよくあります。実際、高齢者の自宅での骨折は、自動車事故よりも多いという統計もあるので、安心して安全に住み続けられるようにするためには、バリアフリーにリフォームすることが必要になります。

リフォームするにはお金がかかりますが、介護保険で要介護認定を受けている場合には、安全を確保するための住宅改修費用を介護保険から受けられます。支給を受けるには、原則としてリフォーム工事をする前に、市町村に対して申請手続きを行う必要があるので、まずは担当のケアマネに相談しましょう。20万円を限度に、玄関や浴室、トイレのバリアフリーなどに関してかかった費用の９割を介護保険から受けられます。自治体によっては介護保険に上乗せする形で補助するところもありますし、まだ要介護認定を受けていない段階でも、介護保険と同様の支援をしてくれる自治体もあるので、住んでいる自治体の住宅担当窓口あるいは高齢者福祉窓口に相談してみてください。

●通いの場

　高齢になればなるほど、要介護・要支援者になりやすく、それを予防することは介護の負担や市町村の財政負担を抑制することにつながります。そして何より元気に健康でいられることは自身や家族にとってとても大切です。

　高齢者が健康を維持することができるように、介護保険の保険者である市町村は、介護保険事業の他に、地域支援事業を展開しています（介保法115条の45）。地域支援事業は、被保険者が要介護・要支援状態になることの予防を推進するとともに、要介護状態となった後も可能な限り地域において自立した日常生活を営むことができるようにそれを支援するための事業です。介護保険事業が全国一律の仕組みであるのに対して、地域支援事業は地域の実情に応じた柔軟な取組みということができます。そして、地域支援事業の内容として実施されるのが通いの場です。

　通いの場について明確な定義規定があるわけではありませんが、日常的に住んでいる地域で地域の人たちとふれあうことができる場のことをいいます。介護予防に資する体操をしたり、お茶会や創作活動をしたり、ミニ講座で学んだり、住民同士が気軽に集って活動内容を決定するもので、いきがいづくりや仲間づくりの輪を広げています。高齢者の居場所になるとともに、衰弱を防止して高齢者の自立を支える上でも役立っています。

●小規模多機能型居宅介護

　介護が必要になれば、市町村から要介護認定を受け、ケアマネにケアプランを作成してもらいます。そして、事業者と契約をして、このような流れを経て初めて、実際にヘルパーが自宅に来てくれて、掃除や洗濯等の手伝いを訪問介護としてお願いできることになります（→37頁参照）。最初は訪問介護だけお願いしていたけれど、状況に応じて、途中からデイサービス（通所介護）やショートステイ（短期入所生活介護）も加えたいということがあるかもしれません。高齢者の状況は日々変化するので、変化を的

確に捉えた上で、変化に応じて介護保険サービスの内容を変えていくことは重要なことです。

　訪問介護などの具体的な介護サービスは、既に述べた通り、サービスを提供する事業者と締結した契約に基づいて提供され、そうすると居宅介護サービス費等が制度から支給されます。そして、その契約はそれぞれのサービスの種類ごとに締結されます。そのため、サービスの種類を増やすのであれば、改めて契約する必要があります。これまでは訪問介護だけをお願いしていたけれど、デイサービスも加えるのであれば改めて契約するという具合です。

　場合によってはこれまで利用して信頼関係を築いてきた事業者ではお願いしたいサービスが用意されていないことがあります。例えば、ある事業者は訪問介護やデイサービスについては充実しているけれど、宿泊機能はないのでショートステイはお願いできないとか……そうすると、ショートステイが必要なときには別の事業者を探し出して、改めて契約を締結し、またゼロから信頼関係を構築しなければなりません。そのような作業は大変ですし、信頼関係をこれまでの事業者と同じように築けるかなどの悩みや不安を抱えることもあるでしょう。

　高齢者や家族のこのような負担や不安を解消してサービスを選択する自由度を増やせるかもしれない仕組みとして存在するのが小規模多機能型居宅介護です。これは、高齢者の状態や必要性に応じて、施設への通い（つまりデイサービス）を中心として、ショートステイと訪問介護の3つのサービスを柔軟に組み合わせるものです。これまで勉強した居宅サービス（→37頁参照）とは異なり、地域密着型介護サービスのひとつに位置づけられ、利用すると地域密着型介護サービス費が支給されます（→238頁参照）。24時間365日サービスを利用できて、これら3つのサービスを月額定額制（宿泊費と食費は別途）で利用できます。利用したいサービスの定員に達していないのであれば、回数制限なく使えます。顔なじみのスタッフから一連のサービスを受けることができるという安心感があります。

もっとも、デメリットもあります。訪問入浴介護などの一部の
サービスとの併用が認められていませんし、これまでなじみのケ
アマネがいたとしても、このサービスを利用するならサービスを
提供する事業者で働いているケアマネに変更しなければなりませ
ん。また、たとえサービスの利用回数が少なくても、定額で払わ
ないといけないので、それぞれの契約にしたときよりも高くなる
ことがあります。

(2)　住み替え

　では、これまでの家を離れて、高齢者が住み替えを行う場合に
は、どのようなメニューがあるでしょうか。以下では、住宅等
(ア)と施設(イ)に分けて住み替え先を概観します。前者には
有料老人ホームなどの施設も出てきますが、介護保険との関係で
居宅サービスの対象となるものを(ア)、施設サービスの対象となる
ものを(イ)として整理したいと思います。

　(ア)　住宅等への住み替え　　元気で特に介護を要しない(自立
といいます)場合や介護が必要でも比較的介護度が低い場合には
居宅サービスを利用しながら(→37頁参照)、次のような場所に住
み替えることが考えられます。

> ○　有料老人ホーム
> ○　サービス付き高齢者向け住宅(サ高住)
> ○　セーフティネット住宅
> ○　シルバーハウジング
> ○　ケアハウス

　第1に有料老人ホームは老人福祉法に基づくもので、社会福祉
法人や医療法人などが運営しています。食事や生活サービスを提
供し、24時間スタッフが常駐します。有料老人ホームには、健康
型と住宅型と介護付の3つの類型があります。元気なうちでない

と入居できず、要介護認定を受けた状態では入れないのが健康型で、いったん入居した人に介護が必要になると施設の中で居室を移動します。他方で、住宅型と介護付は介護が必要な場合でも入居できます。住宅型の場合には基本的には持ち家や賃貸マンション等に住むときと同じように、介護を受けたい場合には、施設外部のケアマネにケアプランを作成してもらって、外部の事業者から居宅サービスを受けます。これに対して、介護付の場合には施設を運営する事業者自体が、介護保険法上の特定施設入居者生活介護というサービスを行うことの指定を受けているので（介保法8条11項）、基本的に施設の職員から上記のサービスを受けます（これも居宅サービスのひとつです）。希望があれば外部の事業者を利用することもできます。

　有料老人ホームでは入居契約に基づき、特別なケースを除いて介護度が重くなったとしても住み続けることができます。何があっても大丈夫、ずっといられる安心感があります。また、24時間365日スタッフが常駐するほか、生活相談員やケアマネ、看護師などの専門職が手厚いサービスを提供してくれます。その分、多額の入居一時金が必要だったり、月々の費用も高かったり……、施設にもよるので一概には言い切れませんが、経済的な負担は大きいという特徴があります。

　第2にサ高住とは、サービス付き高齢者向け住宅のことで、高齢者住まい法に基づきます。主に民間事業者が運営するバリアフリーに対応した賃貸住宅として、都道府県に登録されています。一般に高齢者は現役世代に比べて収入が低いので、賃貸物件を探しても入居審査に通りづらく、住まいを簡単にはみつけづらいという問題があります。そこで、高齢者住まい法が制定・改正されて、法の基準に沿った場合にはサービス付き高齢者向け住宅として行政に届出されることになりました。サ高住でも、有料老人ホームに該当する場合があり、その際には老人福祉法に基づく規制

監督の対象となります。

　サ高住は、60歳以上の高齢者あるいは要介護認定を受けた60歳未満の方を対象とし、入居するにあたっては、連帯保証人・身元引受人を必要とするところがほとんどです。もっとも、連帯保証人を頼める人がいない場合には、家賃債務保証制度を利用できます。そうすると入居時に保証料を支払うことで、滞納月額家賃や原状回復費用、訴訟費用が保証されるので連帯保証人を付けなくてもよくなります。ただ、緊急連絡先つまり身元引受人（緊急時の駆け付け、生活支援、死後事務）がいない場合にどうするかが課題で、あまりよくない身元保証代行業者もいるようなので注意が必要です。

　サ高住では、日中は生活相談員が常駐の上、入居者に安否確認と生活相談というサービスが提供されます。場所にもよりますが、夜間の見守り体制は希薄なところも多いようですし、医師や看護師が常駐していない場合も多いです。サ高住には一般型と介護型があり、一般型の多くが賃貸借契約をベースにしていて、敷金は比較的安価で、礼金や更新料は不要です。月額費用には家賃や管理費（共益費）が必要ですが、食費や光熱費は含まれません。一般型で介護が必要になると、外部の居宅サービスを利用します。これに対して、介護型は、先に述べた有料老人ホームの場合と同様に、介護保険の特定施設入居者生活介護の指定を受けたもので、基本的に建物内に常駐するスタッフからサービスを受けます。もっとも、サ高住は重症化対応していない場合が多いので、重症化すると住み替えが必要です。

　第3が住宅セーフティネット法に基づくセーフティネット住宅です。公営住宅の大幅な増加が見込めない中、増え続ける空き家・空き室を、要配慮者向けに活用する住宅で、家主が都道府県に登録する制度です。要配慮者というのは高齢者に限られず、低所得者や被災者、障害者、子育て世帯等も含まれます。改修費、

家賃・家賃債務保証料の低減補助等の経済的支援や、入居相談、入居支援、見守り等の生活支援については、都道府県が指定する居住支援法人（NPOや社会福祉法人等）や居住支援協議会に相談できます。

居住支援協議会とは、不動産関係団体、社会福祉協議会そして地方自治体が連携して設立するもので、高齢者や障害者、低所得者、子育て世帯等の住宅の確保に配慮を要する人（住宅確保要配慮者）に対する居住支援を行うところです。居住支援協議会の役割が今後重要になりそうです。

第4に、シルバーハウジングは、バリアフリー化や緊急通報装置の設置など、高齢者の生活に配慮した公営住宅のことで、地方公共団体やUR都市機構が運営します。収入要件があって、持ち家がある場合には利用できません。家賃や管理費を支払う必要があり、収入によっては家賃の減免を受けることができます。基本的に元気な高齢者が自立して生活するための住宅なので、要介護認定を受けた人は入居することができません。シルバーハウジングでは、生活支援員LSA（ライフサポートアドバイザー）が常駐し、安否確認や生活相談に対応します。一時的な家事援助や介護サービスなどの相談にものってくれます。こちらも重度化したときには、住み替えが必要です。

第5に、ケアハウスは、老人福祉法に基づく軽費老人ホームのひとつ（C型）で、低額な費用で基本的な生活サービスを受けながら自立した生活を送ることのできます。社会福祉法人や医療法人等が、自治体や国の助成金を受けて運営しています。対象は独居生活に不安を抱える高齢者です。24時間スタッフが常駐し、緊急時対応の他、食事と生活支援サービスを提供します。ちなみに軽費老人ホームには、食事サービスを提供するA型と自炊のB型もありますが、これらは減少傾向にあるため、食事・生活支援サービスが付いたケアハウスに一本化されているところです。

ケアハウスには一般型と介護型があり、一般型で介護が必要になったら外部から居宅サービスを受け、より重症化すると住み替えが必要になります。これに対して、介護型には要介護１以上の場合に入ることができます。こちらも介護保険の特定施設入居者生活介護の指定を受けているので、施設のスタッフからサービスを受けられます。入浴や排せつ、機能訓練や通院の付き添いなどのサービスを受けることができます。介護型では看護師が必ず配置されることに加え、医療機関との連携が指定基準（→40頁参照）で定められています。

　費用は入居一時金とされる初期費用と居住費や生活費、事務費といった月額利用料が発生しますが、事務費については年収に応じた助成があるので、個人負担が軽減されます。国や自治体の助成金で運営されているので、有料老人ホームに比べて低額というのが特徴です。そのため、人気がありますが、特に介護型は数自体が少なく、入居待ちが多いのが現状です。

　このように高齢者が自立している場合に入れる住まいについては、複数のメニューがあります。有料老人ホームやケアハウスは、介護保険法では特定施設として位置づけられ、特定施設に入居する要介護者には、施設サービスとしてではなく、居宅サービスとして特定施設入居者生活介護が提供され、居宅介護サービス費の対象となります。もっとも、先ほど述べた通り、希望があれば外部の事業者の利用が可能です。

　介護度はよくなることもあれば悪くなることもあります。要介護認定を受けたときとは明らかに介護度が変わっている場合には、再度受ける必要があります（区分変更の申請）。介護度が上がっても介護サービスの内容を変更することである程度は対応できますが、それも難しくなった場合には次に述べる施設への住み替えも選択肢になります。

●認知症高齢者グループホーム

　認知症高齢者グループホームは、認知症の症状を持つ高齢者が家庭的な環境の中で職員のサポートを受けながら生活を送ることができる施設です。専門職員による介護サービスを受けながら、できることは自分でして自立した生活を営むための共同住宅です。認知症の軽度から中度で、共同生活できる人が対象です。ホームによりますが、重症化した場合は退去が必要になる場合もあります。

　介護保険との関係では、居宅サービスでも施設サービスでもなく、地域密着型介護サービスのひとつ（認知症対応型共同生活介護）と位置づけられ、地域密着型介護サービス費が支給されます。先にみた小規模多機能型居宅介護（→231頁参照）と同じです。地域密着型介護サービスは、市町村が指定・監督を行うサービスなので、利用するには同じ市町村に住所が必要です。その点で、主として都道府県が指定・監督を行う居宅サービスや施設サービスとは異なります。

　⑷　施設への住み替え　　介護保険法に基づく施設には以下の３つがあり、介護保険３施設といわれています。入所の上、介護サービスを受けると、介護保険から施設介護サービス費が支給されます（介保法48条）。

> ○　特別養護老人ホーム（特養）
> ○　介護医療院
> ○　介護老人保健施設（老健）

　第１に、特別養護老人ホーム、いわゆる特養は、要介護３以上の常時介護が必要な人が入所できる施設です。介護保険法に基づくもので、法律では介護老人福祉施設と規定され、社会福祉法人や地方公共団体が運営しています。入居一時金は不要で、月々の

費用は家賃相当分、食費、介護保険の利用者負担分が基本となり、所得によっては家賃相当分や食費について公的な助成があるので、費用が安くて済みます。そのため、とても人気で、待機者が数百人規模のところもあります。介護度が重くて、介護者のいない人が優先されるので、入居までに1年以上かかる場合もあります。

第2に介護医療院は、要介護状態にある人に対して、医療と介護だけでなく、生活の場を提供するものです。カテーテルの装着など、特養の入所者よりも高度な医学的管理を必要とする人が対象で、医師や看護師など、医療の専門スタッフが多く配置されます。国、地方公共団体、社会福祉法人だけでなく、医療法人も運営しています。

最後に、介護老人保健施設、いわゆる老健です。老健はリハビリが中心の施設なので、運営主体は医療法人のことが多いですが、社会福祉法人や地方公共団体が設置する場合もあります。脳卒中等で倒れて入院した後ですぐに自宅に戻るのには不安な人や入院治療をする必要はないけれど自宅での生活には身体上不安な人など、要介護1以上の人が対象になります。リハビリのために理学療法士などのスタッフがいますし、他にも介護や生活支援を受けられます。老健は自宅へ戻ることを目指す施設のため、長期の入居はできず、おおよその入居期間は3カ月から半年です。

(ウ) **住まい選びの視点**　　このように高齢者の住まいに関しては、たくさんのメニューが用意されています。

どこに住むかを考えるにあたっては、自立して生活できるのか、介護が必要なのか、必要としてどの程度なのかという高齢者の身体の状況だけでなく、どれくらいの経済力があるかも重要になります。また、介護を担う家族はいるか、本人や家族の意向等によっても変化します。どこで誰と暮らしてどういう最期を迎えるか、介護が必要になる前から考えて、できれば複数の施設に見学にいって、比較検討できるとよいです。

また、住み替えにあたっては、緊急の場合や重症化した場合の対応を事前に確認しましょう。さらには、老後のために蓄えた資金の多くを住まいに費やすことになるので、入居した施設がすぐに倒産してしまっては大変です。とすると、事業者の経営状況についても前もって調べる必要があります。現在では利用者保護の観点から有料老人ホームについては帳簿保存や情報開示が義務づけられていますし、倒産の場合に備えた一時金保全措置も義務づけられています（老福法29条）。サ高住についても突然の廃業や倒産によって入居者である高齢者が住まいを失うケースが相次いでいるため、経営が安定しているかを利用者が見分けられるように、入居・退去者数や退去理由などの情報公開を義務づける方向で検討されています。

　有料老人ホームやサ高住等については、無料で相談にのって紹介してくれる民間の相談機関がありますが、紹介料の高い事業者だけを紹介するところもあるようなので、公平な観点から情報を提供してくれる信用できる相談機関を選ぶ必要があるでしょう。

●苦情処理対応

　施設等に入居した後も、日々の生活を続ける中で、何か困ったことがあれば、相談窓口や苦情対応を利用しましょう。特養や老健等では入居者や家族からの苦情を受け付ける窓口を設置する等、必要な措置を講ずべきことが指定基準（→40頁参照）で決められています。グループホームでは運営推進会議が、有料老人ホームでは運営懇談会があり、運営の状況やトラブルの解決状況等が報告されます。

⑶　介護保険を利用できない場合

　介護保険の保険料が未納等の理由で介護保険制度を利用することができない高齢者については、老人福祉法に基づく措置制度を利用できます。市町村が職権で措置開始決定することで、税金を

財源として特別養護老人ホーム等に入所させることができます（老福法10条の4・11条・21条）。

4　終活とその後

(1)　人生会議

　自らの人生の終わりに向けた活動のことを終活というようになってずいぶん経ちます。葬儀のことや財産のことなどなど、自分はどうやって人生を締めくくりたいのか、エンディングノートに希望を書いてまとめておくという方法があります。

　そして、終活のひとつに人生会議があります。これはアドバンス・ケア・プランニング（ACP）の愛称で、自分が大切にしていることや希望、終末期に受けたい医療やケアなどについて、家族や医師等と事前に話し合っておくことです。どこで最期を迎えたいのか、延命治療はして欲しいのか、して欲しくないのか……どんな最期を迎えたくて、どんな最期は嫌なのか……いつかはわからないけれど誰しもに必ず訪れる「もしも」のときのための準備です。もしものときに自分の希望が尊重されることになりますし、医療機関等から決断を迫られる家族の負担を減らすことにもつながるので、しっかり準備をしておくことは重要です。最終段階へ向けた準備をすることを通して、自分の人生をさらによりよいものにすることが望まれます。

(2)　在宅医療

　住み慣れた自宅で最期を迎えたいと願う声は大きいものです。できるだけ本人の意向に沿った形で自分らしくその時を迎えることができるように体制を整えておくことが重要でしょう。自宅での最期を希望してそれを実現させるには、家族の支えが必要になります。そのための体制づくりとして重要なのが在宅療養環境の整備です。

　自宅療養中で通院が難しくなった場合には、医師や看護師が定

期的に自宅に訪問して、診療や診察、看護を行います。訪問診療や訪問看護といいます。これに対して突発的な病状の変化に対して医師が自宅に訪問して診療することを往診といいます。在宅療養となる前に治療を受けていた医療機関やケアマネが、在宅におけるかかりつけ医や訪問看護師を紹介してくれることが多いです。24時間365日体制で、医師や看護師と連絡がとれて、訪問診療や訪問看護、往診をしてくれて、そして緊急時には入院対応ができる等の条件を満たしたところは在宅医療支援診療所として届出されています。もっとも、届出数は少なくて、一般に普及するにはまだまだ時間がかかりそうです。

　在宅での最期は家族への介護負担も大きくなります。いつ終わりが来るのかわからず、肉体的にも、精神的にも、家族が追い込まれてしまうこともあります。適度に家族が介護から解放されて休憩するためにも介護保険制度があります。在宅療養を受けながら、介護保険による訪問サービスを組み合わせて利用します（高額介護合算療養費等→204頁参照）。介護報酬にも看取り介護加算があり、医師の指示による痛みの緩和等の処置を適切に行って、静かに死を迎えることができます。食事や排せつの介助、褥瘡の防止などの日常ケアが中心になります。

　(3)　**死亡届**

　最期を迎えた際には、医師に死亡を確認してもらい、死亡診断書に記入してもらいます。そして、死亡届を14日以内に市町村に届出します（埋葬料等については→163頁参照）。

　(4)　**未支給年金**

　年金受給者が亡くなった場合は、受給権者死亡届（報告書）を日本年金機構に提出します。マイナンバーを日本年金機構に届けていた場合は省略できます。

　既に述べた通り、年金は2か月に1回偶数月に後払いの形で支払われるものなので（→73頁参照）、亡くなる時点では本人には支

給されていない年金があり、これを未支給年金といいます。この未支給年金については、パートナーや子等、一定範囲の遺族が自分の名前で請求することができます。

第3部

すべてのライフステージに関して

第1章　生活への困窮

> この章では、生活に困窮した場合について考えてみましょう。
> 生活に困窮するきっかけはさまざまですが、生活が苦しくなった
> 場合には支出を抑える観点と収入を確保する観点の2つが重要に
> なるので、それらに関連する社会保障制度を概観しましょう。

1　貧困とは

　長い人生、あらゆるステージにおいて貧困に陥る危険が潜んでいます。扶養してくれていた親がいきなり亡くなったり、働いていた会社が倒産したり、病気が原因で突然働けなくなったり……。それぞれ年金制度からの遺族年金、雇用保険制度からの基本手当、健康保険制度からの傷病手当金など、これまで勉強してきた社会保障制度から給付を受けられる可能性はありますが、誰もがそれらの給付の支給要件を満たすわけではありませんし、いったんは給付を受けられても終了することもあります。また、さまざまな理由によって安定した雇用に就くことができなくて、恒常的に生活が苦しい場合もあるでしょう。

　貧困にはさまざまな定義がありますが、絶対的貧困や相対的貧困という言葉を聞いたことはありますか。絶対的貧困とは、住む家がなかったり、食べる物がなかったり、着る服がなかったり、病気になっても医療を受けられなかったり……。人間として最低限の生活を送ることが難しい状態のことをいいます。これに対して、相対的貧困とはその国や地域の文化水準や生活水準と比較して、一定の母数の大多数よりも困窮した状態のことを指し、具体的には中央値の半分に満たない状態をいいます。日本では厚生労働省が国民生活基礎調査を公表していて、2018年の等価可処分所

得（世帯の可処分所得を世帯員の数の平方根で割った数値）の中央値は253万円です。ですので、その半分である127万円が貧困線です。つまり世帯の所得が127万円に満たない世帯が相対的貧困にあたります。2018年の相対的貧困率は15.4％、子ども（17歳以下）の貧困率は13.5％ということで、これは世界規模でみても高水準であり、深刻な問題であることがうかがえます。一見してわかりやすい絶対的貧困だけでなく、目にはみえづらい相対的貧困の問題が表面化し、近年注目されています。

　では生活が困窮した場合にはどのような社会保障制度を利用できるでしょうか。憲法25条1項では、健康で文化的な最低限度の生活を送る権利（いわゆる生存権）が保障されていますが、それが侵害されることのないようにいかなる制度が用意されているか、支出を抑える観点と収入を確保する観点の2つに分けて、概観してみましょう。

2　支出を抑える

　既に勉強した通り、働き方や年齢によっていかなる年金制度や医療保険制度に加入するかは変わってきます。働いていない場合や、働いていても週に20時間未満など労働時間が短い場合には、年金については国民年金の第1号被保険者に、医療保険については国保の被保険者に該当し、それぞれの制度に対して保険料を負担します。さらに40歳になれば介護保険にも加入して保険料を負担することになります。では、生活が苦しい場合に、これらの負担を軽くすることができるでしょうか。

(1)　国民年金

　国民年金の保険料は、原則として毎月納付する必要がありますが、納付が滞ると督促・滞納処分の対象になります（国年法96条）。また、保険料を滞納したままにしていると、将来老齢や障害、死亡といった保険事故が生じてもそれぞれの給付の支給要件を満た

さずに、基礎年金を受けられないおそれがあります。いずれの給付も被保険者としての加入期間や保険料の納付実績が支給要件であったことを思い出してください（→老齢年金について→218頁、障害年金について→24頁（20歳前障害という例外については→157頁）、遺族年金について→164頁参照）。

そこで、生活が苦しくても将来給付を得ることができるように、国民年金では保険料の免除と納付猶予という2つの仕組みが用意されています。

　　(ア)　**免除**　　免除には大きく法定免除と申請免除の2つがあり、法定免除は障害基礎年金を受給している場合（→72頁参照）や、すぐ後でみる生活保護を受給する場合（→261頁参照）に機能します。特に申請は不要で、保険料の納付義務が法律の規定に基づいてすべて免除されます（国年法89条1項1号・2号）。これに対して申請免除は、生活保護は受給していないけれど、低所得の場合に利用できます。その名の通り、申請をして、厚生労働大臣の承認を受ける必要があります（90条・90条の2）。本人と配偶者、そして世帯主の所得を合わせて一定の所得を下回る場合に承認されます。一定の所得とは個人住民税の非課税基準に準拠して決められます。どれだけ所得があるかによって免除される保険料の割合は変わり、複数のバリエーションがあります。すなわち、全額か4分の3か、半額か、4分の1かという4段階です。

経済的に苦しいときには国民年金の保険料負担の免除を受けるかを検討しましょう。ただ、注意したいのは免除のままでは、将来受ける老齢年金の額が減ってしまうことです。そのため、できることなら生活に余裕が出た段階で保険料の追納をすることが大切です。追納しないと将来得られる老齢基礎年金は保険料を滞納なく払い続けた場合に比べて減額されます。

基礎年金の財政は、第1号被保険者が負担する保険料（→23頁参照）、厚生年金からの基礎年金拠出金（→55頁参照）、国庫負担、

積立金から構成されます。このうち国庫負担分については2008年度までは基礎年金の給付に要する費用の3分の1でしたが、2009年度から2分の1になりました。そして免除された期間については国庫負担に対応する分しか支給されません。つまり20歳から60歳までの40年にわたって法定免除される場合や40年にわたって全額の申請免除を受ける場合には、40年保険料を払い続けたときに得られる満額年金に比べて、半分しか支給されません（2009年度以降の場合）。少しの期間、少しの割合であったとしても、追納すれば将来の年金額は高まります。

（イ）**納付猶予**　　国民年金には免除以外にも、50歳未満の人を対象にした保険料の納付猶予の仕組みがあります（平成26年改正法附則14条）。これは既に勉強した学生納付特例（→24頁参照）と同様の仕組みで、猶予された期間は年金の受給資格期間には算入されますが、年金額の計算には含まれません。つまり免除の場合には上述の通り、かろうじて国庫負担分に相当する老齢基礎年金が将来支給されるのに対して、納付猶予ではその分すら受けられません。保険料の追納がより一層大切でしょう。

(2) 国民健康保険

これに対して、国民健康保険はどうでしょうか。保険料を滞納した場合にどうなるかを確認してから、保険料の観点や窓口で負担する一部負担金の観点についてみていきましょう。

（ア）**滞納と被保険者証の返還**　　まず、生活が苦しくて国保の保険料を滞納すると、督促・滞納処分の対象になり（国保法79条・79条の2）、滞納が続けば、保険者証を保険者に返還しなければならなくなります（9条3項・5項）。それでも、被保険者資格を失うわけではありません。保険者証に代わって、保険者からは被保険者資格証明書が交付されます（同条6項）。

（イ）**被保険者資格証明書と特別療養費**　　では、被保険者資格証明書を持って医療機関に行くとどうなるでしょう。保険者証の

場合には原則として３割負担で医療サービス（療養の給付）を受けられます（国保法36条１項）が、被保険者資格証明書ではそうはいきません。治療後、窓口で医療費の全額を払わないといけません。その上で、被保険者は保険者に対して自己負担分である３割を除いた部分を特別療養費として請求することができます（54条の３）。もっとも、滞納していた保険料を払う義務があるので、特別療養費を請求しても、保険者は未払の保険料債権と相殺することになります。

　(ウ)　**短期被保険者証**　　このように、保険料を滞納したまま具合が悪くなると多額のお金が必要になります。負担できないからといって、医療機関に行かなくなると、その結果、病状は悪化……。このような負のスパイラルが生じないようにするために、18歳の年度末（基本的に高校生）までの国保の被保険者には特別な仕組みが用意されています。すなわち、世帯で保険料の滞納があっても、被保険者資格証明書ではなく、６か月の短期被保険者証を交付することにしています（9条10項）。短期被保険者証を持って医療機関に行けば、通常の自己負担分を負担するだけで医療を受けることができます。世帯主が滞納したとしても、子どもたちについては安心して医療を受けられるように配慮がなされています。

　(エ)　**保険料の減額賦課**　　では、そもそも国保の保険料負担を抑えることはできるでしょうか。国保の保険料は、条例に従い、所得割と均等割を基本に、ところによっては平等割や資産割も加わって額が決まります（→30頁参照）。そのため、所得割と資産割つまりどれぐらいの所得や資産があるかという負担能力によって決まるいわゆる応能負担分については、低所得であれば低い負担で済みます。これに対して世帯あたりの国保加入者の人数に応じて均等に負担する均等割や国保に加入する全世帯が平等に負担する平等割というのは、保険サービスを受けるという利益があるために負担するもので、応益負担分といいます。そして、この応益

負担は本来所得にかかわらず一律に負担するものですが、低所得の場合には2割から7割の軽減を受けられるようになっていて、これを減額賦課といいます（国保法81条、令29条の7第5項）。つまり恒常的に低所得の場合には応益負担の部分も抑えることができます。もっとも、あくまでも減額なので、負担をゼロにすることはできません。減額賦課された部分は、4分の1を国が、4分の3を都道府県が負担します（国保法72条2項2号・72条の3第2項）。

これに対して、国保法77条では「特別の理由」がある場合に保険料を減免する仕組みがあります。では、恒常的に低所得の場合にもこの規定によって減免できるでしょうか。国保法77条の「特別の理由」については、災害等により生活が一時的に著しく困難になった場合のための仕組みと一般に考えらえています。著名な旭川国保訴訟（最大判平成18年3月1日民集60巻2号587頁・百選9事件）においても、恒常的に生活が苦しい場合を減免対象として認めていない旭川市の条例について、国保法77条の委任の範囲を超えるものではないし、条例の定めや原告に減免を認めなかったことは憲法25条に違反しないと判断されています。

恒常的に生活が苦しい場合には後述の生活保護を受給します。そうすれば国保の被保険者ではなくなるので（国保法6条9号）、保険料負担義務から解放されます。人によってはどんなに生活が苦しくても、生活保護は受けたくないと考える人がいるかもしれませんが、その場合には国保の保険料は負担する必要があるというのが現状です。

●旭川国保訴訟

本文で述べた通り、旭川国保訴訟では恒常的に生活が苦しい場合に保険料を減免しなくてもよいかという論点が問題になりましたが、他にもこの事件では国保の保険料と憲法84条の関係が問題になりました。憲法84条では、「あらたに租税を課し、又は現

行の租税を変更するには、法律又は法律の定める条件によること を必要とする」と定められていて、課税要件については法定される こと（課税要件法定主義といいます）と明確であること（課税要 件明確主義といいます）が必要です。これは一般に租税法律主義 と呼ばれていますが、旭川市が定める国保の保険料に関する条例 では、被保険者全体の賦課総額や保険料率を算定する根拠は定め られていたのですが、具体的な保険料率については定められてい ませんでした。具体的な保険料率は条例ではなく、市長が定めて 告示することになっていました。そこで原告は、条例で定めた保 険料の賦課総額の算定基準は不明確であるなど、憲法84条が規 定する租税法律主義に反すると主張しました。

　第1審（旭川地判平成10年4月21日判時1641号29頁）は租税法 律主義に違反するとして訴えを認めましたが、第2審（札幌高判 平成11年12月21日判時1723号37頁）及び最高裁（最大判平成18年 3月1日民集60巻2号587頁・百選8事件）は訴えを退けました。 最高裁はまず租税とは何かを定義した上で、保険料と租税の関係 を整理しました。最高裁によれば憲法84条が規定する租税とは、 「国又は地方公共団体が、課税権に基づき、その経費に充てるた めの資金を調達する目的をもって、特別の給付に対する反対給付 としてでなく、一定の要件に該当するすべての者に対して課する 金銭給付」のことです。そうすると国民健康保険の保険料は、保 険給付を受け得ることに対する反対給付として徴収されるものだ から租税とはいえないとして、国保の保険料に憲法84条が直接 適用されることはないとしました。もっとも、これだけでは終わ りませんでした。

　最高裁は憲法84条の直接適用を否定した上で、同条は国民に 対して義務を課しまたは権利を制限するには法律の根拠を要する という法原則を明文化したものであるとして、「租税以外の公課 であっても、賦課徴収の強制の度合い等の点において租税に類似 する性質を有するもの」については、憲法84条の趣旨が及ぶと しました。そして、問題となった国民健康保険は、強制加入とさ

れ、保険料が強制徴収されるから賦課徴収の強制の度合いにおいては租税に類似する性質を有するものにあたるので憲法84条の趣旨が及ぶとしました。

その一方で、条例で賦課要件をどの程度明確に定めるべきかについては「賦課徴収の強制の度合いのほか、社会保険としての国民健康保険の目的、特質等をも総合考慮して判断する必要がある」として、旭川市の条例では「保険料率算定の基礎となる賦課総額の算定基準を明確に規定した上で、その算定に必要な……費用及び収入の各見込額並びに予定収納率の推計に関する専門的及び技術的な細目にかかわる事項を、市長の合理的な選択にゆだねたものであり、また、……見込額等の推計については、国民健康保険事業特別会計の予算及び決算の審議を通じて議会による民主的統制が及ぶもの」であるから、そうすると、保険料率を市長が決定し、告示で公示するように委任した条例が、憲法84条の趣旨に反するということはできないと結論づけました。

非常に難しい内容ですが、この判決の重要な点は第1に租税とは何かを明確にした上で、国保の保険料は租税ではないから憲法84条が直接適用されないことを明らかにした点にあります。第2に賦課徴収の強制の度合い等を理由に国保の保険料には憲法84条の趣旨は及ぶと判断したことです。さらに、憲法84条の趣旨に反するかを検討するにあたっては、議会による民主的統制の観点にも言及した上で結論を導いており、とても重要な最高裁判決として位置づけられています。

(オ)　**一部負担金の軽減**　　国保から医療サービスを受けた場合には窓口にて原則として3割の一部負担金を払う必要がありますが、負担が一定水準を超えると高額療養費や高額介護合算療養費が支給されます。この点は健保の場合と同様です（国保法57条の2、→70頁参照）。その上で、負担すべき一部負担金について、恒常的に生活が苦しいのであれば減免してもらえるでしょうか。国保法44条1項では「特別の理由」がある被保険者で、保険医療機

関等に一部負担金を支払うことが困難であると認められるものに対して、市町村が一部負担金を減額したり、支払を免除したりできることを認めています。恒常的に生活が苦しい場合にもこの「特別の理由」があるといえるかが問題となりますが、国保法77条に関する上記の判決や生活保護制度の存在を踏まえるとそう簡単ではありません。

この他、国保ではそもそも多くの低所得者が加入しているという実態があることから財政の健全性を損なうおそれがないと認められる場合に限り、市町村が一部負担金の割合を減らせる仕組みも設けられています（国保法43条、令28条）。

●国保の財政

国民健康保険も講学上の社会保険であり（→44頁参照）、主たる財源は被保険者が負担する保険料です。しかし、これまでみてきた通り、国保では、そもそも多くの低所得者が加入していますし、健康保険のように事業主負担がありません。そこで、保険給付費の約5割は公費によって賄われています。内訳としては国庫負担が約41％（国保法70条1項・72条）、都道府県負担が9％（72条の2）です。国庫負担は大きく2つに分かれ、まず療養の給付等にかかる費用、前期高齢者納付金、後期高齢者支援金等（負担対象額）の32％を負担します。残りは調整交付金という形で財政状況等に応じて国が負担し、調整交付金の平均が9％となります。平均なので、財政力の弱いところに多く、強いところには少なく支給されます。結果として、国庫負担は32％＋9％（平均）ということで、合計約41％となっています。

(3) 介護保険

次に介護保険についてはどうでしょうか。介護保険の保険料は所得に応じて段階別（基本的に第9段階）に負担することが条例にて定められています（→214頁参照）。そのため、低所得者に対する配慮があるといえますが、市町村民税非課税世帯の被保険者（第

1段階から第3段階）に対してはさらなる軽減もあります。保険料軽減にかかる費用は公費（国・都道府県・市町村がそれぞれ2分の1、4分の1、4分の1の割合）が負担します（介保法124条の2）。高齢化が進む中で介護保険の給付費用が増えたことで、第1号被保険者の保険料も増加したために軽減する仕組みが2014年改正によって導入されました。

　このように第1号被保険者の保険料は応能負担の観点で種々の配慮がありますが、介保法142条には「特別の理由」がある者に対する保険料の減免や徴収猶予も定められています。ここでいう「特別の理由」も国保法77条と同じく、災害や主たる生計維持者の死亡、入院、失業などによって生活が一時的に著しく困難になった場合が想定されています。つまり恒常的に低所得である場合には利用できません。そのため、低所得であっても保険料を負担しなければなりません。

　では介護保険料を滞納したらどうなるでしょう。滞納になると地方自治法によって強制徴収されます（介保法144条）。他方で、介護が必要になって事業者からサービスを提供してもらっても、介護保険の給付を事業者に代理受領してもらうことができません（66条）。つまり介護にかかる費用をいったん全額負担する必要があります。さらに、場合によっては保険給付の支払が一時差止め（67条・68条）されることや、保険料を徴収する権利が消滅した場合には保険給付が減額されたり、不支給になったりすること（69条）もあります。

　では、生活保護を受ける場合はどうでしょう。まず40歳になって医療保険に加入している場合には介護保険の第2号被保険者となりますが、恒常的に生活が苦しければ生活保護を受給し、そうすると国保の被保険者ではなくなります（国保法6条9号）。それに伴って介護保険の被保険者資格も失うので、介護保険の保険料を負担する必要はなくなります。介護が必要になれば生活保護か

ら介護扶助の形で支給を受けられます。

これに対して65歳以上になると、介護保険の第1号被保険者に該当するので、介護保険に対して保険料を負担する必要があります。その場合に負担すべき介護保険料については、生活保護から生活扶助の介護保険料加算の形で支給されます。

では、介護保険から介護サービスを利用した場合に支払う利用者負担はどうなるでしょうか。介護保険では原則として9割が保険給付の内容として支給されますが、災害その他特別の事情により必要な費用を負担することが困難であると市町村が認めた場合には、介護保険から得られる給付の水準を引き上げることができます（介保法50条・60条）。しかし、上述の通り、恒常的に生活が苦しい場合にこの規定を利用するのは難しそうです。そうすると、恒常的に生活が苦しくても、原則として1割を介護保険の利用者負担分として負担する必要があります。

この負担に関しては、医療保険の高額療養費と同じように、一定水準を超えると高額介護サービス費や高額医療合算介護サービス費が支給されます（51条・51条の2、→203・204頁参照）。生活保護を受ける場合には、高額介護サービス費や高額医療合算介護サービス費によっても賄えない利用者負担分は介護扶助として生活保護から受けることができます。

3 生活に困ったら（生活保護等）

では、収入を確保する観点からはどのような制度があるでしょうか。まず利用できるのが、これまで勉強してきた社会保険によるセーフティネットです。他方で、最後の砦として用意されるのが生活保護です。長らく日本では、社会保険による第1のセーフティネットと生活保護による最後のセーフティネットという仕組みだけしか整備されていませんでした。しかし、比較的最近の改正にて新たな生活支援制度として第2のセーフティネットなるも

のが整備されました。第2のセーフティネットには求職者支援制度と生活困窮者自立支援制度があります。ここではそれらを確認した上で、最後の砦である生活保護制度についてみていきましょう。

＜セーフティネットの概要＞

第1のセーフティネット　社会保険制度
　　　　　　　　　　　　（医療保険・年金・介護保険・雇用保険・労災保険）
第2のセーフティネット　求職者支援制度・生活困窮者自立支援制度
最後のセーフティネット　生活保護制度

(1)　求職者支援制度

　失業状態であっても雇用保険から給付を受けられない場合には2011年10月から実施される求職者支援制度を利用することができます。これについては既に勉強したので、その部分を参照してください（→107頁参照）。

(2)　生活困窮者自立支援制度

　生活保護の前段階として自立に向けた適切な支援を行うために2015年4月に始まったもうひとつの第2のセーフティネットが、生活困窮者自立支援法に基づく生活困窮者自立支援制度です。就労の状況、心身の状況、地域社会との関係性などの事情により、現に経済的に困窮して、最低限度の生活を維持することができなくなるおそれのある人を生活困窮者と定義した上で、以下で述べるさまざまな支援事業を、福祉事務所を設置する都道府県や市町村が実施します。自治体が直営するだけでなく、社会福祉協議会やNPOに委託することも可能です。後で見る生活保護の受給要件を満たすほどには困窮していないけれど、そのままにするといずれは生活保護を受給することになるかもしれない人たちを対象にします。

　生活困窮者と認められれば、自立相談支援事業や住居確保給付

金事業を利用することができます。

○**自立相談支援事業**　生活に関する困りごとや不安について、地域の相談窓口で相談し、必要な情報や助言を得られるものです。生活状況のどこに課題があるのかを整理し、どのような支援が必要か、支援プランを作成します。ここでは経済的な観点にとどまらず、社会的な孤立や地域からの孤立など、複合的な問題を抱える人々の相談にのって、包括的に寄り添いながら支援をしていきます。伴走型な支援によって自立が目指されます。

○**住居確保給付金事業**　離職などで住居を失った場合や失うおそれが高い場合に、誠実かつ熱心に求職活動をすることなどを条件として一定の期間、家賃相当額を支給するものです。一定の収入要件や資産要件を満たすと、原則として3か月、最長で9か月まで支給されます。これによって生活の土台となる住居を整え、就職に向けて支援します。

　自立相談支援事業と住居確保給付金事業は、生活困窮者自立支援法に法定された事業なので日本全国で展開されています。これに対して同法には、以下のような任意事業もあります。

○**就労準備支援事業**　社会に出ることに不安があったり、他者とコミュニケーションがうまくできなかったり、すぐに就職することが難しい人のために、6か月から1年間のプログラムを作成します。生活習慣を形成するための指導・訓練（日常生活に関する支援）、就労の前段階として必要な社会的能力の習得に向けた支援（社会自立に関する支援）、事業所での就労体験の場の提供や一般雇用への就職活動に向けた技法や知識の習得等の支援（就労自立に関する支援）という3段階で用意されています。一般就労に向けて基礎能力を養いながら就労に向けたサポートや就労機会の提供を行います。

○**就労訓練事業**（いわゆる中間的就労）　ただちに一般就労するこ

とが困難な場合に支援付きの就労の場・訓練の場を提供するものです。雇用契約を締結せずに訓練として就労を体験する形態（非雇用型）と、雇用契約を締結した上で支援付きの就労を行う形態（雇用型）の２つがあり、どちらにするかは本人の意向や受け入れる事業所の意向を踏まえて行政が決定します。行政から認定を受けた事業所において訓練・就労が行われます。本人の状況に合わせてステップアップし、最終的には一般就労につなげることが目的です。

○**一時生活支援事業**　　住居を持たない人やネットカフェ等の不安定な住居形態にある人に、一定の期間（原則３か月）、宿泊場所（シェルターや自立支援センター）や衣食を提供します。退所後に生活を再建して一般就労に結びつくように、自立相談支援事業と適切に連携して行われます。この事業はこれまで行われていたホームレスへの支援事業を受けて行われるものです。

○**家計相談支援事業**　　家計状況を見える化して、家計にはどのような根本的な課題があるかを把握します。そして、自らが家計を管理することができるように、状況に応じた支援計画や家計に関する個別のプランを作成し、家計管理意欲を引き出します。税務署や裁判所等の関係機関につなぐことで、税金や公共料金等の滞納を解消したり、債務整理や各種給付制度等の利用に向けた支援をしたりします。必要に応じて貸付のあっせん等を行うことによって、早期の生活再生を支援します。

○**子どもの学習・生活支援事業**　　貧困の連鎖を防止するために、子どもに対して学習支援をはじめ、日常的な生活習慣を身につけさせるように支援したり、子どもの居場所づくりをしたりするものです。この事業は、将来貧困が連鎖していくことを断ち切るために行われるものなので、現在生活保護を受給している家庭の子どもも受けることができます。進学や就職といった進路選択に関する情報を提供して助言する他、高校進学者が中退

しないように子どもだけでなく、保護者にも必要な支援を行います。この事業の中で、無料または安価で栄養のある食事やあたたかなだんらんを提供する子ども食堂の運営を行うこともあります。

これらは任意事業なので、どの事業が実施されるかは実施主体である自治体によって異なります。ホームページなどでお住まいの自治体ではどのような事業があるかを確認してみましょう。

生活困窮者が抱える問題はひとつとは限りません。多くの人が複合的な課題を抱えているので、その実情に応じて包括的な支援体制を構築することが重要です。早期の支援を継続的に行うことによって、生活困窮状態から早期に脱却して自立することが目指されています。

生活困窮者自立支援法による事業と生活保護法による事業とが密接に連携して、連続的な支援を行うことが重要であり、自立相談支援事業による相談を行う中で生活保護による支援が必要と分かった場合には、確実に生活保護につなぎ、切れ目のない支援を提供することが模索されています。

●サポステとは

　15歳から39歳で就職を目指す人を無料でサポートする施設に地域若者サポートステーション、いわゆるサポステという厚労省委託の支援機関があります（青少年雇用促進法23条）。原則として15歳から39歳の人が対象ですが、40代で仕事に就いておらず、家事も通学もしていない人も利用できます。サポステは、さまざまな事情でこれまで働いておらず、「働く」という段階に至る前の人が就職相談をしたり、各種セミナーを受けたりすることができる場所です。例えば「ニートになった」、「人間関係をうまく築けず前職を辞めた」など、人には相談しづらいことをキャリアカウンセラーに相談できます。また、仕事をする上で必要なパソコ

(3) 最後の砦としての生活保護

　生活に困窮した場合に税金を財源に最後の砦として用意されるのが生活保護制度です。憲法25条では「健康で文化的な最低限度の生活」が保障されています（生存権保障の原理）が、生活に困窮すると生存権が侵害されるかもしれません。侵害されることのないように、生活保護法が制定され、国の責任の下で最低限度の生活が保障されています（最低生活保障の原理）。生活保護はすべての国民に平等に認められる権利なので、生活に困窮した理由が問われることはありません（無差別平等の原理）。

　生活保護法の目的は２つあります。ひとつが最低限度の生活を保障することです。もうひとつが自立を助長することです。自立とは、経済的な自立だけではなくて、人格的な自立も意味します。可能性を見出し、引き伸ばして自分らしい社会生活を送ることができるように生活の再建をサポートすることが目指されています。

　㋐　**生活保護の仕組み**　　では生活保護はどのような仕組みでしょうか。生活をするにはお金がかかりますが、どれくらいのお金があれば最低限度の生活が保障されているといえるのでしょうか。私たちが健康に毎日の生活を送るためには、食費や光熱費、住居費、医療費などのお金が必要ですが、最低限度の生活を送るために必要な費用は、住んでいる地域や家族の人数や性別等によっても変わります。そこで、生活保護法は、厚生労働大臣が「要保護者の年齢別、性別、世帯構成別、所在地域別その他保護の種類に応じて必要な事情を考慮した最低限度の生活の需要を満たすに十分なものであつて、且つ、これをこえないもの」を基準として定めることを規定しています（生保法８条２項）。大臣が定める基準は保護基準と呼ばれ、保護基準によって客観的に決まる最低

生活費と、その世帯が実際に得ている収入（収入認定分といいます）とを比較して、収入認定分が最低生活費を下回る場合に下回る分だけ支給されるのが生活保護です（8条1項）。生活保護は原則として世帯を単位として（世帯単位の原則、10条）、その世帯の必要性に応じて、ケースバイケースでオーダーメイドの形で実施されます（必要即応の原則、9条）。世帯には高齢者世帯や母子世帯、障害者世帯、傷病者世帯などの分類があります。保護費にはそれぞれの用途に従って種類があり、食費や光熱費等の生活に関わる費用は生活扶助、家賃等の住居費は住宅扶助、医療費については医療扶助という形で支給されます（詳しくは→276頁参照）。

(イ)　**最低生活費**　では最低生活費とは具体的にはどれくらいでしょうか。厚生労働大臣が定める保護基準にそれぞれの世帯をあてはめて計算すると次のようになります。

＜生活扶助基準額の例（2020年10月1日現在）＞

	東京都区部等	地方群部等
3人世帯（33歳、29歳、4歳）	158,760円	139,630円
高齢者単身世帯（68歳）	77,980円	66,300円
高齢者夫婦世帯（68歳、65歳）	121,480円	106,350円
母子世帯（30歳、4歳、2歳）	190,550円	168,360円

※　児童養育加算等を含む
（出典）https://www.mhlw.go.jp/content/000578652.pdf

つまりその世帯には何歳の人が何人いるかという家族構成によって必要な最低生活費は変わりますし、また住んでいる地域によっても物価が変わるので変わってきます。上記の表は、2020年10月1日現在のものなので、時が経てばまた変わります。というのも景気が良いか悪いかというその時々の経済的・社会的な情勢によっても最低生活費は変わるからです。そのため「最低生活費は○○円‼」と法律にて一律に定めることは難しいです。定めてし

まうと変更するには国会で改正法案を審議して議決をとるという厳格な手続きを踏まなければならなくなって大変だからです。そこで、最低限度の生活の需要を満たすのに必要十分なものとはどれくらいかを厚生労働大臣が諸般の事情を総合考慮して保護基準の形、より具体的には厚生労働省告示の形で決定しています。

　そこで、大臣は時々の経済的・社会的条件や一般的な国民生活の状況に常に敏感になって、時勢に応じて保護基準を改定していく必要があります。今では、改定前の前年度の保護基準を一般国民の消費実態との均衡上ほぼ妥当なものであると考えた上で、一般国民の消費支出の伸び率に応じて改定しており、このような算定方式は水準均衡方式と呼ばれています。

　こうして大臣が決定した保護基準が元になって、それぞれの世帯がその場所で生活をするために最低限必要な金額がいくらかが決定されます。この客観的に決まる最低生活費がベースです。最低生活費に足りない分を補う限度で、生活保護は支給されます。

　下記の例では、A世帯の収入は最低生活費を上回るので、生活保護から保護を受けられないのに対して、B世帯の収入では最低生活費に満たないので、B世帯は最低生活費に到達する分だけ生活保護から保護費を受けられます。

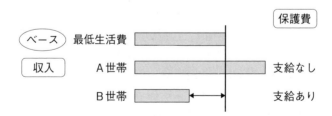

●朝日訴訟
健康で文化的な最低限度の生活とは何かが争われたのが有名な

朝日訴訟です（最大判昭和42年5月24日民集21巻5号1043頁・百選1事件）。朝日さんは、結核の療養をしながら生活保護を受給していましたが、兄から仕送りをもらえることになったので、その分、生活保護費が減額されました。減額されては最低限度の生活を営むことができなくなると主張して訴訟を提起しました。残念ながら最高裁判決が出る前に朝日さんが亡くなったので、訴訟は当事者死亡により終了しましたが、最高裁は、生活保護を受けるのは単なる国の恩恵ないし社会政策の実施に伴う反射的利益ではなく、法的な権利であることを明確にしました。生存権を定める憲法25条に違反するかを訴訟で争うことができると明らかにした朝日訴訟は今でも重要な判決として位置づけられています。

●老齢加算の廃止をめぐる訴訟

　既に述べた通り、生活保護の保護基準を制定・改定するのは厚生労働大臣です。保護基準の制定・改定には、高度の専門技術的な考察とそれに基づく政策的な判断が必要なので、厚生労働大臣には専門技術的かつ政策的な見地からの裁量権が認められています。そのため、裁判所としては自ら考えた最低限度の生活と大臣が決めた保護基準の内容とを比べて、違いがあれば即違法とすることはできません。裁判所は、大臣には保護基準の制定・改定についての裁量権があることを前提に、それを尊重する必要があります。もっとも、裁量権の逸脱・濫用がある例外的な場合には、裁判所は大臣による保護基準の制定・改定を違法と判断することができます。この点を明確にしたのが老齢加算最高裁判決（最判平成24年2月28日民集66巻3号1240頁・百選3事件）です。

　従来、高齢者には「特別な需要」があるという理由で老齢加算という上乗せが支給されていました。具体的には他の年齢に比べて、咀嚼力が弱い分、消化吸収の良い食品が必要であるとか、墓参りによく行くから社会的な費用が必要であるとか等、特別な需要があるとして老齢加算が導入されました。しかし、時が経ち、改めて検討してみたところ、高齢者に「特別な需要」は認められ

ないということになりました。そこで、大臣は保護基準を改定して、老齢加算を段階的に廃止しました。これによって、生活保護の支給額が減額された原告は、減額処分の取消訴訟を提起して、基準を改定したことが違法であると主張しました。

　最高裁は、①老齢に起因する特別な需要がないとした厚生労働大臣の判断の過程および手続における過誤、欠落の有無等の観点からみて裁量権の逸脱・濫用があると認められる場合、あるいは②老齢加算の廃止に際し激変緩和等の措置をとるか否かについての方針および現に選択した措置が相当であるとした厚生労働大臣の判断に、被保護者の期待的利益や生活への影響等の観点からみて裁量権の逸脱・濫用があると認められる場合には、生保法3条、8条2項の規定に違反し、違法になるとの一般論を示しました。

　事案の解決としては①②のいずれにもあたらないとして、基準の改定およびそれを受けた減額決定について違法はないと判断しました。生活保護法に反するものではないので、憲法25条に違反するものでもないと結論づけました。

　　㈡　**収入認定**　　既に述べた通り、生活保護の要否は、最低生活費と世帯が得ている収入とを比較して決定されます。では世帯が得ている収入とは何でしょうか。まず働いて得た賃金などのフローがあれば収入になります。もっとも、働いて得た賃金がすべて収入認定されてしまうと働いた分だけ生活保護の支給額が減るので就労意欲を阻害してしまうかもしれません。そこでそのような事態を防ぐため勤労控除の仕組みが設けられていて、賃金の一部については収入認定の対象から外されています（15,000円までは全額控除、全額控除以降の控除率は10％）。また、収入認定された金額の範囲内で、一定額が仮想的に積み立てられて、保護が必要でなくなったときに支給されるという就労自立給付金の仕組みもあります（生保法55条の4）。これによって生活保護から脱却するイ

ンセンティブを高めるとともに、再度保護に至らないように脱却後の不安定な生活を支えることが目指されています。

　生活保護ではフローだけではなく、ストックつまり資産も収入認定の対象になるという特徴があります。資産とは自動車や不動産、宝石、株券等の経済的に価値のあるもののことです。資産があればまずは売り払って現金に換えてそれを元手にして生活することが求められます。フローだけではなく、ストックについても調査され、それによって自活できないのか、保護が本当に必要なのかが調べられます。このような調査を「ミーンズ・テスト（資力調査)」といいます。生活保護は公費を財源とするからこそ、青天井で保護を認めるわけにはいかず、本当に保護が必要なのかをミーンズ・テストによって調査します。これは生活保護における特徴的な仕組みということができます。

　(エ)　**補足性の原理**　　生活保護は税金を財源にするので、本当に必要な人にしか支給することはできません。生活保護法４条１項では、「保護は、生活に困窮する者が、その利用し得る資産、能力その他あらゆるものを、その最低限度の生活の維持のために活用することを要件として行われる」ことが、２項では「民法……（略）……に定める扶養義務者の扶養及び他の法律に定める扶助は、すべてこの法律による保護に優先して行われるものとする」ことがそれぞれ規定されています。

　利用可能な資産や働く能力、その他のあらゆる手段を活用して、それでもなお生活に困窮する場合に支給されるのであり、これを補足性の原理といいます。

　(a)　**資産の活用**　　では資産があれば何でも売り払わないといけないのでしょうか。洗濯機、冷蔵庫、冷暖房、何でも売り払ってしまうと丸裸になって最低限度の生活を営むことはできません。そこで、基本的に家族の人員、構成等から考えて、利用する必要があって保有を認めたとしても地域の一般家庭との均衡を

失することにはならないと認められるもの、具体的には住んでいる地域で7割程度普及しているものについては保有できると考えられています。そのため、洗濯機や冷蔵庫等は保有できます。

これに対して自動車は本体価格だけでなく、維持費がかかるので、保有できないのが原則です。通院に必要な場合や障害がある場合等については、例外的に保有が認められています。

では預貯金や保険はどうでしょう。保護の開始時に持っている預貯金については、最低生活費の5割相当額までは保有できますが、それを超える部分は活用することが必要ですし、解約すれば返戻金が支払われる保険であれば、原則として解約して返戻金を活用する必要があると考えられています。返戻金が少額で、保険料も当該地域の一般世帯との均衡を失しない場合には例外的に保有できます。その場合には、解約していれば得られたはずの解約返戻金相当額については、資力がありながら保護を受けたと整理され、将来保険金等を受領した時点で返還する必要があります（生保法63条）。

では、保護費をやりくりして預貯金をしたらどうなるでしょうか。より具体的にはやりくりしてできた預貯金は収入認定の対象となり、その分、保護費は減額されるでしょうか。最高裁判決（最判平成16年3月16日民集58巻3号647頁・百選80事件）によれば、生活保護法の趣旨目的にかなった目的と態様で保護金品等を原資としてされた貯蓄等は、収入認定の対象とすべき資産にはあたりません。つまり貯蓄等については目的と態様が大事で、生活保護法の趣旨目的にかなうのであれば、貯金も保険への加入（による保険料の支払い）等も許されます。

上記の最高裁判決の事案では、高校進学時の学資保険の満期返戻金が問題となりました。当時は、高校進学にかかる費用については生活保護から保護費が支給されていなかったので、原告は保護費をやりくりして、学資保険に保険料を支払い、その満期返戻

金を子どもの高校進学のために使おうと考えていました。しかし、満期返戻金が支払われたことを察知した行政は、その分を収入認定し、保護費を減額しました。保護費の減額処分に対する取消訴訟の中で、最高裁は子の高等学校就学の費用に充てることを目的として満期保険金50万円の学資保険に加入し、給付金等を原資として保険料月額3000円を支払っていたことは、生活保護法の趣旨目的にかなったものであるから、返戻金は収入認定すべき資産にはあたらないとして、減額処分を取り消しました。

現在では、子どもの高校進学や大学進学の際の受取りを目的に教育資金を積み立てる学資保険については、保護開始時の1世帯あたりの解約返戻金の額が50万円以下であれば解約する必要はないとして取り扱われています。また、高校への進学率が90%を超える中、この判決がきっかけとなって、高校への就学に関しても生活保護の支給対象として認められることになりました。具体的には生業扶助の方から技能修得費（高等学校等就学費）として支給されます。

(b) **能力の活用**　　能力の活用とは働ける人は働きましょうということです。病気や障害等を理由にして働く能力がないのであれば保護を支給するけれど、働く能力があるのに働く意思がない場合や働く場所もあるのに働かない場合には支給されません。つまり働く能力と意思、場所の3つがあるか否かによって、能力を活用しているといえるかどうかが判断されます。もっとも、この判断は労働市場に就労の場があるかという問題や本人の就職に向けた意向にも深く関連するため、そう簡単ではありません。「有効求人倍率が1倍以上」という客観的な事情だけで能力を活用していないと判断するのは早計でしょう。申請者の年齢・健康状態・職業能力・生活状況等の個別の事情を十分に配慮した上で、能力を活用しているといえるかを判断する必要があります。その一方でどこまで配慮するかは難しい問題です。特定の労働条件に

固執して求職活動の範囲を極端に狭めている場合は能力を活用する意思がないと判断されるかもしれません。一定の求職活動をしているのであれば活用の意思は認めた上で、申請者の職業能力に客観的に見合う活用の場があるかどうかによって、能力を活用しているといえるか否かを検討することが有益でしょう。

　では、生活が苦しければ進学を諦めて働くことが求められるでしょうか。既に述べた通り、高校については義務教育ではないものの90％以上が進学していることから高校に通いながら生活保護を受けることが認められています。言い換えれば高校へ行くから働かなかったとしても、能力を活用していないとは判断されません。これに対して大学はどうでしょうか。大学に進学してある分野について専門的に学ぶことは、社会人として安定した雇用を得て自立する上で役に立ちます。そこで、生活保護を受給している世帯に大学生がいる場合には実際には家族と一緒に暮らしていたとしても大学生だけを世帯分離します。大学生以外の家族について活用していない能力はないから要件を満たすと整理することで生活保護の受給を認めています。世帯分離される結果、大学生が生活するための費用つまり生活費などは生活保護からは支給されません。各種の奨学金制度を利用します。従来はこのような取扱いだけでしたが、最近では法改正があり、住宅扶助については世帯分離される大学生の分も減額されない取扱いとなりました。加えて、大学進学の際には新生活を立ち上げる費用として進学準備給付金が一時金の形で支給されることになりました（生保法55条の5）。貧困の連鎖を断ち切るように、これらの改正が行われました。

　既に述べた通り、生活保護は世帯単位で支給されますが（→262頁参照）、リーマンショックの直後やコロナショックでは、高齢でも母子でも障害でも傷病でもないいわゆる「その他」世帯の受給が増大しました。「その他」世帯とは、稼働能力を有する人たち

のことです。必要な保護については迅速に支給する一方で、早く安定した雇用に就いて生活保護から脱却できるように就労支援を行うことが重要です（→258・274頁参照）。

　(c)　**扶養優先**　　補足性の原理のもうひとつの内容に扶養優先があります。つまり、扶養義務を負った者がいるならその者に扶養してもらうことを優先しようというものです。

　では、誰が扶養義務を負うのでしょうか。これについては民法（特に家族法）で勉強しますが、夫は妻に対して、妻は夫に対して、そして親は未成年の子どもに対して、それぞれ生活保持義務を負います（民法752条・820条・877条）。生活保持義務とは、自分と同程度の生活を保持する義務のことで、１つのパンしかないのであれば、それをちぎって分け与える必要があります。これに対して成年に達した子どもが老親に対して負う扶養義務や兄弟姉妹間で負う扶養義務は、生活扶助義務といいます（877条）。生活扶助義務は、自分の職業や社会的地位にふさわしい生活をした上でなお余裕があれば扶助すればよいというものです。そのため、食べるパンが１つしかないのであれば、分け与える必要はありません。

　生活保護の申請があると、行政は申請者について扶養義務を負う者がいるかどうかを調査し、扶養義務者がいれば申請者を扶養できないか、できないとすればその理由は何かの報告を求めることができます。任意に扶養してくれない場合でも、保護にかかった費用の全部または一部を後で扶養義務者から徴収することができ、負担額についての協議が整わない場合には家庭裁判所に決めてもらうこともできます（生保法77条）。

　もっとも、扶養優先についてはあくまで優先であり、保護を受けるための要件ではないことには注意が必要です。これまでみてきた「利用し得る資産」や「能力」については、生保法４条１項にて活用することが「要件」と規定されていましたが、扶養義務者による扶養と次でみる他法・他施策については、同条２項にて

「保護に優先して行われるもの」とされるにとどまります。家庭によっては、幼少期に虐待があったとか、捨てられたとか、複雑な事情を抱える場合もあるので、行政が家庭の問題に立ち入ることには慎重である必要があると考えられています。

(d) **他法・他施策優先**　生活保護は最後のセーフティネットですから、その他の法律によって得られる給付等があれば、それが優先されます。高齢者や障害者の場合には公的年金（→218頁参照）や年金生活者支援給付金（→225頁参照）、ひとり親の場合には児童扶養手当（→173頁参照）を受給できる可能性があるので、それらの可能性を模索します。それでも最低生活費に満たない場合に、満たない分を補う形で保護が実施されます。

(オ) **申請と調査**　生活保護を受けるためには原則として申請する必要があります（申請保護の原則、生保7条）。基本的に申請書に記載する方法で行いますが、記載が難しい場合には口頭での申請も認められます。申請書を交付しないとか、申請書を受理しないとかのいわゆる水際作戦が問題になることもありますが、生活保護を申請する権利は憲法25条に基づくものなので、水際作戦は違法です。行政が、申請の意思があることを具体的に推知し得たのに申請の意思の確認をしなかったり、扶養義務者による扶養・援助を求めないと保護を受けられないなどの誤解を与える発言を行ったりすることで、結果として生活保護を申請できないような場合には、国家賠償を請求することができます。

生活保護を申請する先は役所や福祉事務所等です。生活保護は本来国が果たすべき責任を有していますが、住民に近い行政機関として都道府県知事、市長、福祉事務所を管理する町村長が生活保護の実施機関となっています（生保法19条1項）。保護の決定および実施に関する事務の全部または一部は福祉事務所長に委任されています。生活保護に関する事務は、自治事務にあたる被保護者就労支援事業や健康管理支援事業（→274頁参照）を除いて、法

定受託事務なので、国や都道府県の関与の度合いが大きいといえます。

　保護を受ける権利はすべての国民（外国人については→328頁参照）に認められる権利なので、住居がないいわゆるホームレス状態であっても申請できます。申請があると、福祉事務所等で働くケースワーカーと呼ばれる人たちが、申請のあった世帯に家庭訪問をして、生活状況を把握します。行政は要保護者の家に立入調査を行ったり、要保護者や扶養義務者に対して必要事項の報告を求めたりすることができますし、要保護者に対して医師や歯科医師による検診を受けることを命じることもできます（生保法28条）。銀行や勤め先に問い合わせて預貯金や賃金等についての報告を求めることもできます（29条）。

　要保護者が求められた報告をしないとか、虚偽の報告をする場合、あるいは立入調査を拒んだり、検診命令に従わなかったりする場合には、行政は保護開始の申請を却下することができます（28条5項）。

●職権による保護

　本文でみた通り、生活保護は原則として申請に基づいて開始されます。しかし、急迫した事由がある場合には、補足性の原理の適用が排除され、職権による保護が可能です（生保法4条3項）。急迫した事由があるというためには、単に生活に困窮しているだけではなく、生存が危うくなるなど、その他社会通念上放置し難いと認められる程度に状況が切迫していることが必要です。このような場合には申請保護の原則の例外として職権による保護が行われます。その上で、資力があるのに保護を受けたときは、すみやかに保護費の範囲内で行政が定める額を返還する必要があります（63条）。

●費用返還と不正受給

職権による保護の場合など、資力があるのに保護を受けた場合には行政は額を定めて返還させることができます（生保法63条）。他方で、不実の申請や不正な手段によって保護を受けたようないわゆる不正受給の場合には、支給が止まる他、生保法63条の費用返還ではなく、78条が機能します。すなわち、保護費の全額または一部だけでなく、その額に最大で4割を上乗せして徴収できます。また、刑法で勉強する詐欺罪の要件を満たせば詐欺罪になりますし（刑法246条1項、生保法85条1項但書）、満たさなかったとしても生保法85条1項により3年以下の懲役または100万円以下の罰金に処される可能性があります。不正受給には厳格な対応が必要です。

⒞　**決定**　このような審査を経て、実施機関は、申請された日から原則14日以内に、生活保護を支給するかを決定します。決定には支給の要否と理由、支給となった場合には具体的な扶助の種類、程度、方法が書面にて通知されます。不支給の場合だけではなく、支給される場合でも理由が付されます。全部または一部の不支給決定を受けた場合には審査請求の手続きを経た上で（生保法69条）、取消訴訟や義務づけ訴訟を提起することができます。

⒠　**保護の実施に伴う法律関係**　支給決定を受ければ、最低生活費から収入を引いた額が、前払いの形で保護費として毎月支給されます。生活保護を受ける人を被保護者といいますが、被保護者には、その立場上、正当な理由なく保護を不利益に変更されない権利が保障され、保護費は課税されませんし、保護金品が差押えされることもありません（生保法56条・57条・58条）。生活保護の受給権は被保護者に固有の権利なので、他人に譲り渡すこともできません（59条）。

その一方で、生活保護は公費を財源とすることから被保護者には一定の義務が課されます。生活上の義務として、常に勤労、健

康保持・増進、生計の把握、支出の節約に努める義務を負います（60条）。それに、収入や支出など生計の状況について変動があったり、世帯構成員への変動があったりした場合には、速やかに実施機関や福祉事務所への届出が必要です（61条）。既に述べた通り、収入に応じて保護費の額が変わってくるからです。高校生の子どもがアルバイトで収入を得たような場合にも届出が必要です。申告すれば一定の控除が適用されますし、修学旅行費やクラブ活動費等、生活保護費の支給対象にはならない就学費用に使用する場合は収入認定の対象から外れて、全額貯金することも認められています。さらに、貧困の連鎖を防止する観点から、その使途が大学の入学料や進学費用（塾代等）の場合にも収入認定しない取扱いとなっています。つまり届出してもすべてが収入認定されるわけではないので、しっかり届出することが必要です。届出を怠ると届出義務違反となり、場合によっては保護の変更、停止または廃止につながり（28条5項）、不正受給を問われる可能性もあります（78条）。

(ク) ケースワーカーによる支援　　保護の受給中は、ケースワーカーが年に数回訪問調査をし、経済的自立支援をします。経済的な自立に向けては就労が大事なので、被保護者就労支援事業として就労の支援に関する問題について必要な情報が提供され、助言が行われます（生保法55条の7）。

　また、ケースワーカーは日常生活自立支援も行っています。日常生活自立支援とは、身体や精神の健康を回復・維持して自分で自分の健康・生活管理を行えるための支援のことです。被保護者には糖尿病や肝炎など、重症化すると完治が難しいと考えられる病気を抱えている人が多く、後でみる医療扶助は保護費総額の約半分を占めています。そこで、健康診査結果に基づく保健指導や健康に関する相談にも助言指導して、生活習慣病を予防するよう実施機関は被保護者健康管理支援事業も行っています（55条の

8）。

今までみてきた経済的自立支援や日常生活自立支援に加えて、社会生活自立支援も行います。これは、社会的なつながりを回復・維持するなど、社会生活における自立を支援するためのものです。これらのケースワーカーによる支援は被保護者が自立する上で非常に重要な役割を果たしています。

　　(ケ)　**指導・指示と不利益処分**　　ケースワークにおいては被保護者に対して指導・指示（生保法27条）が行われたり、相談・助言（27条の2）がなされたりします。ケースワーカーによる生保法27条に基づく指導や指示については、被保護者は従う義務があります（62条1項）。その義務に反する場合には弁明の機会が与えられた上で、保護が変更、停止または廃止されるかもしれません（62条3項・4項）。これらの不利益処分を行うか否か、行う場合にどの不利益処分にするかは実施機関に裁量権があります。もっとも、裁量権を逸脱・濫用することはできません。

被保護者が指導・指示を遵守する義務に反したとして不利益処分をする場合にはまず書面による指導・指示が行われる必要があります。書面によることで、指導・指示の必要性やその内容を行政が慎重に検討し、恣意を抑止するとともに、被保護者に指導・指示の内容が正確に伝わることになるからです。そのため、書面によることなくして口頭の指導・指示だけで不利益処分をしたら裁量権の逸脱・濫用にあたり違法です。

また、書面による指導・指示があったとしても、その内容が客観的に実現不可能な場合や、著しく実現困難な場合には、指導・指示違反があったという理由で不利益処分を行うことはできません。では、客観的に実現不可能か否かはどのように判断されるでしょうか。近時の最高裁判決（最判平成26年10月23日集民248号1頁・百選87事件）によれば、書面自体において「指導又は指示の内容」として記載された内容だけをみて判断するそうです。当該事案で

は例外的に自動車を保有するための条件として「仕事の収入を増収すること」が「指示の内容」欄に記載されていましたが、増収できない場合に自動車を処分すべきことまでは「指示の内容」欄には記載されていませんでした。その点は「指示の理由」欄に記載されるにとどまりました。自動車の処分についてはかねてより口頭での指導があり、原告もその指導の内容を理解していて、理由欄には従前の指導の経過が記載されていたのですが、そうであるとしても、自動車の処分が「指示の内容」欄には記載されていなかったので、それを含めて実現不可能かを判断することはできないと最高裁は判示しました。このような最高裁判決を前提にすると「指導又は指示の内容」欄には記載されないそれまでの経緯や従前の指導・指示の内容、それらに対する被保護者の認識、当該指示書面に理由として記載された事項は、実現不可能性を判断する上で考慮することはできないということです。「指導又は指示の内容」欄こそが大切ということになります。

　このようにケースワーカーによる指導・指示はその後の不利益処分と密接に結びつくことから慎重に行われる必要があります。不利益処分の中でも廃止は、被保護者としての地位を奪う重大なものであることから、違反行為に至る経緯や違反行為の内容等を総合的に考慮し、違反の程度が廃止処分に相当するような重大なものであることが必要と考えられています。

　　㈡　**保護の内容**

| 生活扶助 | 教育扶助 | 生業扶助 | 住宅扶助 |
| 医療扶助 | 介護扶助 | 出産扶助 | 葬祭扶助 |

　生活保護で規定される扶助には8つの種類があります（生保法11条）。このうち、現物給付である医療扶助と介護扶助を除いて、原則として金銭給付です。

○**生活扶助**　　主に食費や光熱費等の日常生活に必要な費用を賄

うものです。加えて、各種の加算があります。すなわち、児童を養う場合には児童養育加算、母子家庭には母子加算、障害がある場合には障害加算があります。暖房代がかさむ地域については冬季加算がつくところもありますし、65歳以上では介護保険料加算もあります（→214・256頁参照）。生活保護の受給者が求職活動に積極的に取り組む場合には、就労活動促進費が一時扶助費（生活扶助）の一部として支給されます。

○**住宅扶助**　生活は被保護者の居宅にて行われることが前提（居宅保護といいます）で、住居の家賃や住居を維持するための補修等に必要なものは住居維持費として住宅扶助から支給されます。例外的に居宅保護によることができないときや、居宅保護によっては保護の目的を達し難いとき、被保護者が希望したときには、救護施設・更生施設または日常生活支援住居施設に入所の上で保護を受けることもできます。

○**教育扶助**　義務教育を受けるために必要な学用品や学校教材等の費用を賄うもので、義務教育である小学校と中学校までが対象です。

○**生業扶助**　既に述べた通り、高校就学に関する費用は、高等学校等就学費として生業扶助の技能修得費から支給されます（→268頁参照）。生業扶助は、困窮のため最低限度の生活を維持することができない者だけではなく、そのおそれのある者をも対象とする点でその他の扶助とは異なります。これは、要保護者の稼働能力を引き出してこれを助長することで、現在の生活費を獲得させるとともに、最終的にはそれによって要保護者が自立できるようにすることを目的とした社会福祉的性格の強い給付だからです。生業扶助には、生業に必要な技能の修得に役立つ技能修得費以外にも、生業に必要な資金や器具などに充てる生業費、そして就労のために必要なものに充てる就職支度費があります。

○**医療扶助**　　まず医療保険との関係を確認しておきましょう。既に勉強した通り、生活保護の受給者は国保の被保険者から外れるので、医療が必要になれば生活保護から医療扶助を現物給付の形で受けることになります（→14頁参照）。これに対して、健保の被保険者や被扶養者の場合には健康保険から医療を受けます。その上で、健康保険ではカバーされない一部負担金相当分は医療扶助として金銭給付の形で支給されます。

現物給付としての医療扶助についてですが、健康保険や国保とは違って被保険者ではないので保険者証が渡されることはありません。その代わりに重要なのが医療券です。医療が必要になった場合には、まず福祉事務所に行き、医療券を交付してもらいましょう。医療券にて指定された医療機関（これを指定医療機関といいます）に行くと、自己負担なくして医療サービスを受けられます。受けられる医療サービスの内容は基本的に公的医療保険の内容と同様ですが、保険外併用療養費については制約があります。医療サービスを提供した指定医療機関は、診療報酬を生活保護の実施機関に請求することになりますが、支払事務については実施機関が社会保険診療報酬支払基金に委託することができます。この点では医療保険制度と同様ですが、診療報酬の審査権限や決定権限は都道府県知事に留保され、知事による診療報酬の額の決定は行政処分と解されています（→21頁参照）。

生活保護の給付の中でも医療扶助の占める割合は大きく、医療扶助費の伸びをいかに抑制するかは課題のひとつです。そこで、医療財政を改善するために、医師が後発医薬品（いわゆるジェネリック医薬品）の使用を認めない場合を除いて、原則として後発医薬品が使用されることになりました。また、指定医療機関に関する規制も強化され、指定に係る要件が具体的に定められるとともに、6年間の更新制となりました（生保法49条の2・

3）。また、知事のみならず、厚生労働大臣も指定医療機関に対して指導権限を有することになり（50条2項）、指定取消しについても要件がより具体的に定められました（51条2項）。

○**介護扶助**　こちらも介護保険との関係を明確にしましょう。介護保険制度では40歳以上65歳未満の医療保険加入者は第2号被保険者になりますが、上述の通り、生活保護の受給者は国保の被保険者ではないため、介護保険の第2号被保険者にも該当しません。そのような場合に介護が必要になれば生活保護から介護扶助が現物給付の形で支給されます。居宅介護や施設介護、介護予防など、介護保険法で規定される介護や支援に相当するサービスが指定介護機関から提供されます。介護サービスを受けるには、まず福祉事務所に介護扶助の保護申請を行い、介護券を交付してもらうことが必要です。

　他方で、65歳以上の場合には医療保険の加入の有無にかかわらず、介護保険の第1号被保険者になります。そうすると、介護保険の保険料を負担する必要がありますが、保険料相当分については介護扶助としてではなく、生活扶助の介護保険料加算で支給されます。その一方で、介護が必要になれば、介護保険から給付を得られます。この場合の利用者負担分については、介護扶助として金銭給付の形で支給されます。

○**出産扶助**　分娩の介助や分娩前後の処置等について支給されます。

○**葬祭扶助**　世帯に不幸があったときに、死体の運搬や火葬、埋葬、納骨等に必要なものについて支給されます。

　㈲　**財政**　生活保護は最後のセーフティネットとして国の責任で実施されるもので、その財源は公費です。必要な保護費などの費用は、いったん実施機関である地方公共団体が全額を負担して、被保護者に支給した上で、国が4分の3を支給します（生保法70条・71条・75条）。残りについては、地域住民に対して福祉の

責任を負う地方公共団体が負担します。

第2章　障害者

これまで子どもに障害があるかもしれない場合やがんになって障害を有することになった場合という文脈で、障害についてとりあげてきましたが、改めて障害者に関する社会保障制度をまとめておきます。定義を確認した上で、大きく医療と福祉の観点からみてみましょう。また、障害があっても働くことは重要なので、障害者と就労に関する制度も概観しましょう。

1　障害者とは

障害の概念は多様です。障害者基本法では、障害者を「身体障害、知的障害、精神障害（発達障害を含む。）その他の心身の機能の障害（以下「障害」と総称する。）がある者であつて、障害及び社会的障壁により継続的に日常生活又は社会生活に相当な制限を受ける状態にあるもの」と定義しています（障基法2条1号）。ここでは、身体障害、知的障害、発達障害という医学的な機能障害を踏まえつつ、社会的障壁によって相当な制限を受けているかどうかという社会モデルに基づいて定義されています。そして社会的障壁には「日常生活又は社会生活を営む上で障壁となるような社会における事物、制度、慣行、観念その他一切のもの」が含まれます（同条2号）。

これに対して、障害者に対して医療や福祉といったサービスを提供する際の根拠規定である障害者総合支援法は、対象者を以下の4つに分類しています（障総法4条1項）。すなわち、①身体障害者、②知的障害者、③精神障害者（発達障害も含む）、④治療法等が確立していない疾病で療養する人（いわゆる難病患者）です。まず①身体障害者とは、身体障害者福祉法4条で、身体上の障害

がある18歳以上の者であって、都道府県知事から身体障害者手帳の交付を受けた者と定めています。1級から7級に分かれますが、身体障害者手帳の交付を受けることが定義に組み込まれているため、身体障害者福祉法のサービスを受けるにも、以下で詳しく述べる障害者総合支援法のサービスを受けるにも、身体障害者手帳の交付を受けることが必要です。

　次に、②知的障害者については、知的障害者福祉法という法律がありますが、同法には定義規定はありません。知的障害者と判定する基準や方法は確立されていないからです。基準を決めてその対象を厳格に限定するより、幅広く支援の対象とする方が法の目的に適うと考えられています。通知をベースに各都道府県が作成している要綱に基づいて知的障害者更生相談所や児童相談所で知的障害者と判定されると手帳が交付されます。手帳は法律に基づいて交付されるわけではないので、名称も療育手帳やみどりの手帳、あるいは愛の手帳など、自治体によってさまざまです（→150頁参照）。

　③精神障害者については精神保健福祉法5条に定義規定があり、「統合失調症、精神作用物質による急性中毒又はその依存症、知的障害、精神病質その他の精神疾患を有する者」です。アルコール依存症や薬物依存症などが具体例で、発達障害も精神障害に含まれます。知事に申請して認められると精神障害者保健福祉手帳を受けられます。

　さらに、④難病等による障害によって、継続的に日常生活又は社会生活に相当な制限を受ける18歳以上の人は上記の手帳を取得していなくても、障総法のサービスを受けることができます。

　このように一口に障害者といっても概念は多様で、医学的な観点から種別が分かれていますし、障害の程度もさまざまです。ひとりの人が複数の障害を併せ持つ場合もあります。障害者総合支援法や各種の福祉法では医学的にみてどのような機能障害がある

かという医学モデルに立脚して障害者の概念が画されています。この点で冒頭でみた障害者基本法の定義とは少しニュアンスが異なります。というのも、障害者基本法では医学モデルだけではなく、社会モデルに基づいて社会的障壁によって制限を受けるかどうかの点も考慮されていたからです。医学的にどれほどの機能障害があるかという話と、その人にはどのような福祉サービスが必要かという話は必ずしも直結するわけではないので、障総法においても社会モデルに立脚した定義とするように見直すことが必要でしょう。

　また、障害者総合支援法に基づくサービスを受けるためには、身体障害者の場合には既にみた通り、身体障害者手帳の交付が必要ですが、知的障害の場合の療育手帳等や精神障害の場合の精神障害者保健福祉手帳については必ずしも取得している必要はありません。ただ、手帳を持っていれば手続きがよりスムーズになります。

2　障害者を支える医療制度

　生まれたときから障害を有する場合もあれば、病気や事故などがきっかけで後天的に障害を有する場合もあります。いずれにしても、障害は病気やケガを原因とすることが多いので、障害者が医療機関に通う頻度は多くなりがちです。そこで、障害者が受ける医療についてみてみましょう。

(1)　医療保険制度

　医療機関に行くのであれば、これまで何度も勉強してきた医療保険制度が利用できます。成人（70歳未満）であればかかった医療費のうち7割を医療保険制度が負担し、残りの3割は自己負担となること、もっとも自己負担分が高い場合には高額療養費の対象になることを勉強してきましたが、障害者の場合には医療保険制度に加えて、公費で賄う医療制度を利用できるかもしれません。

(2) 公費で賄う医療制度

公費で賄う医療制度には障害者総合支援法による自立支援医療と精神保健福祉法による措置入院、そして難病法による特定医療費助成があります。

㈦ 障害者総合支援法による自立支援医療費

障総法では自立支援給付のひとつに自立支援医療費があります（障総法52条以下）。心身の障害を除去・軽減するために行われる医療について公費で軽減するもので、対象になるのは主として身体障害者と通院による精神障害者です。

(a) 更生医療

まず、18歳以上の身体障害者に対して行われる医療が更生医療です（なお18歳未満には育成医療が支給されることは→147頁参照）。例えば肢体が不自由の場合の人工関節置換術、心臓機能に障害がある場合のペースメーカーの埋込術、あるいは腎臓機能障害がある場合の腎移植や人工透析などが具体例です。

(b) 精神通院医療

次に、統合失調症などの精神疾患を有して、通院による精神医療が継続的に必要な場合には精神通院医療を受けられます。向精神薬が処方されたり、精神科デイケア（社会参加、復学、就労など目的に応じて様々なグループ活動を行うリハビリテーションのこと）が行われたりします。その一方で、病院や診療所以外でのカウンセリングなど、医療保険の対象から外れる部分は自費になります。

(c) 流れ

更生医療や精神通院医療の場合には、診察費、投薬代、デイケア、訪問看護が自立支援医療費の対象になるので、通常3割の自己負担を基本的に1割に下げられます。また、患者の負担が過大なものにならないように所得に応じて1か月あたりの負担額の上限も決められていて、上限を超えれば公費で賄われます。

もっとも、一定以上の所得があれば制度を利用することはできません。ただ、その場合でも高度な治療を長期にわたって継続す

る必要がある、いわゆる「重度かつ継続」の場合は対象になります。特に精神疾患の場合には「重度かつ継続」にあたることが多いようです。この制度を利用したい場合には、主治医に相談して診断書を書いてもらった上で、役所の障害福祉課等の窓口に申請します。申請の際には自己負担上限額管理票が交付されます。その後、自立医療支援受給者証が届くので、自己負担上限額管理票とセットで医療機関に提示しましょう。あらかじめ指定された病院やクリニック、薬局、訪問看護ステーション等に行きますが、決められた医療機関は指定自立支援医療機関と呼ばれます。指定自立支援医療機関で受給者証等を提示すると、自立支援医療を受けることができます。

　(イ)　**精神保健福祉法による措置入院**　　今確認した通り、精神障害者に対する通院医療は自立支援医療費の対象になりますが、入院する場合はどうでしょうか。原則として入院は本人の同意に基づいて行われますが（精福法20条）、精神保健福祉法では最も強制力がある仕組みとして措置入院が用意されています（29条1項）。精神障害者で医療及び保護のために入院をさせなければその精神障害のために自傷他害のおそれがあると認められるときには、都道府県知事が措置入院という行政処分を行うことができます。行政の権限で入院治療を受けさせることになるため、医療保険制度が賄う部分を超える医療費は公費によって賄われます（30条・30条の2）。

　なお、精福法では医療保護入院という仕組みもあります（33条）。これは自傷他害のおそれはないので措置入院処分を行うことはできないけれど、医療及び保護のために入院が必要な精神障害者を対象とするものです。自ら同意をしなかったとしても、配偶者や親権を行う者などの保護者が同意すれば行うことができます。医療保護入院の際の費用は医療保険の対象になりますが、それ以上の公費負担の仕組みはありません。

また、重大な事件を起こしてしまったけれど、その時には精神の障害によって善悪を判断する能力がなかったと認められる人に対しては、裁判所が入院や通院が必要かを審判によって決定する仕組みがあります。医療観察法が根拠規定で、専門的な治療と処遇が司法の決定によって行われています。

　㈻　**難病法による特定医療費助成**　　最後に、難病法では指定難病について、治療方法の確立等に資するとともに、効果的な治療方法が確立されるまでの間、長期の療養による医療費の経済的な負担を支援するために、医療費助成が行われています（難病法5条）。難病指定医から難病との診断を受けて申請書を都道府県に提出すると、医療受給者証が交付され、指定医療機関で治療を受けられるようになります。助成を受けられるのは症状が一定以上の者（重症者）か、軽症ではあるけれども医療費が一定以上の者で、所得に応じて一部の自己負担があります。

●精神障害にも対応した地域包括ケアシステムの構築に向けて

　現代社会ではメンタル不調を抱える人は増えていて（→69頁参照）、うつ病や統合失調症等などの精神疾患を抱える人は年々増加しています。仕事のストレスや身近な人の死、加齢や病気など、きっかけは人によってさまざまですが、精神障害は誰でも直面し得る身近な病気ということができます。

　しかし、精神障害者は、長い間、病院に入院しており、地域社会の一員として地域で生活するのは難しいという状況にありました。差別や偏見もあって、症状が改善したとしても地域に戻れないケースもあったようです。

　こうした社会のあり方は2014年に批准された障害者権利条約がひとつの契機となって、大きく見直されています。「入院医療中心から地域生活中心へ」を理念に、退院に向けた支援が重視されています。精福法では医療保護入院者に対して、退院後の生活環境に関して相談に応じ、指導する退院後生活環境相談員を整備

することが精神科病院の管理者に求められるようになりました（精福法33条の４）。退院後生活環境相談員の支援を受けて、精神障害者が地域の一員として安心して暮らしていけるように、地域生活への円滑な移行が目指されています。

高齢者との関係では地域包括ケアシステムの構築が推進されていることは既に勉強しましたが（→182・230頁参照）、精神障害にも対応した地域包括ケアシステムの構築を目指すことが新たな理念として明確になっています。

障害を持つ人たちを排除せずにともに暮らす地域の一員として支えあう地域にしていくことは、いつか自分や自分の大事な人が同じような立場になったときにもその地域で暮らし続けていくことができるという安心にもつながっています。

3　障害者を支える福祉制度

続いて、障害者が生活していく上で必要な介護など、福祉に関するサービスの仕組みをみてみましょう。

(1)　介護保険制度と障害者福祉制度のすみわけ

いずれ65歳になれば介護保険制度から介護を受けられることは既に勉強しました（→215頁参照）が、40歳未満であればそもそも介護保険の被保険者資格はありませんし、40歳から64歳までであれば介護保険の第２号被保険者にはあたるけれど加齢に伴う病気が原因で介護が必要になる場合にしか、介護保険制度を利用することはできません（→187頁参照）。

そのため、先天性の病気や後天性の病気、あるいは事故が原因で障害を有することになった場合には、介護が必要でも65歳になるまで介護保険制度を利用することはできません。その場合には障害者総合支援法に基づいて障害者自立支援給付の一内容として介護給付費等を受けることができます。

(2) 障害福祉サービスを受ける流れ

子どもに障害があるかもしれないときでも触れました（→151頁参照）が、自立支援給付を受けるには、市町村に申請し、障害支援区分の認定をしてもらう必要があります（障総法21条）。ここでは障害の程度、つまり障害が重いか軽いかということではなく、どういう内容の支援がどれほど必要か、標準的な支援の必要の度合によって6段階から認定されます。

この障害支援区分の認定を受けると、市町村からサービスの利用についての計画案（サービス等利用計画）を策定するように依頼されます。自分で作ってもよいですし（セルフプラン）、専門家に作ってもらってもよいです。作ってもらう費用も給付の対象となります（計画相談支援給付費等）。

できあがった計画案を市町村に提出すると、市町村は、その計画案の内容や、申請者・介護者の状況、居住環境、サービスを利用することについての意向などを総合的に考慮して、介護給付の支給決定を行います（22条1項）。支給決定では、どのようなサービスをどれくらい利用できるのか、必要なサービスの内容や量が月単位で決められます。支給量は利用者ごとに個別に決められますし、上限額も個別に設定されます。

つまり障害支援区分の認定と支給決定の2段階の仕組みがあり、それらを受けると障総法による障害福祉サービスを利用できます。もっとも、サービスは市町村から直接に支給されるわけではありません。具体的なサービスを受けるには、都道府県知事から指定を受けた事業者の中からどの事業者にするかを自ら選択する必要があります。事業者とサービス利用に関する契約を締結することによって、契約に基づいて事業者からサービスが支給されます。

(3) 費用負担

サービスの提供にかかった費用については、制度と利用者で負担します。まず制度とは、これまで説明している障害者総合支援

法に基づくもので、具体的には自立支援給付として介護給付費等が支給されます。基本的に国が2分の1、都道府県と市町村が4分の1ずつ負担します（障総法92条・94条・95条）。介護給付費等は利用者が市町村に請求するものですが、実際には事業者が代理受領しています。そのため、利用者は契約に基づいて事業者に対して利用者負担分だけを払うことになります。

　では利用者負担分とは何でしょう。世帯の所得（障害者とその配偶者の所得）がどれくらいかによって、4つの区分で負担上限月額が決まります（応能負担）。そのため、1か月に利用したサービスの量にかかわらず、負担上限月額以上の負担は生じません。また、サービスにかかった費用の1割にあたる額の方が負担上限月額よりも少ない場合には、1割相当額を負担すればよいという仕組みになっています（29条等）。

　さらに、同じ世帯の中で障害福祉サービスを利用する人が複数いる場合や、障害福祉サービスと介護保険によるサービスとを併用する場合で、それらの合算額が所得に応じて決められる基準額を超える場合には、超えた額が高額障害福祉サービス等給付費として支払われます（76条の2）。

(4)　受けられるサービス

　介護給付費等が支給される障害福祉サービスには大きく訪問系サービスと日中活動系サービス、施設系サービスの3つがあります。訪問系サービスには居宅介護（ホームヘルプ）や重度訪問介護、同行援護、行動援護、重度障害者等包括支援があり、日中活動系としては短期入所（ショートステイ）、療養介護、生活介護（デイサービス）があり、施設系として施設入所支援があります。ホームヘルプやショートステイ、デイサービスは介護保険にもあったのでイメージしやすいかと思います（→37頁参照）が、重度訪問介護や同行援護などは初めての概念でしょう。重度訪問介護は、重度の障害があって常に介護が必要な人に対して、自宅や医療機関等

で入浴、排せつ、食事などの介助を行うことです。同行援護は重度の視覚障害者を対象に、外出時に同行することでその移動を支援するもので、行動援護は知覚障害や精神障害によって行動が難しい場合に支援する外出支援のことです。

　既に述べた通り、65歳になれば介護保険の第1号被保険者になるので、介護保険制度を利用できます。その場合には介護保険制度が障害者福祉制度よりも優先されます（障総法7条）。もっとも、これまで障害福祉サービスを利用していた人が65歳になって介護保険に移行すると、利用者負担が増加することがあります。そこで65歳になるまでに5年以上、特定の障害福祉サービスの支給決定を受けていた人で一定の要件を満たす場合には、申請によって障害福祉サービスに相当する介護保険サービスの利用者負担額が償還されることになっています。

　また、同行援護等、介護保険制度にはない障害福祉サービスに独自の給付については、引き続き障害者福祉制度が適用されることになります。

(5) その他

　障害者総合支援法では大きく自立支援給付があって、その中に介護給付費や自立支援医療費があります。その他にも地域生活支援事業による支援もあります。地域生活支援事業は、障害者及び障害児が自立した日常生活または社会生活を営むことができるように、地域の特性や利用者の状況に応じて、実施主体である市町村が柔軟な形態で事業を効果的・効率的に実施するもので、財源は国が2分の1以内、都道府県が4分の1以内で補助します（障総法92条6号・94条2項・95条2項）。具体的には、相談支援や移動支援、コミュニケーション支援などがあります。また、身体機能を補完・代替する用具、例えば車いすの購入・貸与等についても原則9割が障総法から支給されます（76条）。

4 障害者が働くには

障害があっても社会に出て働くことは経済的な意味でも、社会との接点を保つ意味でも、自己実現に資する意味でも重要です。障害者が働くことを支える制度がいくつかあるので、ここではそれについてみていきます。障害の程度や労働能力がどれくらいあるかによって、さまざまな働き方が考えられますが、大きくは障害者総合支援法に基づく就労支援を受ける場合と、一般企業で働く場合とに分かれます。

(1) 障害者総合支援法に基づく就労支援

今まで障害者の医療には自立支援医療費が、福祉には介護給付費等が障害者総合支援法に基づく自立支援給付の内容として用意されることを勉強しましたが、自立支援給付費にはもうひとつ訓練等給付費があります。これは、現時点では一般企業に就職するのは不安があるときや困難な場合に利用できます。具体的には就労移行支援と就労継続支援があります（障総法28条2項2号・3号）。

(ア) 就労移行支援 就労移行支援とは、一般企業等への就労を希望する人に対して必要な訓練を行うものです。一般企業への就労を希望し、かつ一般就労が可能と見込まれる65歳未満の障害者が対象で、原則として2年の訓練です。就職するために必要なスキルを身につけるプログラムを実施したり、ハローワークと連携等をしながら就活などのサポートをしたり、就職後にも職場に定着できるように定期的な面接をするなどの支援が行われます。この訓練を受けた人の半分以上は、一般就労に移行しているというデータもあります。

(イ) 就労継続支援 これに対して、就労継続支援は現状では一般企業等で就労するのは困難な人に対して、働く場や訓練の機会を提供するものです。就労継続支援にはA型とB型の2つがあります。A型は労働契約を結んで原則として労働法の対象となるのに対して、B型では労働契約は結ばれません。そのため、B

型では最低賃金を支払う必要はなく、一般に最低賃金よりも低い工賃が支払われます。このような働き方は一般企業での一般就労に対置して福祉的就労と呼ばれます。就労・訓練の対価としてA型では賃金が、B型では工賃が支給されます。A型で働く人は労働者としての側面と福祉サービスの利用者としての側面の2つの顔を併せ持つことになります。

(ウ) **流れ**　就労移行支援も、就労継続支援も、障総法による自立支援給付のひとつなので、今までみてきた介護給付費などと同じように、市町村に申請をして支給認定を受ける必要があります。そうすると障害福祉サービス受給者証が発行されます。自分が選んだ事業者と契約を締結して、訓練に従事します。これまでみてきたのと同様に事業者が訓練等給付費を代理受領し、利用者は所得に応じて利用者負担分を負担します。もっとも、就労継続支援のA型については労働契約が結ばれて賃金が支払われるという関係もあることから、事業者の判断により利用料が減免される特例があります（障総法29条3項2号、令17条）。

(2) **一般企業で働く場合**

これに対して、障害者が一般企業で働く一般就労にはそれを後押しする法律として障害者雇用促進法があります（もにすマークについて→36頁参照）。大きく法定雇用率制度と差別的取扱いの禁止に関連する制度の2つがあり、下記でみる通り、誰が対象となるかが異なっています。

(ア) **法定雇用率制度**　この法律では、まず従業員数が43.5人以上の企業に対して、2.3％以上の障害者を雇用することを義務づけています（障促進法37条・43条・53条）。雇用義務制度の対象者つまり法定雇用率の算定対象として企業が含めることができるのは原則として障害者手帳の所有者です。法定雇用率を達成できない企業（常用労働者100人超え）は障害者雇用納付金を支払う必要があります。逆に雇用率を超えて雇用する企業には、障害者雇用調

整金や報奨金が上記の納付金を財源に支払われます。常用労働者が100人超えの企業には調整金が、100人以下の企業には報奨金がそれぞれ支払われます。障害者を雇用するには施設や設備の改善、職場環境の整備等、経済的な負担が伴うので、事業主が共同して果たしていくべきと考えられて制度が構築されています。

　なお、企業は障害者の雇用について特別の配慮をする子会社（特定子会社といいます）を設立することができます。厚生労働大臣から認定を受ければ、特定子会社で雇用する障害者を当該企業の雇用率を算定する際に含めることができます。

　　(イ)　**差別的取扱いの禁止に関連する制度**　　加えて障害者雇用促進法では障害者に均等な機会を与えるように、障害者であることを理由とする不当な差別的取扱いを禁止しています（障促進法34条・35条）。そのため、業務遂行上、必要でない条件を付けて障害者を排除することはできませんし、労働能力などを適正に評価することなしに単に「障害者だから」という理由で異なる取扱いをすることはできません。

　また、障害者には、障害の特性に配慮して必要な措置、いわゆる合理的配慮を講じることが事業主の義務となっています（36条の2・3）。そのため採用にあたっては例えば聴覚障害者のために採用試験の問題に音訳をつけることや、視覚障害者のために点字や音声で採用試験を行うことなどが考えられます。採用することになれば車いすの労働者のために机や作業台の高さを調整して作業しやすくするなどの工夫を行ったり、スロープをつけたりすることが必要になります。知的障害者のために図などを活用して業務マニュアルを作成し、業務指示は内容を明確にしてひとつずつ行い、作業手順をわかりやすく示していくこと等が考えられます。

　障害者のひとりひとりの状態や職場の状況に応じて企業が講ずべき合理的配慮の内容は異なるので、具体的にどのような措置をとるかは障害者の意向を聞いてそれを十分に尊重した上で決定し

ます（36条の４）。もっとも、企業としては過重な負担まで負う必要はありません。そのため、合理的配慮の内容を検討するにあたっては、必要なコストも考慮することができます。

こうした差別禁止や合理的配慮の対象者は、障害者手帳の所持者に限られません。障害者手帳を持っていない場合でも統合失調症や躁鬱病等であれば含まれますし、発達障害者や難病患者の場合でも、心身の機能の障害が職業生活上長期・相当の制限を受ける場合には対象となります。

企業は障害者からの相談に適切に対応するために相談窓口を設置するなど、必要な体制を整備することが求められます。障害のある労働者と企業が話し合いで解決を図ることが難しい場合には、労働局長が当事者からの求めに応じて必要な助言、指導または勧告をするという仕組みがありますし、必要と認めるときは第三者による調停制度を利用することもできます（74条の５・６・７）。困った場合にはまずは最寄りのハローワークに相談してみましょう。

5 障害者と年金

年金制度には障害基礎年金と障害厚生年金の仕組みがあり、その要件については既に述べた通りです（→72頁参照）。中でも重要なのは、初診日から１年６か月を経過した障害認定日に、障害等級に該当する障害を有することです。しかし、人によっては障害認定日には障害等級には該当しないけれど、その後、障害が悪化することで、障害等級に該当することになる場合があります。この場合にも障害年金をもらえるように、事後重症の仕組みがあります（国年法30条の２、厚年法47条の２）。

例えば21歳の誕生日に足に障害を負ったとします。障害認定日は１年６か月後なので、22歳６か月の時点ですが、このときはまだ障害等級にあたるほどの障害ではありませんでした。そうするとこの段階で障害年金はもらえません。しかし、その後、足の状

態が徐々に悪化し、45歳で歩けなくなったとしましょう。この段階で障害年金を受けられるかという問題ですが、受けられるように事後重症の仕組みが用意されています。初診日はあくまでもその病気との関係で最初に医療機関に行ったときですので、21歳の時点です。その上で障害基礎年金と障害厚生年金の両方を受けられるかといえば、それは初診日である21歳の時点でどの年金制度に加入していたかが大事になります。

　21歳の時点ではまだ学生で国民年金の第1号被保険者であれば、その後就職して厚生年金の被保険者になったとしても、障害基礎年金しか得られません。たとえ症状が悪化して働けなくなったとしても、障害厚生年金は受けられません。これに対して、21歳のときに既に働いていて厚生年金の被保険者・国民年金の第2号被保険者であれば、障害基礎年金だけでなく、障害厚生年金も受けることができます。

　このように障害年金の受給を考える上では、初診日がいつかがとても重要です。初診日に関しては、社会的治癒という議論があります。これは法律上、明確に認められているわけではなく、解釈によって導かれるものです。医学的には治癒していないかもしれないけれど、一定期間、どの医療機関にも通院せずに通常の社会生活や日常生活を送ることができたのであれば、いったん社会的には治癒したと考えて、初診日をリセットするものです。再診で受診した日を初診日にできる、つまり初診日を遅らせることができるところにメリットがあります。しかし、どれくらいの期間通院がなければ社会的治癒といえるかなど、難しい問題があり、そう簡単に認められるものではありません。

第3章　感染症と社会保障法

　新型コロナウイルス感染症（以下では「コロナ」といいます）の
まん延によって、私たちの生活には大きな変化がもたらされてい
ます。緊急事態宣言の発令により、外出自粛が要請されたり、新
しい生活様式を迫られたり……。コロナによって毎日の生活が激
変したといっても過言ではなく、コロナに感染するリスクと隣り
合わせの中、私たちは歴史に残る1頁を生きています。ここでは、
現在の社会情勢に鑑み、コロナを例にとって感染症と社会保障法
の関係で問題となることを概観したいと思います。

1　コロナがやってきた

(1)　概　要

　感染症の予防や流行に関して中心的な位置づけを占めるのは感
染症法と新型インフル等特措法です。

　感染症法は、感染症の予防と感染症の患者に対する医療に関し
て必要な措置を定めることによって、感染症の発生を予防し、ま
ん延の防止を図り、もって公衆衛生の向上及び増進を図ることを
目的にしています（感染症法1条）。感染症法では、症状の重さ（重
篤性）や病原体の感染力などから、感染症を一類から五類までの
感染症と、指定感染症、新感染症、そして新型インフルエンザ等
感染症の計8種に分類し、危険性に応じてとるべき対策を規定し
ています（6条1項～9項）。例えば一類感染症にはペストやエボ
ラ出血熱が、二類感染症にはSARSやMERSが、三類感染症には
コレラがあり、今回問題となる新型コロナウイルス感染症
（COVID-19）は2020年政令11号によって指定感染症（感染症法6条
8項）とされていましたが、法改正（2021年法律5号）の結果、新

型インフルエンザ等感染症（以下では新型インフル等ということがあります）へと位置づけが変更されました（感染症法6条7項3号・4号）。

(2) 新型インフル等特措法

　新型インフル等特措法は、感染症法と相まって、新型インフル等に対する対策の強化を図り、もって新型インフル等の発生時において国民の生命及び健康を保護し、並びに国民生活及び国民経済に及ぼす影響が最小となるようにすることを目的とします（新型インフル等特措法1条）。そして、同法は、新型インフル等の発生やまん延を防止するために、発生前・発生後まん延前・まん延後の3段階に分けた上で、政府等が取りうる対策等を規定します。

　第1に新型インフル等の発生前には、発生に備えて国や地方公共団体が行動計画を策定し（6条・7条）、訓練の実施や予防及びまん延の防止に関する知識の普及など、国民への啓発を行うことを定めています（12条・13条）。

　第2に新型インフル等が発生したら、政府には政府対策本部が、都道府県においては都道府県対策本部が設置され、種々の対策を講じます（15条・22条）。都道府県対策本部長である知事は対策を的確かつ迅速に実施するため必要があると認めるときは公私の団体や個人に対し、必要な協力を要請できます（24条9項）。この規定に基づいて緊急事態宣言前でも、外出の差控えや店舗への時短営業等の要請が可能になります。もっとも、あくまで要請なので強制力はありません。さらに、2021年改正では、緊急事態宣言を発令する段階前でも、集中対策をできるようにまん延防止等重点措置が新設されました（31条の6）。特定の地域からのまん延を抑えるための対応で、政府が対象とすれば、都道府県知事は市町村など特定の地域を限定して、店舗の時短営業などを要請でき、正当な理由がないのに要請に応じないときは命令することが可能です（同条3項）。命令に従わないと過料の対象になります（80条1号、20万円以下）。

そして、第3に新型インフル等がまん延する場合には、それを抑えるために政府対策本部長である内閣総理大臣は緊急事態宣言を発令できます。すなわち、全国的かつ急速なまん延により、国民生活及び国民経済に甚大な影響を及ぼし、あるいはそのおそれがある場合には期間・区域を区切って発令できます（32条）。そして、宣言が発令されると、知事は住民に対して、生活の維持に必要な場合を除いて、みだりに外出しないことその他の感染防止に必要な協力の要請や、学校や社会福祉施設などの使用を制限するよう要請できます（45条1項・2項）。2020年春にはこの規定に基づいて学校等が休校になりました。従来、知事は店舗の時短営業や休業については要請や指示までしかできませんでしたが、2021年の法改正によって要請に従わない場合は命令をすることができるようになり（45条3項）、また命令に違反すれば過料の対象となります（79条、30万円以下）。

　加えて2021年改正では、時短営業や休業に協力した店舗に対する財政支援についての根拠規定も設けられました（63条の2）。

　このように緊急事態宣言は、感染症法ではなく、新型インフル等特措法を根拠に行われます。まん延防止に関する措置として住民に対する予防接種も同法を根拠に行われます（46条）。

(3)　感染症法

　では感染症法では何が規定されるでしょうか。新型インフルエンザ等感染症と位置づけられるコロナを題材に内容を確認しましょう。

　感染症法では、感染がまん延しないように知事や厚生労働大臣（以下、大臣ということがあります）に多くの権限が認められています。まずコロナと診断した医師には保健所への届出が義務づけられていて（感染症法12条1項1号）、保健所を通じて、知事は感染に関する情報を把握します。すると知事は直ちに、大臣に報告する（12条2項）とともに、感染の発生状況、動向及び原因を調査す

るために、患者や濃厚接触者等に対して質問するなど、必要な調査を行います（積極的疫学調査といいます、15条）。緊急の必要性があるときには大臣も必要な調査ができます（同条2項）。調査の内容としては、患者や濃厚接触者等に、検体の提出や検体の採取に応じるべきことを要請し（同条3項、全感染症が対象です）、任意に提出してくれれば検体等の検査を実施します（同条4項）。コロナの場合には、患者や濃厚接触者等が質問や必要な検査に正当な理由なく協力しない場合には、質問や必要な調査に応じるように命令することができ（同条8項、一類・二類・新型インフル等が対象です）、正当な理由なく質問に答弁しなかったり、調査を拒んだりするような場合には過料の対象となります（81条、30万以下）。

　また、コロナの場合、任意に検体の提出や検体の採取に応じないときには応じるべきことを勧告でき、勧告にも従わない場合には、知事は強制的に検体を採取できます（16条の3第1項・3項、一類・二類・新型インフル等が対象です）。

　そして、知事や大臣は、収集した感染症に関する情報を分析し、感染症の発生の状況、動向及び原因に関する情報や予防や治療に必要な情報を公表します（16条1項）。

　検査の結果、陽性となった患者がいて、飲食の製造・販売など、一定の職業に従事する場合には、まん延させるおそれがあるので、知事は就業制限をかけられます（18条1項・2項）。これに違反すれば罰金に処せられます（77条4号）。また、知事はまん延防止のために、入院するように勧告でき、勧告に従わない場合には強制的な入院措置も可能です（19条1項・3項、26条2項）。入院措置等の対象となるのは高齢者等、重症化するおそれがある者です。入院措置等の対象になったにもかかわらず、入院措置に従わずに入院しなかったり、入院先から逃げたりする場合には過料に処せられます（80条、50万円以下）。

　これに対して入院措置等の対象にならない場合には宿泊療養や

自宅療養となります。この場合にも知事は健康状態の報告や隔離など、感染の防止に必要な協力を求められます（44条の3第1項・50条の2第1項）。

　検査にかかる費用は都道府県と国が2分の1ずつ負担します（58条1号・61条3項）。これに対して、入院患者に対する医療の費用については、公費負担医療となり（→284頁参照）、都道府県が負担します（37条1項・58条10号）。もっとも、入院患者が感染の防止に必要な協力をしない場合には、入院患者の医療に要する費用に係る負担の全部または一部を負担しなくてよいとされています（37条3項）。医療保険との関係は後述します。

2　コロナかも？（コロナと医療）

　感染症法の関係で医療についても言及してきましたが、ここでは改めて患者の目線から具合が悪くなって心配なときの対応について概観します。

(1)　まず電話相談

　コロナが疑われる場合には、感染がまん延することのないようにすぐに医療機関に駆け込むのではなく、まずはかかりつけ医（→9頁参照）など地域で身近な医療機関に電話で相談します。かかりつけ医がいないなど、相談先に困った場合には都道府県が設置する受診・相談センターに連絡してください。かかりつけ医等や受診・相談センターにて「新型コロナウイルスの感染の疑いがあり、受診が必要」と判断されると、PCR検査などの検査を受けることになります。

(2)　検査と治療（医療費）

　まずPCR検査などの検査には、大きく3つの種類があります。
　第1に具合が悪くなってコロナかもと疑って医療機関に行った結果、保険医である医師が検査する必要があると認めた場合です。この場合には保険診療として7割については医療保険が、残りの

３割については国と都道府県が負担します（都道府県から行政検査（感染症法15条）の委託を受けての取扱いと整理）。

　第２に特に具合が悪くない場合も含め、別の感染者の濃厚接触者にあたるような場合には、感染症法15条に基づいて検査される可能性があります。要請を受けて任意に検体を提出する場合もあれば、命令や勧告を受けて提出する場合もあるでしょうし、最終的には強制的に検体が採取されうることは既に述べた通りです。これらの場合には国と都道府県が２分の１ずつ負担します（感染症法58条１号・61条３項）。

　これら２つの場合では自己負担なくして検査を受けられます。

　これに対して、会社から検査証明を求められた場合など、自ら希望して検査を受けるという第３の場合には医療保険も公費負担も利用できません。自由診療（→193頁参照）として全額自己負担でPCR検査を受けられます。

　では、コロナと診断された後の治療についてはどうでしょう。既にみた通り、治療は基本的に入院によって行われます。ただし、コロナ以外の場合とはやや様相が異なります。というのも、私傷病など通常の医療が提供される場面では、基本的に自分で好きな医療機関にフリーアクセスできて、自らが選択した医療機関においてそこで担当となった医師が主体となって入院先までが決定されました（→８頁参照）が、コロナの場合には自分にも医療機関や医師にも決定権はありません。患者が入院の対象となるか、宿泊療養や自宅療養の対象になるかは、保健所の管理の下で都道府県が決定します（19条・26条２項、→197頁参照）。そして、入院して治療する場合の費用については、公費負担の対象となり（→300頁参照）、都道府県が負担します（37条１項）。感染のまん延を防止するということで医療の提供には公益性がみられる一方、本人への治療という側面もあるので、医療保険制度が優先的に適用されます（39条１項）。コロナで入院する場合には７割については医療保険

が、残りの３割については都道府県が負担します（58条10号）。その結果として患者は自己負担なくして治療を受けられます。

(3) 治療薬

コロナの大きな問題は、現状では治療薬が少ないことです。有効な治療薬が一日も早くできることを願ってやみませんが、開発を急ぐあまり有効性や安全性がないがしろにされては本末転倒です。しっかり法の規定に沿った形で有効性・安全性のある新薬が開発されること（→192頁参照）が強く望まれます。

3　コロナ禍でも生きていく（所得保障）

コロナによって働くことにも大きな影響が出ています。感染リスクに晒されるため、テレワークなどの新しいタイプの働き方が模索されていますし、コロナ倒産等の結果として、雇用を失う場合も多く、深刻な問題となっています。

(1) 労働契約が続く場合

まず労働契約が続く場合については、働ける場合と働けない場合に分けて考えてみます。

　　㋐　**働ける場合**　　働ける場合についてはこれまでと同様に職場に行って働く人たちがいる一方で、新しい働き方としては在宅で仕事をするなどのテレワークが推進されています。働ける場合には会社から賃金が支払われるので、それが主たる所得となります。経営の悪化に伴って賃金が減額されたり、ボーナスが不支給になったりするケースがあるようですが、その有効性に関しては、労働法で勉強して下さい。

他方で、2020年４月に発令された緊急事態宣言では小学校や保育所等も休校・休所となり、働きながらも日中に子どもの面倒をみなければならなくなりました。男性の家事・育児参加が高まったという肯定的な意見がある一方で、家事や育児の負担が主として女性に集中するケースが多いとの問題も指摘されました。子ど

もの面倒については、ベビーシッターを利用することも考えられ、利用料金を補助する仕組みも補正予算によって特例措置として設けられました。もっとも、ベビーシッターによる強制わいせつの事案も浮上し、ベビーシッターの質をいかに確保するかは喫緊の課題です。

　(イ)　**働けない場合**　　ではコロナのために働けない場合はどうなるでしょう。以下では場合分けをしながら、いかなる所得保障の仕組みがあるかについて概観したいと思います。

　第1に業務に起因してコロナに感染したと認められる場合には、労災保険の対象になり、労災補償給付（→79頁参照）を受けられます。医療従事者等が感染した場合にはリスト（→76頁参照）の六号によって、特段の事情がない限り、業務起因性があると推定されています。医療従事者等以外でも、職場内でクラスターが発生した場合など、感染源が業務に内在していたことが明らかであれば労災の対象になります。それ以外ですと、感染リスクが相対的に高い環境で業務に従事し、業務により感染したことを立証する必要があります。実務では、発症前14日間の業務内容、その間の私生活の状況、医学専門家の知見によって、業務上といえるかが判断されているようです。

　第2に業務起因性は認められないけれども、コロナに感染したことで療養が必要になって休む場合です。飲食店などでは知事から就業制限を受ける可能性もあるのは既に述べた通りです（感染症法18条）。感染して休む場合には健保の被保険者であれば健保から傷病手当金を受けられます（→71頁参照）。国保では、ほとんどの自治体で傷病手当金が支給されていないのは既に述べた通りです（→212頁参照）が、この点については、国が自治体に条例改正を求めて指示を出すという動きがありました。すなわち、国保の被保険者で会社に雇われて働く場合にコロナに感染した等の理由で労務に服することができないときには傷病手当金を受けられる

ように条例を改正するよう求められました。その分の費用は全額国が負担します。

第3に、会社の判断で休業した場合にはどうでしょう。休業となったことについて会社に責任があるなら（故意・過失またはそれと同視すべき事由があるなら）、賃金をもらえる可能性があります（民法536条2項）が、コロナの場合に会社に責任があるとするのは難しいでしょう。

賃金は難しくても、労基法26条では会社の責めに帰すべき事由によって休業をさせた場合には平均賃金の6割以上を休業手当として支払わなければならないと定めているので、この休業手当を会社から受けられるかが問題となります。休業手当は労働者の最低限の生活の保障を図るために定められたものですが、労基法26条にある「使用者の責に帰すべき事由」については、使用者側の故意・過失またはそれと同視すべき事由だけではなくて、「使用者側に起因する経営、管理上の障害」も含まれると考えられています。ただし、行政によると不可抗力による場合には「責に帰すべき事由」があるとはいえません。すなわち、①休業の原因が事業の外部より発生した事故であること、②事業主が通常の経営者としての最大の注意を尽くしてもなお避けることができない事故であることの2つを満たすと休業手当は支給されません。

知事から営業自粛の要請を受けたので休業したのであれば、少なくとも①は満たすでしょうが、②を満たすかは一概には判断できません。在宅勤務など他に労働者に就かせることができる業務があるかを十分に検討する必要があって、それもしないままに即休業とするのは②を満たすとはいえないでしょう。つまりコロナによる休業であれば一律に休業手当の支払義務がなくなるわけではなく、それぞれの会社の状況に応じて要件を満たすかが判断されます。

次に、会社が労働者に休業手当を支払った場合や他社への出向

を命じた場合など、労働者の雇用の維持を行った場合には、会社は国に対して雇用調整助成金を申請できます。これは、雇用保険二事業の内容で、事業主だけが負担する保険料が財源です（→57頁参照）。コロナの影響を受けて、雇用調整助成金の内容は大幅に拡充されるとともに手続きが簡素化されましたが、それでも申請手続きが煩雑など、批判は大きいところです。

　他方、企業から休業手当を支給されない労働者に対して支給するように新設されたのが新型コロナウイルス感染症対応休業支援金（以下、支援金といいます）と新型コロナウイルス感染症対応休業給付金（以下、給付金といいます）です。支援金は雇用保険の被保険者資格がある人を対象とするのに対して、給付金は学生のアルバイトなど、雇用保険の被保険者資格がない人が対象です。労働者が直接労働局に請求すると、休業前賃金の80％（月額上限33万円）が支援金や給付金という形で休業実績に応じて支払われます。

　第4に労働者の判断で休んだ場合です。働いていないので原則賃金は払われませんが、年次有給休暇を利用できます。また、会社によっては年次有給休暇とは別の休暇を用意して、有給扱いとするところもあります。その場合には企業に助成金が支払われます。すなわち、小学校等が臨時休業になったので子どもの世話が必要になった労働者やコロナに関する母性健康管理措置として休業が必要とされた妊婦の労働者、あるいは介護休業とは別に家族を介護している労働者に対してそれぞれ有給休暇を取得させると、小学校休業等対応助成金、新型コロナウイルス感染症に関する母性健康管理措置による休暇取得支援助成金、両立支援等助成金（介護離職防止支援コース（新型コロナ感染症対応特例））が会社に支払われます。

(2) 労働契約が終了する場合

　これに対して、コロナに伴って、解雇や雇止めにあうケースもあります。特に非正規雇用の場合が深刻で、働きたいのに働けず、

生活が苦しくなるケースが続出し、由々しき問題です。

　離職した際には、要件を満たせば、雇用保険から基本手当を受けられます（→97頁参照）。コロナの影響に鑑み、基本手当の給付日数は60日（一部30日）延長されました。これに対して、基本手当を受け取れない場合は求職者支援制度を利用できます（→107頁参照）。コロナによって雇用情勢は悪化していますが、人手不足の産業もあるので、公共職業訓練等も活用しながら（→104頁参照）、早期に再就職先が決まることが望まれます。

(3)　コロナ関連の給付金等

　コロナに関連してはいくつかの所得保障に関する給付も用意されました。

　㋐　**特別定額給付金**　　新型コロナウイルス感染症緊急経済対策の一環として簡素な仕組みで迅速かつ的確に家計への支援を行うため、1人当たり10万円の給付が支給されました。原則として受給権者は世帯主で、世帯主に対して世帯の人数分が支給されます。ただ、世帯主からDVを受けて避難しているなどの事情がある場合には世帯主でなくても申請できるようになりました。

　㋑　**子育て世帯への臨時特別給付金**　　コロナの影響を受けている子育て世帯を支援するために、児童手当の受給者には、対象児童ひとりにつき、1万円が支給されました。特に申請は必要ありません。

　㋒　**低所得世帯への臨時特別給付金**　　コロナの影響による子育て負担の増加や収入の減少を支援するため、収入の少ないひとり親世帯に臨時特別給付金が支給されました。主として児童扶養手当が支給される人が対象で原則申請は不要です。コロナの影響を受けて家計が急変するなどして収入が児童扶養手当の受給者と同じ水準になった場合にも申請することができます。1世帯につき5万円、第2子以降については1人につき3万円の加算が2021年3月までに2回支給され、3回目ではひとり親世帯以外の低所

得の子育て世帯にも対象が広げられました。

　⑴　**大学生向け**　　コロナが理由でアルバイトができずに家計が厳しくなった学生を支援するために学生支援緊急給付金（学びの継続給付金）も創設されました。住民税が非課税の世帯の学生は20万円、それ以外の学生は10万円です。給付を受けるには大学に申請し、審査を受ける必要があります。原則として自宅外で生活（下宿）し、家庭からの仕送りがおおむね年150万円未満、そして収入の減少等によって、家庭からの追加的支援を受けることは期待できず、いつもは生活費・学費に占めるアルバイト収入の割合が高かったのに、コロナの影響で大幅に減少（前月比５割以上）していて、無利子の奨学金を利用していること等が必要です。

　大学によっては入学金や授業料を減免するところもありますし、多くの大学で入学金や授業料の納付期限を遅らせています。また、困窮する学生に10万円を配ったり、全学生に一律５万円を配ったりする大学もあります。

　⑷　**その他**

　それ以外にも生活に困窮した場合には貸付等や既に説明した生活困窮者自立支援制度（→257頁参照）、生活保護制度（→261頁参照）を利用できます。コロナに伴い申請件数は増えています。

　㋐　**保険料の減免等**　　コロナの影響で一定程度、収入が下がった場合には、国民健康保険、後期高齢者医療、国民年金及び介護保険の保険料について減免や徴収猶予が認められます。

　㋑　**住居確保給付金**　　生活困窮者支援制度の住居確保給付金（→258頁参照）については、離職・廃業していなくても、個人の責任によらずに就労の機会が減少していれば支給されます。休業などによって就労の機会が減少している場合にはハローワークへの求職の申込みがなくても、受給できます。市町村ごとに決められる額を上限に、実際の家賃額が原則３か月支給されます。２回の延長で最大９か月受けられましたが、コロナの特例措置によっ

て、2020年度中に新規に受給が決定された場合には、再々延長が認められました。これによって、最大12か月の支給が可能となっています。

4 コロナ対応からみえる課題

　こうして未曽有のコロナショックを乗り切るべく、社会保障法に関係する分野でさまざまな取組みがなされています。コロナへの対策を講じる中で、日本の社会保障制度が抱える課題もみえてきています。

　まず、病気等が原因で仕事ができない場合に支給される傷病手当金についてです。これまで国保法では傷病手当金が給付のメニューとして盛り込まれていました（国保法58条2項）が、必ず支給しないといけないものではなかったので（任意給付といいます）、多くの自治体では給付内容としていませんでした（→212頁参照）。そうしていたところに、コロナ禍がやってきて、コロナに感染して働けなくなる人が現れました。そこで、国保の被保険者であっても会社に雇われて働く人であれば傷病手当金を受けられるようにと条例改正を促す動きがありました（費用については国が負担）。国保の被保険者全員ではなく、雇われて働く人々に限った話ではありますが、国保の被保険者でも健保の被保険者と同様に具合が悪くて働けなくなるリスクがあるという当然のことが認識され、それに向けた対応策が講じられました。もちろん財源を誰が負担するかとか、国保の場合には無職者も被保険者となるので無職とどのように線引きをするかなど、難しい問題は山積していますが、フリーランスや自営業の場合でも病気等が原因で働けなくなることはあります。そのようなリスクは自己責任の範疇なのか、医療保険でカバーすべきなのか、改めて検討するに値する課題であるといえるように思われます（→109頁参照）。

　また、特別定額給付金については、当初は世帯主への支給に限

定され、配偶者等からのDV被害を受けて避難している場合には行き届かないという問題がありました。そこで、避難している場合等には世帯主でなくても申請できるようになりました。これまで多くの社会保障制度は世帯を基軸に整備されてきましたが、世帯でみることには問題がある事例もあることを示唆しているようでもあります。

　さらに、所得保障に関しては申請が必要な給付がある一方で、児童手当や児童扶養手当の受給者への支給など、申請を必要としないものも用意されました。支援が必要であろう人を既存の仕組みを活用することによって特定し、行政の方から歩み寄って支援していくという姿勢は今後ますます必要になるように思われます。支援が必要なのに行き届いていない人に、いかにして支援を届けていくか、福祉学でいうところのアウトリーチという考え方がますます重要になりそうです。

　他にもオンライン申請ができないとか、申請にあたって添付しないといけない資料が多くて煩雑だとか、まだまだ多くの問題はありますが、一方では不正受給を許さずに、必要な人には必要な支援を迅速に届ける仕組みの整備が急務であると考えられます。

第4章　虐　　待

　　最近、児童虐待に関するニュースが後を絶ちません。コロナに
よる自粛生活が続く中でDVや児童虐待は深刻度を増していると
いう話もあります。みなさんの周りにも虐待かも……と心配な子
どもはいませんか。児童虐待のほとんどは家庭という密室で起き
ているので、なかなか周りの人が気づくのは難しいという特徴が
あります。この章では、「何かおかしい、虐待かも……」と思っ
たときにどうすればよいかを含め、虐待に関する社会保障制度を
概観してみたいと思います。

1　児童虐待とは

　児童相談所（以下、児相といいます）での児童虐待に関する相談
件数はうなぎ上りに増えるとともに、児童虐待によって死亡する
子どもの数も高い水準で推移しています。児童虐待には、身体的
虐待、性的虐待、ネグレクト（養育放棄）、心理的虐待という種類
があります（児虐法2条）。

○**身体的虐待**　　保護者が子どもを殴る、蹴る、叩く、投げ落と
　す、激しく揺さぶる、ヤケドを負わせる、溺れさせる、アイロ
　ンを押し付けるなどの暴行をすることです。打撲や骨折、切り
　傷、ヤケドなどを負い、死に至ることもあります。身体的虐待
　はその他の種類の虐待に比べてみつけやすいですが、あえて洋
　服の下などの見えない部分にだけ暴行する場合もあります。

○**性的虐待**　　子どもに性的行為をする、性的行為をみせる、性
　器を触るまたは触らせる、裸の写真をとるなどが挙げられます。
　虐待者が子どもに口止めをすることで被害がわかりづらいこと
　も少なくありませんし、年齢が低い場合には自分が受けている

のが性的虐待であるとは理解できないことも多いです。

○ネグレクト（**養育放棄**）　　保護の怠慢とか、養育放棄・拒否というものです。保護者が子どもを家に閉じ込める、食事を与えない、衣服の着替えをさせずひどく不潔にする、ひどく具合が悪くても医療機関に連れて行かないなどです。乳幼児など年齢の低い子どもに起こりやすく、安全や健康への配慮が著しく欠けると死に至るケースもあります。

○**心理的虐待**　　大声や脅しなどで恐怖に陥れる、無視や拒否的な態度をとる、兄弟姉妹間で著しい差別的扱いをする、自尊心を傷つける言葉を使う、子どもの面前で家族に暴力をふるうなどのことです。

これらが虐待にあたりますが、虐待と区別が難しいのがしつけです。客観的には虐待とみえても、「我が家のしつけです」と言われる場合もあるでしょう。親には未成年の子どもを監護し、教育する権利があり（民法820条）、これを親権といいます。虐待としつけをどこで線引きするのかは難しい問題ですが、子どもにとって耐えがたい苦痛であり、過剰な教育や厳しいしつけによって子どもの身体や心の発達が阻害されるのであれば、それは虐待にあたるでしょう。いくらしつけと称していようが、虐待であれば親権の行使として正当化することはできず、親権の濫用にあたります。そのような場合には、子どもやその親族、あるいは検察官等は、家庭裁判所に対して親権の喪失や一時的な停止を求める審判を請求することができます。かかる請求を受けて、家庭裁判所は、所定の要件を満たすかを検討し、親の親権を喪失（834条）させたり、期限を定めて停止（834条の2）させたりする審判ができます。

2　虐待かもと思ったら

(1)　通告義務

　子どもは泣くものなので、社会通念上の範囲であればやりすごしても問題ないでしょう。しかし、毎晩、延々と泣き声が聞こえてくるとなれば話は別です。児童虐待にあたるかもしれません。近くで虐待が起きているのかもと思ったら、１８９（いちはやく）通告しましょう。１８９は児童相談所の全国共通ダイヤルの番号で24時間対応です。「児童虐待を受けたと思われる児童を発見した」ときは、１８９によって児相へ、あるいは市町村や福祉事務所へ通告する義務が我々には課せられています（児虐法６条１項。児福法25条も参照）。ここでは「虐待を受けた児童」ではなく、「虐待を受けたと思われる児童」が対象です。つまり虐待と確信するまでには至っていなかったとしても、虐待かもと思う段階で通告が必要ということです。虐待ではないのかもと考えて通告をためらうべきではありません。救える命があるかもしれません。

　また、学校や保育所の先生、医師、歯科医師、看護師、保健師、助産師など、子どもたちの福祉に関係のある職務に就く人は、それ以外の職にある人に比べて、児童虐待を発見しやすい立場にあります。そこで、彼らには児童虐待を早期発見する努力義務が課されています（児虐法５条１項）。例えば歯科健診で口を開けたら歯がボロボロだった場合にはネグレクト（養育放棄）の可能性があります。本来衛生を保つために毎日しないといけない歯磨きが適切になされていないからです。このように児童虐待かもと思う場合には学校の先生や医師などは通告する必要があります。職務上知りえた秘密や個人情報については守秘義務があるので、通告するのはまずいのではないかと思うかもしれませんが、児童虐待に関する通告義務は守秘義務に優先することが法律にて明確となっています（６条３項）。

(2) 行政による対応

虐待かもと思った場合には通告が必要とのことでしたが、では通告に対してはどのような対応がなされるのでしょうか。

㋐ 児童虐待を所管する組織
通告を受けるのは、主として児童相談所や市町村です（児虐法8条1項）。児童相談所とは、児童福祉を行う専門的な機関で、児童福祉司や児童心理司、医師、保健師などが働いています。虐待対応だけでなく、児童とその家族や保護者に対する相談などの業務も行っています（保健相談、障害相談、非行相談、育成相談）。もうひとつの通告先である市町村というのは、みなさんもよく知っている市役所や区役所のことです。それぞれの自治体によって名称は異なりますが、例えば児童福祉課とか、子育て支援課といった部署が児童虐待の対応をしています。市町村は住民に最も近い行政機関として子育て支援等の施策を展開しているのは既に勉強した通りです（→118・134・143頁参照）。

㋑ 子どもの安全確認
通告を受けた児相や市町村は、通告内容に関するさまざまな情報を集めた上で、緊急受理会議を開き、どのように対応するかを決定します。その際、速やかに行う必要があるのが、子どもの安全確認です（児虐法8条1項・3項）。通告を受理してから48時間以内に子どもを直接目視して心身の状況を観察することによって、その安全を確認しなければなりません。通告した人がその子どもの家の住所を知っていれば、住所から子どもの氏名、年齢、家族構成を確認します。小学校や保育所に通っている場合にはそれらに連絡することで安全を確認できます。小学校等では安全確認ができない場合には、家庭訪問をして子どもの安全を目視します。また、通告した人が子どもの家の住所を知らない場合には可能な限りで場所を教えてもらって、訪問調査を行う中でどの家で虐待らしきものが起きているかを特定していきます。

家が特定されたら家庭訪問です。家庭訪問では、子どもに一目

会わせてもらうように依頼をします。ときには拒む保護者もいますが、目視確認の必要性を伝え、協力（児相への同伴出頭要求）を求めます（8条の2）。それにもかかわらず、子どもをみせることを拒む場合や、室内において物理的、強制的に拘束されていると判断されるような事態があるときには、警察の援助も受けた上で、立入調査（児福法29条、児虐法9条1項）が可能です。正当な理由がなく立入調査を拒否すれば罰金刑が科される可能性があります（児福法61条の5）。しかし、それでもかたくなに立入を拒否するような場合には立入を強行することはできません。保護者が正当な理由もないのに、立入や調査を拒み、妨害するような場合で、児童虐待が行われているおそれがあると認められるときは、再度、児童を同伴して出頭することを求めます（児虐法9条の2）。それでも児童の安全を確認できず、虐待が行われている疑いがあるときは、裁判所に対して許可状を請求します。許可状が交付されればそれに基づいて強行的に臨検・捜索を行うことができます（9条の3）。ここでは玄関のカギを壊すなどの措置も可能となります。

　このように子どもの安全を確認するために、まずは保護者に対して任意に会わせてくれるようお願いします。お願いを受け入れてもらえない場合には立入調査や再出頭要求という手続きとなり、最終的には裁判所の許可状を得た上での臨検・捜索が行われます。保護者側の対応によって、行政の対応も変わってきて、子どもの安全を確認するために、段階的な仕組みが用意されています。

　虐待があると認められるような場合でも、子どもは家庭に戻って安心して安全に暮らせる環境を構築・整備していくことが目指されます。そのため、行政が家庭に介入するには慎重である必要があり、行政は保護者との関係をできるだけ良好に保つことが大切になります。

　㈦　**一時保護**　　上記の対応によって子どもの安全を確認できればよいですが、残念ながら確認できない場合もあります。子

ども本人が保護を求めていたり、既に重大な結果が生じていたりする場合には、子どもをその家庭から引き離すことが必要になります。これを一時保護といいます。一時保護をする権限を有するのは児童相談所長なので（児福法33条1項）、当初は市町村が受理・対応したケースであっても、一時保護が必要と思われるような場合には事案を児相に送致することになります。つまり、緊急度や重症度が高いと判断される案件は専門性を有する児相が中心に扱い、それ以外の案件は市町村が扱うことによって、行政間の役割分担が図られています。

　児童相談所長が行う一時保護は子どもの安全を確保するために、親子を切り離し、子を保護する行政処分なので、相当強い措置といえます。なので、強権的に介入しすぎると、思い通りに育児ができなくて悩む保護者のいらだちに寄り添うことができず、保護者の孤立を深めてしまうことになりかねません。しかし、だからといって一時保護に慎重になり過ぎると、失われかねない命があるので、難しい判断が求められます。子どもの危険度、緊急性や親の希望・様子、親子関係、これまでの経過・経緯などをみながら、「必要があると認めるとき」という児福法33条1項の要件を充足するか、専門的・総合的に判断します。先ほど述べた通り、いったん一時保護をしたとしてもいずれ子どもは家庭に戻ることを念頭にするので、一時保護は原則として保護者の同意を得た上で行われます。もっとも、同意が得られない場合には職権にて行われます。一時保護の決定に不服がある場合は行政不服審査法に基づき不服申立等が可能です。

　一時保護を行う際には、一時保護の理由、目的、期間、入所中の生活、一時保護中の児童相談所長の権限（監護、教育、懲戒に関し、その子どもの福祉のために必要な措置等）などが、保護者と子どもに対して丁寧に説明されます。期間は家庭の状況次第で一泊のときもあれば、数日・数週間のこともあり、最大2か月です。さらに

裁判所の承認を得れば更新もできます。一時保護期間中の子どもはほとんどの場合、学校や保育所などに行くことができず、外出も認められません。一時保護に要する費用は都道府県が支弁し（50条8号）、その2分の1を国が負担します（53条）。

3　必要な支援とは

　2では通告を受けてからの対応を概観しましたが、ここでは児童虐待が認められるような場合に行われる保護者に対する支援やその後の対応についてみてみましょう。

(1)　保護者への支援

　虐待が認められるような場合には、児童虐待の再発を防止するように保護者に対して指導が行われます（児虐法11条1項、児福法27条1項2号）。保護者には指導を受ける義務があり（児虐法11条3項）、指導を受けない場合には勧告を受けます（同条4項）。それでも指導を受けない場合には子どもを上述した一時保護することや施設に継続的に入所させる措置をとることが考えられます（同条5項）。

　ケースバイケースですが、虐待をする親自身が幼少期に親から虐待を受けているケースも少なくありません。親として子どもとどういう風に接すればよいかがわからなくて、つい手を上げてしまう場合もあるでしょう。その場合、育児や子育てに関する不安やとまどいを共有・共感して、親を支援していくことが、子どもが安心して安全に暮らせる環境を整える上で重要になります。そのため、児相に送致されたケースでも、住民に近い行政である市町村は継続的に必要な情報を収集するとともに、母子サービスや一般の子育て支援サービス等の身近な資源を使って、保護者と子どもを積極的に支援することが重要になります（養育支援訪問事業、児福法6条の3第5項・21条の10の2第1項）。保護者と子どもがより良好な関係を築けるようにサポートしていきます。

(2) 施設入所

既に述べた通り、いったんは一時保護をしたとしてもいずれは家庭に戻ることが目指されます。しかし、継続的に親子を分離することが必要な場合もあります。その場合には、子どもを乳児院（→119頁参照）や児童養護施設に入所させることになります。児童養護施設は、虐待だけでなく、さまざまな理由で保護者と生活することが難しく、養護を要する児童を入所させて養護するための施設で（児福法41条）、原則として18歳の年度末まで利用できます。

乳児院や児童養護施設への入所は、親の意に反してすることができず（27条4項）、親の同意を得た上での入所措置が原則となります（27条1項3号）。しかし、児童虐待があり、保護者に監護させることが著しく児童の福祉を害する場合には、都道府県は、家庭裁判所の承認を得ることで、強制的に児童を入所させる措置をとることができます（28条1項1号）。入所期間は最大2年で、必要に応じて家庭裁判所の承認を得て更新できます（同条2項）。

一時保護や入所措置においては、児童虐待を防止し、児童を保護するために必要があるときは、児童相談所長や施設の長は、保護者との面会や通信を制限できます（児虐法12条）し、特に必要があるときには都道府県知事や児童相談所長は必要な手続きを踏んだ上で保護者に対して期間を定めて接見禁止命令を出すことができます（12条の4）。これによって、保護者による子どもへのつきまといや学校等へのはいかいを禁止できます。

(3) 社会的養護

親のない児童や親に監護させることが適当でない児童を公的責任で社会的に養育・保護することを社会的養護といいますが、最近では養育里親（児福法6条の4第1号）や養子縁組（同条2号）、ファミリーホーム（小規模住居型児童養育事業、6条の3第8項）の仕組みを使って家庭内で養育していく家庭養護（→119頁参照）が、乳児院や児童養護施設のような施設養護よりも優先される傾向にあ

ります。施設養護の場合にも、地域の中でより小規模で家庭的な環境で生活できる形態が重視されています。

　児童養護施設は原則として18歳の年度末、つまり高校を卒業すると出ていかなければなりません。自立して社会生活を営むにはアパートを借りて、就職する必要があります。しかし、アパートを借りるにも就職するにも契約の締結が必要ですが、20歳（2022年4月からは18歳）未満では法定代理人（例えば親）の同意が必要で、それがないと取消しの対象となります（民法4条・5条）。未成年後見人制度もありますが、身近に活用されているとは言い難く、子ども期から成人期への切れ目のない支援が必要でしょう。

　また、アパートを借りるにも就職するにも保証人が必要で、児童養護施設に入所していた児童では保証人をみつけづらい場合もあります。そこで、身元保証人確保対策支援事業があります。児童養護施設の施設長等が保証人を引き受けやすくなるように、損害が発生した場合に発生する負担の一部を国や都道府県が負担するという事業です。施設長等の負担を軽減することで保証人を引き受けやすくして、これによって施設を退所した児童が社会的に自立することが目指されています。主に都道府県が実施主体であり、全国社会福祉協議会が事業を運営しています。

　こうした仕組みによって社会的に自立できる場合もあるでしょうが、18歳ではまだ自立に向けたサポートが必要な場合もあります。そこで、必要な場合には児童養護施設への入所を22歳の年度末まで継続することができます。また、他にも児童福祉法では児童自立生活援助事業があり（児福法6条の3第1項）、自立援助ホームと呼ばれるところで、児童養護施設を退所した児童に対して職業支援や社会的自立に向けた援助が行われています。15歳から20歳を対象とし、22歳の年度末まで延長可能です。

4　その他の虐待

　ここでは児童虐待をとりあげて主として児童福祉法や児童虐待防止法の仕組みを概観しましたが、虐待に関しては高齢者虐待防止法や障害者虐待防止法と呼ばれる法律もあります。その名の通り、高齢者や障害者に対する虐待を防止するためのものです。高齢者や障害者の場合には、児童の場合と同様に、身体的虐待、性的虐待、心理的虐待、ネグレクトがある他、経済的虐待も問題となります。経済的虐待とは、勝手に財産を処分するとか、日常生活に必要な金銭を渡さないというものです。

　子どもでも大人でも高齢者でも障害があってもなくても、ひとりひとりの個人が尊厳を保ち、安心して安全に生活できるようにするには、虐待を受ける人（児童・高齢者・障害者）だけではなく、その人たちを取り巻く人々に対しても適切な支援をし、孤立した環境にさせないことが重要であると考えられます。

第5章　外国人

これまで日本人と限定せずに社会保障制度について概観してきましたが、日本国籍を有しない、いわゆる外国人の場合には何らかの違いがあるのでしょうか。ここでは、外国人と社会保障制度の関係についてみていきたいと思います。

1　在留資格って？

外国人は、日本人とは違って日本に滞在するためには、在留資格を有する必要があります。在留資格の有無や内容によって、社会保障制度との関係も変わってくるので、まずは在留資格とは何かをみていきましょう。

在留資格とは外国人が合法的に日本に滞在するために必要な資格として出入国管理及び難民認定法、いわゆる入管法に定められたものです。入管法には、大きく2つの種類の在留資格が用意されています。ひとつが専門的・技術的分野の在留資格（入管法2条の2第1項別表第一）で、もうひとつが身分に基づく在留資格（同別表第二）です。

(1)　専門的・技術的分野の在留資格

専門的・技術的分野の在留資格には、医療や教授、技能などがあり、認められた活動しかできないという特徴があります。認められた活動以外の活動をして、かつ報酬を受けると、資格外活動罪に問われるおそれがあります（入管法70条1項4号・73条）。雇用する側の企業も不法就労助長罪（73条の2）や資格外活動罪の幇助（刑法で勉強してください）に問われる可能性があります。他方で、資格外の活動であっても報酬を受けなければ犯罪にはなりません。

具体例をみていくと、レストランで料理人として働く場合には

技能の在留資格が必要です。技能の資格を得るには、単に料理がうまいだけでは足りず、10年以上の実務経験など、決められた要件を満たす必要があり、そう簡単に取れるわけではありません。技能の在留資格を取得できた場合には、料理人として料理を作って報酬を得るという活動を日本で行うことができます。その一方で、働いている料理店の経営が苦しくなって経営に参画してほしいとオーナーから頼まれたらどうでしょうか。参画したら今以上の報酬を払うと……外国人が経営者として経営する場合には経営・管理という在留資格が必要ですが、それを取得することなくして経営に携わって報酬を得ると資格外活動罪にあたりますし、オーナーも不法就労助長罪や資格外活動罪の幇助に問われる危険があります。

　他方で、料理人が毎晩、仕事が終わった後に、日本語学校へ通って勉強するのはどうでしょう。勉強については留学という在留資格があり、勉強するのはたしかに資格外の活動ではあるものの、報酬を得るわけではないので合法的に行うことができます。

　ちなみに留学の在留資格は勉学をするためのものなので、原則として就労はできません。そのため、留学生がアルバイトをするためには、資格外活動の許可を受ける必要があり、その場合でもアルバイトが許されるのは1週間に28時間までです。

(2) 身分に基づく在留資格

　これに対して身分に基づく在留資格には、日本人の配偶者等や定住者、永住者などがあります。日本人の配偶者等とは、文字通り日本人と国際結婚をした人が得られます。日本人の子どもは血統主義によって日本国籍を取得できますが、日本国籍を取得しない場合でも日本人の配偶者等の「等」にあたるので、この在留資格で日本に滞在できます。これに対して日本人の孫はどうでしょう。ブラジルやペルー、アメリカには日系移民がたくさんいて、日系三世や四世の方たちがいますが、日系三世は親族との交流を

するとの目的で定住者の在留資格を得ることができます（これに対して四世は日本と海外の日系社会との架け橋となる目的で「特定活動」という在留資格を得られる可能性があります）。難民認定を受けた場合も定住者となります。

日本人の配偶者等や定住者といった身分に基づく在留資格では、先にみた専門的・技術的分野の在留資格とは違って、特に活動制限がありません。ですので、単純労働を含めて、どのような仕事にも就くことができます。きつい・きたない・きけんといういわゆる３Ｋの仕事は日本人には人気がなく人手不足となることが多いですが、そのような仕事に日系人などの外国人が多く働いているという現状があります。

(3) 在留期間

それぞれの在留資格によって在留できる期間が異なり、決められた在留期間を超えて日本に滞在したい場合には在留期間の更新が必要です。それをせずに、在留期間を超えると、いわゆる不法滞在（オーバーステイ）となり、入管法に違反します。社会保障法との関係では不法滞在の外国人をどのように扱うかが特に問題となっているので、その点も含めて、以下では外国人と社会保障制度について、みていきましょう。

●日本の外国人労働者受入れ政策

これまで日本では、外国人労働者の受入れについて、一般に専門的・技術的分野の外国人は積極的に受け入れる反面、いわゆる単純労働者については十分慎重に対応することが不可欠として基本的に受け入れない方向で議論されてきました。

しかし、実際には本文で示したように、日系人が定住者や日本人の配偶者等の在留資格で来日し、いわゆる単純労働に従事しているケースが多いですし、それ以外にもアジア諸国から来日する技能実習生も相当数います。技能実習生は、開発途上国への技能・技術の移転を目的とした仕組みですが、目的とは乖離したと

評価しうる運用も少なからずみられ、長時間労働を強いられる一方、最低賃金を下回る賃金しか支払われないなどの違法な事例もあり、人権侵害の点からも懸念されています。

　2019年4月からは人手不足が深刻な産業分野において一定の専門性・技能を有し即戦力となる外国人が特定技能という新たな在留資格で日本に滞在しており、今後、どのようにこの在留資格が利用されるかが注目されます。特に社会保障制度との関係では介護分野での活躍が期待されています。

　スイスの作家マックス・フリッシュによる「労働力を呼んだが、やってきたのは人間だった」という著名な言葉にもあるように、外国人は労働力である前にひとりの人間です。元気なときもあれば具合が悪くなるときもあります。外国人も人間らしく生活できる環境が整備されるために社会保障制度が担うべき役割は小さくないように思われます。

2　外国人と社会保障

　これまで勉強した通り、社会保険の仕組みには、医療保険（健康保険と国民健康保険と後期高齢者医療）、年金（厚生年金と国民年金）、介護保険、雇用保険、労災保険の大きく5つがありますが、これらの制度を規律する法律では被保険者資格（労災保険では被保険者資格ではなく労働者が対象です）について、いずれも国籍を要件とはしていません。正確にいえば、昔の国民年金法では日本国籍を必要とするとの国籍条項がありましたが、1981年に日本が難民条約に加入する際に削除されました。

　削除される前の国民年金法の国籍条項について、憲法25条等に違反するかが問題となった訴訟があります（最一小判平成元年3月2日判時1363号68頁・百選4事件）。最高裁は、外国人に対する生存権保障の責任は第一次的にはその者の属する国家が負うべきであり、社会保障上の施策において在留外国人をどのように処遇するかに

ついて、国は、特別の条約が存しない限り、外交関係や国際情勢等に照らしながら、その政治的判断によりこれを決定することができ、その限られた財源の下で給付を行うに当たり、自国民を在留外国人よりも優先的に扱うことも憲法上許されるべきと判断しました。

ですが、既に述べた通り、この国籍条項は難民条約への加入の際に削除されました。というのも、難民条約24条1項では「締約国は、合法的にその領域内に滞在する難民に対し、次の事項に関し、自国民に与える待遇と同一の待遇を与える」とし（内外人平等待遇の原則といいます）、その(b)項には「社会保障（業務災害、職業病、母性、疾病、廃疾、老齢、死亡、失業、家族的責任その他国内法令により社会保障制度の対象とされている給付事由に関する法規）」と規定され、国籍条項と抵触するおそれがあったからです。国民年金法だけでなく、児童手当法などの国籍条項も削除されました。

国籍条項がないとすると、外国人であってもそれぞれの法律が定める要件を満たせば、それぞれの社会保障制度に加入することになりそうです。しかし、実際には在留資格の有無によって異なる取扱いとなっています。

(1) 在留資格がある場合

在留資格がある場合には、その就労形態に応じて健康保険と厚生年金・国民年金（第2号被保険者）か、国民健康保険と国民年金（第1号被保険者）が適用されます。そのため、被保険者となって保険料を負担します。

これまで勉強した通り、健康保険の被保険者になれば、扶養する配偶者や子どもを被扶養者にできますが、子ども等が海外に居住していて日本国内に生活の基礎があるとは認められないような場合は被扶養者にすることはできません（健保法3条7項）（→28頁参照）。

ときに日本にいるのは今だけで年金をもらう高齢の頃にはいないし、今は若くて健康だから、そして何より保険料のせいで給料が減るのは嫌だからといって、年金にも医療保険にも加入したがらない人がいます。保険料負担を好ましく思わない点で使用者と利害が一致して、制度に加入させないケースもあるようです。もちろんごく少数ではありますが、このような取扱いは法律に反するもので、決して認めることはできません。万が一、健保にも国保にも加入しないまま具合が悪くなると、医療機関にて全額を負担しなければならなくなります。それを嫌がって重症化するまで医療機関に行かないと、深刻な事態をもたらしかねません（→15頁参照）。

　年金については、外国人の場合でも、既に述べた社会保障協定（→90頁参照）を利用することが考えられます。日本の制度への加入が免除されて母国で加入しさえすればよくなったり、日本の制度に加入した上で母国に帰国した後も、日本での加入期間を通算対象として利用できたり、さらには将来日本からも年金を受けられるようになります。ただし、社会保障協定はすべての国と締結されているわけではありません。

　社会保障協定が締結されていない国から来た場合に重要なのが脱退一時金の仕組みです。これは、国民年金の第1号被保険者としての保険料納付済期間または厚生年金の被保険者期間が6か月以上あるけれど、受給資格期間の要件（昔は25年、今は10年）は満たさないので、将来的に日本から年金を受けるのが難しいときに、外国人に限って日本から出国後2年以内であれば請求できるものです。脱退一時金の仕組みを利用できるのは、外国人だけなので、外国に移住した日本人は利用できませんし、外国人の場合でも日本国内にいる場合には受けられません。脱退一時金が支給される場合には、国民年金の保険料を納めた期間、あるいは厚生年金に加入した期間に応じて額が算出されます。ただ、納めた保険料が

全部戻ってくるわけではなく、支給上限年数があります。これまでは３年でしたが、特定技能１号の創設によって在留期間の更新の上限が５年に変わったことや脱退一時金制度の創設時に比べると５年滞在する者の割合が増加していることから、５年に変更されました。

　もっとも、脱退一時金を受け取ると、脱退一時金の計算の基礎となった期間は年金制度に加入していなかったと処理されることになります。制度との関係が清算されてしまうのです。たとえその後に出身国と日本との間で社会保障協定が締結されたとしても、制度に加入していた期間はないことになり、社会保障協定の恩恵を受けることはできなくなります。社会保障協定が締結される可能性のある国（厚労省のHPにて日本が交渉中の国を知ることができます）から来ている場合には、脱退一時金を請求できるのは出国後２年以内という制限がある中で、脱退一時金を受けてよいか、慎重に判断する必要があります。

(2)　在留資格がない場合

　現在では労働施策総合推進法において外国人を雇用する場合には氏名、在留資格、在留期間等について確認してハローワークに届出することが事業主の義務となっている（労働施策総合推進法28条）ので、不法就労（オーバーステイでの就労や、資格外活動などのことです）は減っていますが、ゼロではないのが実情でしょう。そのため、在留資格がない場合についてみてみましょう。

　既に述べた通り、多くの社会保障に関する法律には国籍条項がないので、外国人であっても制度に加入するのが理論的な帰結ですが、在留資格がない場合にもそのような取扱いになっているでしょうか。

　まず労災については不法就労の外国人でも対象になります（昭和63・1・26基発50号）。これに対して、健康保険や厚生年金については常に退去強制の対象になる可能性があるので、常用の使用関

係があるとはいえず、被保険者資格は認められないというのが実務上の取扱いです。入管法上退去強制の対象になるかという話と、医療や年金に関する保護が必要かという話では内容が異なりますし、さらに不法就労であれば制度に加入させる必要がなく、ひいては社会保険料の負担がないとすれば、不法就労を促進してしまうインセンティブにもなりかねないことを考えると、個人的にはこのような取扱いには疑問があります。

では、「住所を有する」ことが必要な国民健康保険の被保険者や国民年金の第1号被保険者についてはどうでしょう。国保については不法滞在の外国人についての重要な最高裁判決があります。行政は、不法滞在の外国人については「住所を有する者」にはあたらない（国保法5条）として被保険者資格を認めず、病気になっても給付を支給しなかったので、このような取扱いは違法であるとして国家賠償を求める訴訟が提起されました。

最高裁（最一小判平成16年1月15日民集58巻1号226頁・百選16事件）は、「安定した生活を継続的に営み、将来にわたってこれを維持し続ける蓋然性が高いと認められ」れば、不法滞在の外国人であっても国保法上の「住所を有する者」にあたるので、行政の判断は違法と判断しました。しかし、この問題については実務上の取扱いも分かれていて、当時の行政の判断にも相当の根拠があったとして、そのように判断した公務員に過失があったとはいえないとして、国家賠償請求は棄却しました。

その一方で、最高裁は判決のかっこ書きの傍論部分（判決の結論の理由とはならない部分のことです）で「施行規則又は各市町村の条例において、在留資格を有しない外国人を適用除外者として規定することが許される」とも述べました。こうした判示を受けて、国保法施行規則は改正されて、在留資格がない人等については国保の適用対象にはならないことが明確になりました。

このように、現在では不法滞在者は施行規則によって国保の適

用除外となっています。施行規則は法の委任の趣旨に反するから違法であると主張する余地がないわけではありませんが、最高裁の教えを受けて改正された経緯を踏まえると、施行規則を違法と解する判決を得るのは難しそうです。

　結局のところ、現在では、国民健康保険、後期高齢者医療、国民年金、介護保険、児童手当については、実務上不法滞在者を対象から除外しているようです。社会連帯と相互扶助の理念から、国内に適法な居住関係を有する者のみを行政サービスの対象とすべきであり、不法滞在者に対して税負担等で費用を賄っている行政サービスを提供することは適当ではないと考えられています。

3　生活に困窮したら

　では、外国人が生活に困窮したら生活保護を受けることができるでしょうか。既に勉強した通り、生活保護法では「国民」と規定されています（→272頁参照）（生保法1条・2条）。そして、難民条約に加入する際にも、同法の国籍条項は同じく問題となりました。しかし、生活保護については従前から通知（昭和29・5・8社発第382号）に基づいて外国人にも行政上の措置として保護が行われていたので、国籍条項は削除されなかったという経緯があります。

　その上で、外国人と生活保護に関しては2つの最高裁判決があります。まず、最三小判平成13年9月25日（判時1768号47頁・百選5事件）は、不法滞在者を生活保護の対象としないことは憲法25条や14条1項に反しないと判断しました。最高裁によれば憲法25条の趣旨にこたえて具体的にどのような立法措置を講ずるかの選択決定は立法府の広い裁量であり、不法滞在者を保護の対象に含めるかどうかは立法府の裁量の範囲とし、生活保護法が不法滞在者を保護の対象としていないことは憲法25条に違反しないとしました。

　次に、最二小判平成26年7月18日（賃社1622号30頁・百選79事件）

では、永住者の在留資格を有する者の生活保護申請が却下された処分についての取消訴訟の中で、外国人は生活保護法に基づく受給権を有するかが争われました。判決では法律で「国民」と定められ、外国人は含まれていないこと、法の適用を受ける者の範囲を一定の範囲の外国人に拡大するような法改正は行われていないこと、さらに準用する旨の法令も存在しないことから、外国人は生活保護法に基づく保護の対象となるものではないとして、同法に基づく受給権を有しないと判断されました。結果として、永住者資格を有する者による生活保護申請を却下する処分は適法として、同処分の取消しを求める訴えは却下されました。

このように、外国人は不法滞在者であればもちろん、たとえ在留資格があった場合でも生活保護法に基づく受給権が保障されているわけではないというのが最高裁判決の立場です。

実務では日本人の配偶者等や永住者、定住者等の在留資格を有する場合には、行政上の措置として日本人に準じた保護が行われています。行政が措置をとらない場合には、公法上の当事者訴訟を提起する余地があるでしょうが、法に基づく権利が保障されているわけではないという限界があります。

4 外国人と医療の結末

今までの内容を医療の観点からまとめると、在留資格があれば医療保険制度に加入できますが、不法滞在者の場合には難しいです。また、生活保護の医療扶助についても、永住者等の在留資格であれば、自治体が行政上の措置として認めてくれる可能性はある一方で、法に基づく受給権が保障されるわけではないため、確実とは言い難い状況になっています。さらに、不法滞在者では行政上の措置さえ、難しくなります。そうすると、不法滞在者が体調を崩し、医療を受ける必要が生じたときはどうなるでしょうか。

社会福祉法では第2種社会福祉事業があり、そのひとつに生活

困難者のために無料または低額な料金で診療を行う事業（いわゆる無料低額診療事業）（社福法2条3項9号）があります。不法滞在の外国人はこの事業を利用することができるでしょうが、そもそもこの事業はそんなにたくさん実施されているわけではありません。

　他にも、公衆衛生・社会環境の保全のために制定された行旅病人及行旅死亡人取扱法という法律があります。これは歩けないほどの病気にかかった旅行者で、診療を受ける財産を持ち合わせず、かつ助ける人もいないような場合に、市町村が救護すること、また死亡した場合には市町村が埋葬・火葬をすることを定めた法律です。市町村によっては、この法律に基づいて市町村の負担で外国人を救護するところもありますが、市町村ごとの判断なので、受けられるとは限りません。

　これらの手段も使えない場合には何の保障もないままに体調を崩した外国人が医療機関の救急に駆け込むことになりそうです。その場合に、医療機関が不法滞在者であるという理由で診療を拒むことができるかという問題になります。医師法では、医師は正当な事由がなければ診察治療の求めがあった場合に拒んではならないと定められていて（医師法19条）、医師の応召義務といいます。医療費が支払われないかもしれないことが正当な事由にあたるかが問題となりますが、それは認められないと考えられています。

　そうすると、医療機関が医療を提供し、かかった医療費の全額を患者である外国人に請求します。払われれば問題ありませんが、そうでない場合には医療機関が未回収債権を抱えることになります。都道府県によっては、外国人の救急医療を行った病院に対する未収分を補助する事業を行うところもありますが、これもすべての都道府県ではないという限界があります。

第4部

おわりに

本書のまとめ

> この本では日本の社会保障制度について主としてライフステージごとに関連するものをとりあげてきました。最後に日本の社会保障制度の全体像について改めて概観してみたいと思います。

日本の社会保障制度の全体像

改めて現在の日本の社会保障制度の全体像を示すと下記の通りです。

●第1のセーフティネット

社会保険

医療保険*　　　　年金　　　　介護保険*　　雇用保険　　労災保険
・健康保険　　　　・厚生年金
・国民健康保険　　・国民年金
・後期高齢者医療
*医療提供体制や介護提供体制に関するルールも含みます。

保健

保健一般　母子保健　感染症対応

社会福祉

高齢者　障害者　子ども（母子・父子福祉を含む）

社会手当

児童手当　児童扶養手当　特別児童扶養手当　特別障害者手当等

●第2のセーフティネット

求職者支援　生活困窮者自立支援

●最後のセーフティネット

公的扶助

生活保護

　第1のセーフティネットとして社会保険の仕組みがあり、それが中心に位置づけられています。そして社会保険を補完するものとして、保健や社会福祉、社会手当、第2のセーフティネットが

あり、さらに最後のセーフティネットとしての公的扶助があります。

社会保険方式による制度

　日本の社会保障制度の中心は、何といっても社会保険の仕組みです（社会保険方式と呼ばれることがあります）。講学上の社会保険のことで（→44頁参照）、具体的には医療保険、年金、介護保険、雇用保険、そして労災保険において採用されています。以下では社会保険とは何かを説明するのでファイナンスに関する話、つまりお金の動きを説明しますが、本文でもみた通り、医療提供体制や介護提供体制に関するルールも社会保障制度の内容となっています（医療保障の概念については→14頁参照）。

○**保険**　　社会保険の仕組みというのは、保険と書かれる通り、保険の技術を用いて社会保障の目的を達成しようとする制度です。では、保険の技術とは何でしょうか。保険原理に基づくもので、保険の技術とは、一定のリスクにさらされる多数の人が集まって事前に金銭を拠出し、共同の資金を形成しておいて、リスクが現実化して経済的な不利益を被った人がいるときに給付を支給する形で不測の事態に備えるというものです。社会保険では一定の人々を被保険者として制度の対象者と設定し、制度を運営する保険者に対して事前に保険料を拠出することを法律で義務づけます。そして、事前に予定されたリスクが現実化したときに（保険事故といいます）、原則として事前に保険料を拠出していることを条件に保険者が給付を支給します。

　ではそれぞれの制度が備える一定のリスクとは何でしょうか。それぞれの制度には医療保険、年金、介護保険、雇用保険、そして労災保険がありますが、各制度が想定するリスクをまとめておきましょう。医療保険では主に病気やケガを理由として医療が必要になることです（労災の範囲を除きます）し、年金では老齢、障害、

あるいは死亡によって、稼働能力が喪失あるいは減少する場合に備えています。介護保険は介護が必要になるとき、雇用保険は主に失業する場合をリスクと捉えます。労災保険は業務や通勤に伴う病気やケガに対して機能します。

これらのリスクに備えるためにそれぞれの制度が設けられています。

○**社会** 大きな話に戻りますが、社会保険には今確認した通り保険という二文字がある一方で、冒頭には社会という二文字もあります。そのため、社会的な側面があることが特徴であり、これが民間保険（いわゆる私保険）との違いでもあります。では社会的とはどういうことでしょうか。

社会保険では法律の規定によって原則として強制加入・強制徴収の仕組みになっています。そのため、加入したくなくても加入して保険料を負担しなければなりません。制度が想定するリスクは誰にでも現実化する可能性があるので、それに備えておく必要があると考えられています（→14頁参照）。

その結果として、貧しくて保険料を拠出することが困難な人も被保険者となって保険料を負担するのが原則です。ただ、保険料については軽減や免除等の仕組みを組み込むことで、その負担を和らげています（→248・250・254頁参照）。加えて、たとえ負担が和らいだとしても、リスクが現実化した場合に支給される給付内容には影響しにくい設計にしています。つまり負担が和らいだとしても、和らいだ分に応じて給付内容が縮減するとは限りません。このような仕組みにすることによって所得の再分配を可能にしています。これらは先にみた保険原理に対して、扶助原理に基づくものと考えられています。

また、社会保険においては民間の保険ではみられないリスクの分散も達成することができます。医療保険を例にとってみると、民間保険では病気になりがちな人（言い換えれば病気になるリスクの

高い人）はその分保険料が高く設定されたり、場合によっては制度に加入すること自体が制限されたりします（がん等の既往歴があると民間保険に加入できない場合があります）。しかし、社会保険では病気になりやすいか否かというリスクの大小とはかかわりなく、負担すべき保険料が決定されます。その結果、病気になりがちな人（リスクの高い人）を健康な人（リスクの低い人）が支える形でのリスク分散も図られています。つまり、社会保険では強制加入にして多くの人を被保険者にするとともに、制度が対象とするリスク自体には着目しない形で保険料の額を決定しています。その点でリスクが高いか低いか、保険数理的な裏付けを駆使して保険料額が決まる民間保険とは異なります。民間保険ではリスクが高い人には高い保険料を、低い人には低い保険料をというようにリスク次第で保険料の額を保険数理に基づいて調整しますが、社会保険ではそのようなことはできません。制度が対象とするリスクが、保険料を決める際に個人化されないところに社会保険の意味があります。

　これまでみた通り、社会保険では保険料の拠出によって制度に貢献したことを条件に給付を支給するので、保険料の拠出と給付の支給には一定の対応関係がみられます。しかしながら、厳密な形で対応しているわけではありません。病気になりがちな低所得者は比較的軽い負担で充実した給付を得ることができますし、逆に健康な高所得者は多く保険料を拠出するけれど、健康である結果として給付を受けないかもしれません。一見すると不公平にみえるかもしれませんが、リスクが現実化した場合（健康を害した場合）には給付を受けられることが保障されているので、そのようには考えません。

　また、社会保険では保険料の拠出と給付の支給とが厳密には対応していない結果として、被保険者から集めた保険料だけでは給付を賄うことができない場合があります。そこで、保険料を主た

る財源としつつも、一般財源として公費を投入する制度が少なくありません。また、個々の制度の中で保険者間での財政調整（→212頁参照）が行われるものもあります。

このような特徴を有する社会保険の仕組みによって医療保険、年金、介護保険、雇用保険、そして労災保険の各制度が作られています。もっとも、労災保険については既にみた通り、被保険者という概念はありません。業務による病気やケガというリスクが現実化した場合には労働者は給付を得られますが、労災保険の被保険者ではないので、事前に保険料を負担する必要はありません。労災保険では事業主だけが保険料を負担しています。これは、労災保険が労基法に基づいて事業主が負担する災害補償責任を担保するためにできた制度であるという位置づけに由来しています（→33頁参照）。

皆保険と皆年金

そして、日本の社会保険、特に医療保険では制度の中にさらに細かい制度が用意されていて、その細かい制度は職域保険と地域保険に分けられます。職域保険とは被保険者資格を職業や職種を基準に決めるものです。職域をベースに保険関係を成立させた上で、労使折半の形で保険料を負担します。健康保険制度が典型例です。職域保険に対置する概念が地域保険です。地域保険は居住地域、つまり住所を基準に被保険者を決定します。医療保険における国民健康保険制度や後期高齢者医療制度が具体例です。まずは職域保険でカバーできるかを確認して、カバーされない人を地域保険がカバーすることによって、皆保険が達成されています。

これに対して、年金では雇われて働く人を主として対象とする厚生年金と、それ以外の人をも対象とする国民年金という二層構造にすることによって皆年金が達成されています。

社会保険の限界

　以上のように、日本では職域保険と地域保険の仕組みも採用しながら、基本的に社会保険の形で多くの社会保障制度が構築されています。しかし、社会保険では事前に保険料を払っていなくて、それを正当化する仕組み（例えば国民年金の免除）も利用していない場合には、給付を得ることはできません。それに社会保険が想定しているリスクは上記のものに限られるので、それ以外のニーズには対応できないという限界があります。

税方式による制度

　このように社会保険の制度だけではすべてのニーズに対応することができないので、日本ではそれ以外の制度も用意されています。それ以外の制度は税金を財源とする仕組みで（社会保険方式に対して税方式といいます）、具体的には保健、社会福祉、社会手当、第2のセーフティネット、そして公的扶助があります。

　まず保健とは健康を保持して増進するために行われるもので、母性や乳幼児を対象とする母子保健や感染症の予防や対策について行われる感染症対応などが考えられます。次に社会福祉と社会手当は、万人には必要ないけれど、特別なニーズがある人に向けた仕組みで、前者はサービスを、後者は金銭を支給するものです。社会福祉は高齢者や障害者、児童に対して生活支援や保育等のサービスを提供します。これによって、生活上のハンディキャップを軽減、緩和または除去することが目指されます。これに対して、社会手当は子どもを養うときに支給される児童手当やひとり親世帯に支給される児童扶養手当が具体例です。税財源の給付ですが、厳格なミーンズ・テスト（→266頁参照）は行われないところに公的扶助との違いがあります。

　このように、社会保険の仕組みでは対応できないものを保健や社会福祉、社会手当の仕組みによって補完しています。さらに、

最近では、社会保険によるセーフティネットでは保護されないけれど、公的扶助を受けるまでの段階には至らない人に対して税財源で支援を行う第2のセーフティネットも構築されました。一口に生活困窮といっても経済的な観点にとどまらず、社会的な孤立や地域からの孤立、人とのつながりが希薄というように、複合的な問題を抱えている場合があります。総合的に相談できて、包括的な支援が行われる伴走型支援が重要といえます。そして最後のセーフティネットとして公的扶助が用意されるという構造になっています。

変容の可能性

このように日本では社会保険方式による種々の社会保障制度を中心に据えた上で、税方式の制度も複数用意することで、社会保障制度の全体像が構成されています。これによって、人間らしい尊厳ある生活を営み、生存権を保障することが目指されています。

しかし、本書の至るところで指摘してきた通り、それぞれの制度には、さまざまな課題があります。少子高齢化が急速に進む中、社会保障制度は財源の問題など、頭の痛い問題を多く抱えています。社会保障制度は、何らかの保障を必要とする人々の生活上の困難を軽減するために、国や地方公共団体等が税金や保険料を財源に個人や世帯に対して金銭やサービスを提供する仕組みなので、人々が抱える生活上の困難がどこにあるのかを常に探し、真摯に受け留める必要があります。社会・経済の情勢や家庭の環境は日々変化するものであり、そうすると生活上の困難がどこにあるかは変わってきます。こうした変化に敏感になって社会保障制度を見直していくことが大切です。既存の仕組みを見直して修正を施していくことも大事ですし、場合によっては第2のセーフティネットが近年新たに構築されたように、これまでにはなかったような新しい制度を作って新しいニーズに対応する必要があるかも

しれません。そうすると、社会保障制度は、個々の制度レベルにおいても、全体像においても、時代の流れに合わせて、今後も変容していくものということができます。

事項索引

【著者紹介】

島村暁代（しまむら　あきよ）

1981年　東京都生まれ
2005年　東京外国語大学卒業
2008年　東京大学大学院法学政治学研究科法曹養成専攻修了
　　　　東京大学大学院法学政治学研究科助教・講師、
　　　　信州大学准教授などを経て
現　在　立教大学法学部准教授

プレップ社会保障法　　　　　　　　プレップシリーズ

2021（令和3）年8月30日　初　版1刷発行

著　者　島村暁代
発行者　鯉渕友南
発行所　株式会社　弘文堂　　　　101-0062　東京都千代田区神田駿河台1の7
　　　　　　　　　　　　　　　　TEL 03 (3294) 4801　振替 00120-6-53909
　　　　　　　　　　　　　　　　https://www.koubundou.co.jp
装　幀　青山修作
印　刷　三美印刷
製　本　井上製本所

ISBN978-4-335-31332-5